高等院校小学教育专业教材

U0652055

基础心理学

第2版

沈德立　阴国恩　主编

华东师范大学出版社
·上海·

图书在版编目（CIP）数据

基础心理学/沈德立,阴国恩主编.—2版.—上海:华东师范大学出版社,2010
ISBN 978-7-5617-7604-9

Ⅰ.①基… Ⅱ.①沈…②阴… Ⅲ.①心理学-高等学校-教材 Ⅳ.①B84

中国版本图书馆 CIP 数据核字（2010）第 037830 号

高等院校小学教育专业教材

基础心理学（第2版）

主　　编　沈德立　阴国恩
策　　划　朱建宝
责任编辑　朱建宝
审读编辑　郑　文
责任校对　王丽平
封面设计　卢晓红

出版发行　华东师范大学出版社
社　　址　上海市中山北路 3663 号　邮编 200062
电话总机　021 - 62450163 转各部门　行政传真 021 - 62572105
客服电话　021 - 62865537（兼传真）
门市（邮购）电话　021 - 62869887
门市地址　上海市中山北路 3663 号华东师范大学校内先锋路口
网　　址　www.ecnupress.com.cn

印 刷 者　常熟市大宏印刷有限公司
开　　本　787 毫米×1092 毫米　1/16
印　　张　15.75
字　　数　348 千字
版　　次　2010 年 7 月第 1 版
印　　次　2025 年 7 月第 19 次
书　　号　ISBN 978 - 7 - 5617 - 7604 - 9/B·549
定　　价　34.00 元

出 版 人　王　焰

（如发现本版图书有印订质量问题,请寄回本社客服中心调换或电话 021 - 62865537 联系）

目录

第 2 版前言 ……………………………………………………… 1
第 1 版前言 ……………………………………………………… 1

第一章　绪论 …………………………………………………… 1
　第一节　心理学的性质 ……………………………………… 2
　　一、心理学的研究对象 …………………………………… 2
　　二、心理学的学科特点 …………………………………… 3
　第二节　心理学的研究领域与方法 ……………………… 4
　　一、心理学的主要研究领域 ……………………………… 4
　　二、心理学研究的基本方法 ……………………………… 7
　第三节　心理学的发展简史 ……………………………… 8
　　一、科学心理学的产生 …………………………………… 8
　　二、心理学的主要学派 …………………………………… 10
　　三、心理学研究的现状 …………………………………… 14
　　四、心理学在中国的发展 ………………………………… 17

第二章　心理和脑 …………………………………………… 20
　第一节　神经系统 …………………………………………… 20
　　一、神经系统的发生和发育 ……………………………… 20
　　二、神经元和神经冲动 …………………………………… 21
　　三、周围神经系统 ………………………………………… 23
　　四、中枢神经系统 ………………………………………… 24
　第二节　神经活动过程 ……………………………………… 29
　　一、反射 …………………………………………………… 29
　　二、两种信号系统 ………………………………………… 31
　　三、中枢神经过程 ………………………………………… 32
　第三节　脑功能学说 ………………………………………… 32
　　一、定位说 ………………………………………………… 32
　　二、整体说 ………………………………………………… 33
　　三、机能系统说 …………………………………………… 34
　　四、模块说 ………………………………………………… 35
　第四节　内分泌系统 ………………………………………… 35
　　一、内分泌系统与神经系统的关系 ……………………… 35
　　二、内分泌腺、激素及其功能 …………………………… 35

第三章　感觉 ………………………………………………… 38
　第一节　感觉的概述 ………………………………………… 38

一、什么是感觉 …………………………………………… 38

二、感觉的生理机制 ……………………………………… 39

三、感受性及其测定 ……………………………………… 39

四、心理物理规律 ………………………………………… 40

第二节 感觉的种类 ……………………………………… 41

一、视觉 …………………………………………………… 41

二、听觉 …………………………………………………… 44

三、其他感觉 ……………………………………………… 45

第三节 感觉现象 ………………………………………… 49

一、适应 …………………………………………………… 49

二、后象 …………………………………………………… 50

三、对比 …………………………………………………… 50

四、疲劳 …………………………………………………… 50

五、掩蔽 …………………………………………………… 50

第四节 感觉理论 ………………………………………… 51

一、色觉理论 ……………………………………………… 51

二、音高听觉理论 ………………………………………… 52

第四章 知觉 ……………………………………………… 54

第一节 知觉的概述 ……………………………………… 54

一、什么是知觉 …………………………………………… 54

二、知觉的基本特性 ……………………………………… 55

第二节 知觉的种类 ……………………………………… 58

一、空间知觉 ……………………………………………… 58

二、时间知觉 ……………………………………………… 62

三、运动知觉 ……………………………………………… 63

第三节 知觉现象 ………………………………………… 64

一、错觉 …………………………………………………… 64

二、后效 …………………………………………………… 66

第四节 知觉理论 ………………………………………… 66

一、经验说、完形说和心理物理对应说 ………………… 66

二、自下而上加工和自上而下加工 ……………………… 67

三、模式识别中的模板匹配说和特征分析说 …………… 67

第五章 记忆 ……………………………………………… 70

第一节 记忆的概述 ……………………………………… 70

一、什么是记忆 …………………………………………… 70

二、记忆的生理机制 ……………………………………… 71

三、表象 …………………………………………………… 72

四、记忆的品质 …………………………………………… 73

第二节 记忆的种类 ………………………………………… 73

一、形象记忆、语词记忆、情绪记忆和动作记忆 ……… 73

二、瞬时记忆、短时记忆和长时记忆 ………………… 74

三、内隐记忆和外显记忆 ………………………………… 75

四、情景记忆和语义记忆 ………………………………… 76

五、陈述性记忆和程序性记忆 …………………………… 77

第三节 记忆过程 …………………………………………… 77

一、识记 …………………………………………………… 77

二、保持 …………………………………………………… 79

三、再认和回忆 …………………………………………… 83

第四节 记忆理论 …………………………………………… 85

一、长时记忆的理论模型 ………………………………… 85

二、元记忆理论的新发展 ………………………………… 87

第六章 思维与想象 ………………………………………… 90

第一节 思维的概述 ………………………………………… 90

一、思维及其特征 ………………………………………… 90

二、思维过程 ……………………………………………… 91

三、思维形式 ……………………………………………… 92

四、思维的品质 …………………………………………… 93

第二节 思维的种类 ………………………………………… 94

一、直觉行动思维、具体形象思维与抽象逻辑思维 …… 94

二、求同思维与求异思维 ………………………………… 95

三、常规思维与创造性思维 ……………………………… 95

四、我向性思维与现实性思维 …………………………… 96

第三节 想象 ………………………………………………… 98

一、想象的概述 …………………………………………… 98

二、无意想象和有意想象 ………………………………… 99

第四节 思维理论 …………………………………………… 100

一、概念形成的理论 ……………………………………… 100

二、如何帮助学生掌握概念 ……………………………… 101

三、问题解决 ……………………………………………… 102

四、影响问题解决的因素 ………………………………… 103

第七章　言语 ………………………………………………… 108

第一节　言语的概述 ……………………………………… 109

一、语言和言语 …………………………………………… 109

二、言语和思维 …………………………………………… 109

第二节　言语的种类 ……………………………………… 110

一、外部言语 ……………………………………………… 110

二、内部言语 ……………………………………………… 112

第三节　言语的知觉与理解 ……………………………… 112

一、言语的知觉 …………………………………………… 112

二、言语的理解 …………………………………………… 113

第四节　言语产生的理论 ………………………………… 114

一、模仿说 ………………………………………………… 114

二、强化说 ………………………………………………… 115

三、生成语法说 …………………………………………… 115

第八章　技能 ………………………………………………… 118

第一节　技能的概述 ……………………………………… 119

一、什么是技能 …………………………………………… 119

二、熟练与习惯 …………………………………………… 119

三、技能形成的标志 ……………………………………… 120

四、技能的生理机制 ……………………………………… 121

第二节　技能的种类 ……………………………………… 122

一、运动技能 ……………………………………………… 122

二、智力技能 ……………………………………………… 124

第三节　运动技能的形成过程 …………………………… 124

一、练习曲线 ……………………………………………… 124

二、提高练习效率的条件 ………………………………… 127

第四节　技能的保持与迁移 ……………………………… 130

一、技能的保持 …………………………………………… 130

二、技能的迁移 …………………………………………… 131

第九章　注意 ………………………………………………… 133

第一节　注意的概述 ……………………………………… 133

一、什么是注意 …………………………………………… 133

二、注意的功能 ……………………………………………… 134

三、注意的外部表现 ……………………………………… 135

四、注意的生理机制 ……………………………………… 135

第二节　注意的种类 …………………………………………… 136

一、无意注意 ……………………………………………… 136

二、有意注意 ……………………………………………… 137

第三节　注意的品质 …………………………………………… 139

一、注意的广度 …………………………………………… 139

二、注意的稳定性 ………………………………………… 140

三、注意的分配 …………………………………………… 141

四、注意的转移 …………………………………………… 142

第四节　注意理论 ……………………………………………… 143

一、过滤器理论 …………………………………………… 143

二、认知资源理论 ………………………………………… 145

第十章　情绪 …………………………………………………… 147

第一节　情绪的概述 …………………………………………… 147

一、什么是情绪 …………………………………………… 147

二、情绪的功能 …………………………………………… 148

第二节　情绪的种类 …………………………………………… 149

一、情绪的维度与极性 …………………………………… 149

二、基本情绪的种类 ……………………………………… 151

三、情绪状态的种类 ……………………………………… 151

四、情感的种类 …………………………………………… 153

第三节　情绪的表现 …………………………………………… 154

一、情绪的外部表现 ……………………………………… 154

二、情绪的生理变化 ……………………………………… 155

第四节　情绪理论 ……………………………………………… 156

一、情绪的生理理论 ……………………………………… 156

二、情绪的认知理论 ……………………………………… 158

第五节　情绪调节 ……………………………………………… 160

一、情绪与身心健康 ……………………………………… 160

二、情绪调节 ……………………………………………… 161

第十一章　动机 ………………………………………………… 163

第一节　动机的概述 …………………………………………… 163

一、什么是动机 ················· 163

二、需要与动机 ················· 164

三、动机强度与活动效率 ················· 165

第二节　动机的种类 ················· 166

一、动机的一般分类 ················· 166

二、生物性动机 ················· 166

三、社会性动机 ················· 168

第三节　意志行动与动机冲突 ················· 170

一、意志和意志行动 ················· 170

二、意志行动的特征 ················· 171

三、意志行动中的动机冲突 ················· 171

四、意志行动中的挫折与应对 ················· 173

第四节　动机理论 ················· 174

一、本能理论 ················· 174

二、驱力—诱因理论 ················· 174

三、需要层次理论 ················· 175

四、认知理论 ················· 176

第十二章　能力 ················· 179

第一节　能力的概述 ················· 180

一、什么是能力 ················· 180

二、能力与知识、技能的关系 ················· 180

三、影响能力形成与发展的因素 ················· 180

第二节　能力的种类 ················· 182

一、一般能力与特殊能力 ················· 182

二、模仿能力与创造能力 ················· 183

三、流体能力与晶体能力 ················· 183

四、认知能力与元认知能力 ················· 183

第三节　能力的测量 ················· 184

一、一般能力测量 ················· 184

二、特殊能力测量 ················· 186

三、创造力测量 ················· 186

四、能力的差异性规律 ················· 187

第四节　能力理论 ················· 188

一、能力的因素理论 ················· 188

二、能力的认知理论 ················· 190

第十三章　气质 ·· 193

　第一节　气质的概述 ····································· 193

　　一、气质的特点 ······································· 193

　　二、气质的心理特性 ··································· 194

　第二节　气质的类型 ····································· 195

　　一、气质类型的特点及其行为表现 ··················· 195

　　二、典型气质类型的心理特性 ······················· 196

　　三、气质的意义 ······································· 196

　第三节　气质的测量 ····································· 198

　　一、实验法 ··· 198

　　二、问卷法 ··· 198

　　三、行为评定法 ······································· 199

　第四节　气质理论 ······································· 200

　　一、气质的体液理论 ··································· 200

　　二、气质的体型理论 ··································· 200

　　三、气质的高级神经活动类型理论 ··················· 201

　　四、气质的激素理论 ··································· 202

　　五、气质的维量理论 ··································· 203

　　六、气质的调节理论 ··································· 203

第十四章　性格 ·· 205

　第一节　性格的概述 ····································· 206

　　一、性格是个性的核心 ······························· 206

　　二、性格的结构特征 ··································· 206

　　三、性格与气质的关系 ······························· 207

　　四、性格与能力的关系 ······························· 208

　第二节　影响性格形成与发展的因素 ··················· 209

　　一、影响性格形成的生物学因素 ····················· 209

　　二、影响性格形成的家庭因素 ······················· 209

　　三、影响性格形成的学校因素 ······················· 211

　　四、影响性格形成的社会因素 ······················· 211

　　五、影响性格形成的个体主观因素 ··················· 211

　第三节　了解性格的方法 ······························· 212

　　一、行为观察法 ······································· 212

　　二、自然实验法 ······································· 212

　　三、自陈法 ··· 212

目

录

四、投射法 ······ 214

五、情境测验 ······ 215

六、自我概念测验 ······ 216

第四节 性格理论 ······ 216

一、性格的类型理论 ······ 216

二、性格的特质理论 ······ 219

第十五章 群体心理 ······ 223

第一节 群体的概述 ······ 224

一、群体及其特征 ······ 224

二、群体的功能 ······ 224

第二节 群体的种类 ······ 225

一、正式群体和非正式群体 ······ 225

二、假设群体和实际群体 ······ 225

三、永久性群体和临时性群体 ······ 226

四、隶属群体和参照群体 ······ 226

第三节 群体对个体心理与行为的影响 ······ 226

一、从众 ······ 226

二、社会助长作用和社会致弱作用 ······ 227

三、去个体化 ······ 228

第四节 群体中的沟通 ······ 230

一、沟通的作用 ······ 230

二、沟通的方式 ······ 230

三、沟通的网络 ······ 231

四、沟通的障碍 ······ 232

主要参考文献 ······ 234

第 2 版 前 言

《基础心理学》自出版以来,作为高等学校小学教育专业使用的心理学教材,承蒙读者(学生)及教师的厚爱,已经多次印刷。我们在征集一些学校任课教师意见的基础上,对《基础心理学》进行修订。

在本书的修订过程中,我们仍然坚持第 1 版的编写指导思想,以及力求保持"注重科学性"、"突出基础性"、"加强时代性"、"坚持实践性"的特点。因此,在内容方面,本次修订对部分章节做了调整,更新了一些内容。一方面,教材内容尽可能充分地反映近几年基础心理学领域的新成果;另一方面,考虑到教材的使用对象为小学教育专业学生,教材内容尽可能贴近小学教育的实际。在形式方面,本次修订做了较大的改进。一是形式力求活泼,以提高学生的阅读兴趣,增强吸引力,如在"本章教学要求"之后增加一段引子;二是删除内容重复或现在看来不必要的形式,如"小结"、"基本概念"、"窗口"中的"实验"等;三是改进思考题的问题形式,减少书本内容的复述,调动学生在查阅有关资料的基础上思考和解决问题。党的二十大报告强调,要"加强教材建设和管理"。教材是我国教育中的重要阵地,作为教材编写者,应紧扣时代的脉搏,落实立德树人根本任务。本书以经典的心理学基础知识和研究成果为核心,突出本土化研究成果,强化教材在"立德树人"和"教书育人"中的协同作用,旨在推动心理学科的建设与创新发展,提高教育教学质量和水平,使教材更好地发挥铸魂育人的功能。

尽管本书是为小学教育专业本专科学生使用而写作,但作为基础心理学,它还可以用于其他教育学、心理学专业学生基础心理学课程教学,以及心理学爱好者自学。在小学本专科教学使用时,建议课程课时数为 54 学时。

参加本书修订工作的还有戴斌荣、陈友庆、张阔等同志。

本书修订过程中参阅了众多国内外专家学者的研究报告和著作,并引用了其中的一些观点和内容,对此表示诚挚的谢意。

由于水平、资料及时间等条件的制约,书中可能存在一些不当和不足之处,恳请专家、读者指正。

第 1 版 前 言

这是一本供高等师范院校小学教育专业使用的心理学教材。

在编写过程中,始终坚持以辩证唯物主义和历史唯物主义为指导思想,努力使本书具有以下四个特点:第一,注重科学性,力求准确表述心理学概念,严密阐明心理学规律,客观介绍心理学理论;第二,突出基础性,考虑到高等师范院校小学教育专业心理学课程的结构特点,在内容繁简、知识深浅的处理上,反映心理学的基础内容;第三,加强时代性,注意吸收当代心理学研究的最新成果;第四,坚持实践性,贯彻理论联系实际的原则,在组织教材内容和选择资料时,尽量联系小学教育改革与发展的实际,以适应小学教育工作的需要。

本书在体例上进行了如下安排。首先,在每章之初,对教和学提出了建议。教师可以此为参考,安排和组织本章的教学内容和教学活动;学生可据此了解本章教学的全貌及学习目标,合理分配自己的学习精力。其次,在每章之中,在阐述基本理论的同时,穿插、补充了一些相关的参考(实验)资料(用加灰色框表示),列举了一些应用性实例或实验,其目的一是为了拓宽学生的知识领域;二是为了加深某一知识点的内容深度,为以后的学习打下较为坚实的基础;三是为了帮助学生理解教学内容。再次,在每章之末,专门做了小结,并给出了本章的基本概念,以帮助学生建构基础心理学的概念体系。最后,出了一些思考题,便于学生思考,加深对知识的理解。

参加本书编写工作的同志还有阴国恩、戴斌荣、陈友庆、张阔等。阴国恩教授作为本书的副主编协助我统稿。全书最后由我定稿。

本书编写过程中参阅了许多专家及同行的研究报告和著作,并引用了一些观点和内容,对此表示诚挚的谢意。

限于编写时间和作者水平,书中难免出现错误和不足,欢迎专家、读者予以指正。

沈德立
2003 年 3 月

第一章　绪　　论

本章教学要求

教师讲解的内容

■ 心理学的研究对象

■ 心理学的研究方法

■ 心理学的发展简史

学生自学的内容

◆ 心理学的主要研究领域

教学重点

▲ 心理学的研究对象

▲ 心理学的主要学派

教学难点

▼ 心理学的研究对象

▼ 心理学的主要学派

学习目标:通过本章学习,应能够

★ 了解心理学的研究对象

★ 了解心理学研究的基本方法

★ 了解现代心理学的主要分支

★ 掌握心理学的学科特点

★ 掌握心理学的主要学派

人们常常这样问我的妻子,"嫁给一个心理学家感觉怎么样? 他在你的身上运用心理学吗?"

我孩子的朋友们很多次问他,"那么,你的爸爸分析你的心理吗?"

"你觉得我怎么样?"一个理发师这样问我。在得知我是一个心理学家之后,他希望得到一个即时的人格分析。

对于这些提问的人,或者对于绝大多数只是从一些通俗书籍、杂志或电视节目中获取心理学知识的人来说,心理学家就是去分析人格、提供咨询或给出儿童培养建议的。

是这样吗? 是的,但远不止这些。或许心理学家提出以下这些问题,或许这些问题同样会困扰着你:

你是否发现自己对某些事情的反应跟父母一样,也许你曾经发誓永远也不会采用这种反应方式,所以你想知道你的个性有多少是遗传的。一个人的人格会在多大程度上受到基因的影响,又会在多大程度上受到家庭或周边环境的影响?

你是否曾想过,是什么促使你学习和工作的成功。难道有些人真的生来就更聪明一些吗? 智商真的能够解释为什么某些人会更加富裕,更具创造性思维,或在人际关系上更敏感吗?

你是否曾经感到沮丧或焦虑,并且想知道能否再恢复正常? 是什么因素导致了我们不良的或良好的情绪呢?

所有这些都为心理学的大磨坊提供了很好的原料,因为心理学的目的就是要回答关于我们自身的各种问题,即:我们怎么思考,如何感受,又如何行动的?①

第一节　心理学的性质

一、心理学的研究对象

任何一门科学都有其特定的研究对象和探索的领域,心理学研究的对象是心理现象。心理学主要研究人的心理现象;为了更好地了解人类心理现象的起源(即种系发展),也研究动物的心理现象。心理学不仅研究个体的心理现象,也研究群体的心理现象。

(一)人的心理现象

人的心理现象有:感觉、知觉、记忆、思维、想象、言语、情绪情感、注意、意志、需要、动机、能力、气质和性格等。

看到的颜色、听到的声音、嗅到的气味、尝到的滋味等,这些都是感觉。

因为客观环境中的许多事物是由多种属性综合而成的一个整体,所以,当人们对某个事物的多种属性分别感觉以后,就会认识这个事物的整体。比如,对一个苹果的色、香、味等属性分别感觉以后,就会认识到这是一个苹果。这就是知觉。知觉是在感觉的基础上产生的,但不是感觉的简单堆砌。

在学习和生活中,除了感知某些事物,还要记住它们。有时需要把它们再认出来,有时需要把它们回忆出来,这就是记忆。

人在认识客观事物的活动中,不能仅依靠感知觉来认识事物的外部特征,还要通过分析、综合、抽象、概括等心理活动,找出事物的本质特征和内在的规律性联系,这就是思维活动。

人们还可以把过去在头脑中反映的事物的形象进行重新加工改造,创造出新的形象,这种过程就是想象。想象是人类创造性活动中的重要心理成分。

此外,人们还要利用语言把自己的认识活动的成果与别人进行交流,接受别人的经验,这就是言语活动。

人们总是依据自己的某种需要去认识和反映客观事物,并且随着需要的满足与否,产生一种态度上的体验。或是愉快的、肯定的、积极的态度体验,或是不愉快的、否定的、消极的态度体验,这就是情绪情感。

注意不是一种独立的心理过程,而是伴随心理过程进行的一种状态。人们在进行心理活动的时候,总有一个注意或不注意的状态。

人类不仅要认识世界,还要改造世界。改造世界的活动,总是带有一定的目的性,为了实现目的,就要设法克服困难,这种心理活动就是意志。

人的心理活动与行为的基本动力是需要。人类既有饥则食、渴则饮等生理需要,又有劳动、交往等社会需要;既有衣、食、住、行等物质需要,又有认识事物、享受美等精神需要。

在人的各种需要的基础上形成了人的不同的动机,它是直接推动一个人进行活动的内部

---

① 资料来源:[美]戴维·迈尔斯著.心理学(第七版).黄希庭等译.人民邮电出版社,2006:1.本书略有改动.

动力。例如,饮食动机会导致人的饮食行为,学习动机会导致学生的学习行为。

人在获得和应用知识的过程中,还会形成各种各样的心理特性,造成人与人之间的差异。例如,有人聪明,有人愚笨;有人具有音乐才能,有人则具有绘画才能等。这就是能力差异。

有人比较活泼好动、反应灵敏,有人则比较安静稳重、行动缓慢;有人做事急躁,有人则慢条斯理。这些主要是人们之间的气质差异。

勤劳或懒惰、诚实或狡猾、勇敢或懦弱、谦虚或骄傲等,这些都是对人们性格差异的描述。

(二)个体意识与无意识

由于心理现象既有当事人能够意识到的,又有当事人意识不到的,所以,我们又把人的心理划分为有意识现象与无意识现象。

意识就是人能够觉察到外部事物的存在和自己的内部心理活动,能够把"自我"与"非我"、"主体"与"客体"区别开来。也就是说,人不仅能够意识到客体的存在,而且具有自我意识。正是这种自我意识,使人们能够对自己的所作所为进行自我分析、自我评价、自我调控。自我意识是人的心理的重要特点,是个体在一定发展阶段上才出现的,它对个体的发展有着重要的意义。

无意识现象,是指人们在正常情况下觉察不到,也不能自觉调节和控制的心理现象。人在梦境中产生的心理现象,主要是在无意识的情况下出现的。日常生活中,我们表面看起来对外界刺激听而不闻,视而不见,但不知不觉中已在我们头脑中留下了印象。

(三)群体心理

作为社会的成员,个体总是生活在各种社会群体中,并与其他人结成各种各样的关系,这便产生了群体心理。例如,时尚、风俗、社会习惯和偏见、舆论和谎言,以及不同群体、民族和国家的心理特点等。

二、心理学的学科特点

(一)心理学是自然科学和社会科学的交叉学科

由于心理学要研究心理的神经生物学基础,还要研究在计算机上模拟人类的行为等问题,在这个意义上,心理学的研究目标和手段都与自然科学一样,具有自然科学的性质。

同时,人是社会的成员,人的心理具有社会制约性。而且,心理学还研究群体心理或社会心理。在这个意义上,心理学的研究又具有社会科学的性质。

心理学在世界科学体系中具有特殊地位,成为沟通两大门类科学的桥梁。

(二)心理学是认知科学的主干学科

20世纪70年代,在认知心理学的推动下,出现了认知科学。它将心理学、神经科学、语言学、认识论和科学哲学等学科联合起来,在高度跨学科的基础上研究人的乃至机器的智力和认知。这门新兴学科受到了各发达国家的重视。

由于认知科学与认知心理学在研究范围和方向上是一致的,心理学成为认知科学的主干学科。

第二节 心理学的研究领域与方法

一、心理学的主要研究领域

心理学的研究范围广泛,是一个具有许多分支的学科体系。总体来说有两大类:理论心理学和应用心理学。

(一) 理论心理学

1. 普通心理学

普通心理学(general psychology),又称基础心理学,是研究正常成人心理发展变化一般规律的一门学科,它也是各分支心理学的理论基础。普通心理学概括心理学分支学科各方面的研究成果,并根据研究的不同方面,又区分为感知觉心理学、记忆心理学、思维心理学、言语心理学、情绪心理学、能力心理学、性格心理学等。

2. 生理心理学和心理生理学

生理心理学(physiological psychology)和**心理生理学**(psychophysiology)研究心理现象的生理机制。生理心理学以脑的形态和功能参数为自变量,观察在不同生理状态下,行为或心理活动的变化。心理生理学研究由心理活动引起的生理功能的变化。

3. 发展心理学

发展心理学(developmental psychology)是研究种系和个体心理发生与发展的学科。种系心理发展指从动物到人类的心理演变过程。个体心理发展指人类个体从受精卵开始到出生、成熟直至衰老的整个生命中心理发生和发展的过程。发展心理学主要包括动物(比较)心理学、儿童心理学、中年心理学和老年心理学等,其中儿童(含青少年)心理学又是发展心理学的主干内容,发展心理学的狭义概念就是指儿童心理学。

4. 实验心理学

实验心理学(experimental psychology)是用实验的方法来研究心理和行为的规律。它研究心理学领域中进行各种实验的原理、设计、方法、仪器、技术和资料处理等问题。

5. 社会心理学

社会心理学(social psychology)研究个体和群体在社会相互作用中的心理和行为发生及变化的规律。社会心理学在个体水平和社会群体水平上对人际关系进行探讨。在个体水平上进行研究的内容有:个体社会化过程、交往、言语发展、伙伴、家庭和居住环境及学校对个人的影响等。在社会群体水平上进行研究的内容有:群体交往结构、群体规范、态度、种族偏见、攻击行为、风俗习惯和骚乱等。

（二）应用心理学

1. 教育心理学

教育心理学（educational psychology）研究教育过程中的心理活动规律，把发展心理学的研究成果应用到教育实践中去。教育心理学的主要研究内容有：受教育者知识和技能的掌握情况、心理的个别差异、道德品质的形成、教育者应有的心理品质等。其主要分支学科有教学心理学和德育心理学。

2. 医学心理学

医学心理学（medical psychology）研究疾病的诊断、治疗、护理、预防中的心理学问题，为人的保健事业服务。它包括病理心理学、临床心理学、药理心理学、护理心理学、心理健康咨询学、心理治疗学等分支。

3. 工业心理学

工业心理学（industrial psychology）包括工程心理学、管理心理学等。工程心理学研究现代工业中人与机器的关系（即人机系统），在工程设计中要求机器适应人体的活动特点，从而使工作效率提高。管理心理学研究职工的选拔、训练、评价、使用等人事组织问题。

4. 商业心理学

商业心理学（business psychology）研究在商业活动中经营者和消费者的心理活动及其规律。商业心理学包括消费者心理学、市场心理学和广告心理学等。

5. 法律心理学

法律心理学（forensic psychology）研究人们在司法活动中的心理活动及其规律。法律心理学分为犯罪心理学、侦察心理学和审判心理学等。

6. 运动心理学

运动心理学（sports psychology）研究人们在参加体育运动时的心理过程和个性特点，以及体育运动对心理过程和个性特征的影响。运动心理学还研究体育运动教学训练过程和运动竞赛中有关人员的心理特点等。

7. 军事心理学

军事心理学（military psychology）研究人们在军事活动条件下的心理学问题。主要包括军事人员的选拔和分类，军事技术和武器学习掌握的过程，军事活动所要求的个性心理特征、心理战术、宣传和反宣传、军队士气作用等。航空与航天心理学和航海心理学是军事心理学的两个主要分支。

心理学在美国的分支
美国心理学会（APA）的分类

分类序号	APA 分类名称	分类序号	APA 分类名称
1	普通心理学类	3	实验心理学类
2	教学心理学类	4	评价、测量和统计类

分类序号	APA 分类名称	分类序号	APA 分类名称
5	行为神经科学和比较心理学类	28	心理催眠类
6	发展心理学类	29	州心理学会事务类
7	个性和社会心理学会*	30	人本心理学类
8	社会问题和心理学研究学会*	31	智力落后和发展失能类
9	心理学和艺术类	32	人口和环境心理学类
10	临床心理学类	33	妇女心理学类
11	顾问心理学类	34	宗教心理学类
12	工业和组织心理学会*	35	儿童、青年和家庭服务类
13	教育心理学类	36	健康心理学类
14	学校心理学类	37	心理分析类
15	咨询心理学类	38	临床神经心理学类
16	公共服务心理学类	39	美国心理学——法律社会类
17	军事心理学类	40	独立实践领域的心理学家类
18	成人发展和老年心理学类	41	家庭心理学类
19	应用实验和工程心理学类	42	同性恋女子和同性恋者问题心理学研究协会
20	康复心理学类		
21	消费心理学类	43	少数民族问题研究协会
22	理论和哲学心理学类	44	媒体心理学类
23	行为的实验分析类	45	运动和体育心理学类
24	心理学史类	46	和平心理学类
25	社区心理学类	47	团体心理学和团体心理治疗类
26	心理药物学类	48	药瘾类
27	心理治疗类	49	男性和男子气心理学研究协会类

*：APA 的一个分类

（资料来源：B·H·坎特威茨，H·L·罗迪格（Ⅲ），D·G·埃尔姆斯.实验心理学——掌握心理学的研究.华东师范大学出版社，2001:571－572）

从事心理学的三种途径

　　心理学大体可以分为三个主要分支或类别：实验心理学、心理学教学和应用心理学。实验心理学家是指那些孜孜不倦地进行着心理学基础研究的心理学家。他们中的大部分都是大学的教师。这类心理学家有时也被称为研究心理学家，在三个分支中是人数最少的一类。

　　第二大类心理学家是心理学教师，他们很大一部分与实验心理学家重合，因为大多数研究人员往往也在他们从事研究工作的大学里教授心理学。但越来越多的此类心理学家受雇于高中、学院或主要从事教学的大学。仅仅是美国的社区大学就雇佣了9000名心理学家。

应用心理学家是指将实验心理学家研究所得的知识用于解决人类实际问题的心理学家。他们所要解决的问题包括培训、装备设计以及心理治疗。应用心理学家在许多地方工作,包括学校、诊所、工厂、社会服务机构、机场、医院和赌场。据说,美国有64%拥有博士学位的心理学家主要从事应用心理学工作,而且自20世纪50年代以来,这一比例稳步上升。

(资料来源:[美]菲利普·津巴多等著.普通心理学.王佳艺译.中国人民大学出版社,2008:8)

二、心理学研究的基本方法

(一) 观察法

观察法是指在自然情境中或预先设置的情境中,对人或动物的行为进行直接观察、记录而后分析,以获得其心理活动变化和发展规律的方法。

根据观察的目的、要求和技术,可以从不同角度将观察法分类。按对观察场所控制的程度可分为自然场所观察和人工实验室观察;按预先是否设定观察范围和评定标准,可分为结构式观察和非结构式观察;按研究者本人是否作为研究对象活动中的一员,可分为参与性观察和非参与性观察。

(二) 实验法

实验法是指在严格控制的条件下,有计划、有组织地变化实验条件,根据观察、测定、记录与此相伴随的现象或行为,以确定实验条件与现象或行为的关系。实验法的本质特点是控制因素。实验法主要有两种:自然实验法和实验室实验法。

实验者在进行实验研究时,必须考虑到三种变量的处理:一是确定自变量,即根据实验目的和假设,确定和选择足以引起和改变实验所要研究的那种行为(或心理现象)的变量——自变量。二是明确因变量。因变量是由自变量所引起的被试反应的变量,它是主试在实验中要测量的指标。由于被试的反应或行为可能比较复杂,在众多的反应变量中选择哪个作为因变量,或者选择某反应变量的哪个特点或方面作为因变量,必须十分明确而且具体。三是控制无关变量。实验中除作为自变量的因素以外,一切足以影响实验结果的因素,都需加以控制。实验成功的关键是处理好三种变量之间的关系。

(三) 调查法

调查法是就某一些问题要求被调查者回答他自己的想法或做法,以此来分析、推测个体或群体心理趋向的研究方法。调查法一般有问卷法和谈话法。

(四) 心理学研究的新技术

20世纪50年代以来,在认知心理学的影响下,有以下三种研究方法特别引人注目。

1. 反应时法

传统的反应时法主要用于测量运动速度和个体差异。而新的反应时法兴起于20世纪50年代中期的认知心理学,它通常将输入和输出联系起来通过反应时来推断看不见的内在心理过程。

新反应时法主要有三种形式:①减法反应时,即通过对各反应时进行减法运算以估算认

第一章 绪 论

知操作所需时间；②加法反应时，即通过对各信息加工阶段的反应时进行加法运算来观察完成作业时间的变化；③"开窗"实验，将每一种认知加工成分所经历的时间都比较直接地估算出来，弥补了减法和加法反应时实验不能直接测量和不能直接观察的不足。

2. 信号检测论

信号检测论在心理学领域的应用是把刺激变量看做信号，把刺激中的随机物理变化或感知处理信息中的随机变化看做噪声。这样，人对刺激的分辨或处理就类似于在噪声中检测信号。它有两个独立的指标：d'（辨别力指数）和 β（反应偏向），可以独立地处理感受性和主观态度两类变量。

3. 间接测量法

研究复杂心理现象的测量方法有直接和间接两种。传统上，对肌肉的收缩、腺体的分泌以及任务（刺激）明确的被试活动等进行的记录，属于对心理活动的直接测量。而对活动结果进行的记录则属于间接测量。近年来在记忆研究中出现了一些引人注目的间接测量法。比如，词干补全测验，它依据对被试永久性知识的测量结果来间接推断被试对实验中发生事件的记忆。

心理学研究中的伦理问题

常见的心理学伦理问题有以下几点：

1. 保护被试。心理学研究中被试的自愿性是个前提，不可偏废。这种自愿性是在不受任何强迫并且了解和理解研究内容的情况下自由作出的。

2. 研究中的"欺骗"问题。心理学家在有些情况下，若不使用欺骗就不能进行研究时，也会有目的地使用欺骗。除非在非常独特的情况下使用欺骗，一般说来，欺骗具有虚假的特性，会导致有害的社会结果，不仅有害于研究者，也会在被试之间产生相互猜疑，以及违背知情的自愿性原则。

3. 隐私。在某些情况下，研究可能涉及研究对象的隐私权问题。一般的解决办法是：征求被试的同意，或者采取对数据不提姓名的方式。

目前，尚缺乏可以用来估计具体研究价值的公认的伦理理论。被试是否为特殊的研究所损害，以及在什么程度上受到损害，这些是难以确定的。当前所实施的行之有效的做法是：①加强研究者所在部门或机构的各种形式的同行评论，这是一种既直接又严格的监督形式；②成立专司伦理问题的评论委员会，审查和检讨心理学研究中的伦理问题。

（资料来源：李维等主编. 心理学百科全书·第一卷. 浙江教育出版社，1995：54）

第三节　心理学的发展简史

一、科学心理学的产生

（一）西方古代心理学思想

在心理学独立成为科学以前，有关"知识"、"观念"、"心灵"、"意识"、"欲望"和"人性"等心理学问题，一直是古代哲学家、教育家、文学艺术家和医生们共同关心的问题。例如，古希腊柏拉图(Plato)认为灵魂先于身体并独立于身体,是永生不灭的。当神创造世界的时候,神把理性放在身体里以指导身体。亚里士多德(Aristotle)的《灵魂论》被认为是历史上第一部论述心理现象的著作。他把心理功能分为认知功能和动求功能。认知功能包括感觉、意象、记忆、思维等过程。动求功能包括感情、欲望、意志、动作等过程。亚里士多德的这些思想影响到后来心理学的发展,对当代的心理学思潮也有重要的影响。

(二) 中国古代心理学思想

和西方古代不同,中国古代没有心理学的专著,但有丰富的心理学思想。这些思想散见在许多哲学家、思想家和教育家的著作中。例如,荀子在《天论》中提出"形具而神生,好恶、喜怒、哀乐臧焉",认为先有身体而后有心理,心理依附于身体。汉代桓谭以烛火比喻形神的关系:"精神居形体,犹火之燃烛","气索而死,如火烛之俱尽矣"。[①] 王充则详尽地论证了心理不能离开形体的道理,认为精神为血脉所生,"人死血脉竭,竭而精气灭"。[②] 他还根据自己的观察,描述了空间知觉和时间知觉的一系列现象。南北朝时的范缜更进一步提出"形者神之质也,神者形之用也","形存则神存,形谢则神灭"。[③] 总之,他们都认为先有身体后有心理,心理是身体的机能。

唐代的柳宗元、刘禹锡坚持了唯物主义的天人观,并对感知和思维两种认识活动进行了分析。另一位学者韩愈认为"性"是与生俱来的。到了宋代,理学家在教育心理学和学习心理学方面提出了许多有价值的主张。如程颢和程颐重视学习的作用,认为人的智能、性格、道德品质基本上是在幼年期形成的;朱熹提倡"胎教"等。明清以后,医学家们对脑及其功能的认识有了很大的进步。例如,刘智提出"百体之知觉运动"都依赖脑,[④]脑的不同部位有不同的功能。清代医生王清任根据自己的解剖经验,认为人的感觉和记忆是脑的功能,而不是心脏的功能。王清任所处的时代,和法国著名学者、医生布洛卡(Broca, P. P.)的时代很相近,王清任提出的"脑髓说"对科学地认识人的心理活动有着重要意义。

西方心理学思想在中国的传播,始于明末耶稣会传教士利马窦(Ricci, M.,意大利人,1583年来华)著的《西国记法》(1595)、艾儒略(Aleni, J.,意大利人,1613年来华)著的《性学粗述》(1623)等书。

(三) 科学心理学的诞生

心理学是在19世纪末成为一门独立科学的。现代科学心理学的诞生和发展有两个重要的历史渊源:近代哲学思潮和实验生理学。近代哲学思潮为西方现代心理学的诞生提供了理论基础,而实验生理学则是现代心理学实验研究方法的直接来源。

心理学可以说是一门既古老又年轻的科学。说它古老是因为两千多年来心理学的问题就一直包含在哲学之中被人们所研究。说它年轻是因为直到1879年,由于受到自然科学的影响,德国哲学家、生理学家冯特(Wundt, W.)在德国莱比锡大学建立了世界上第一个独立的心

① 《新论·祛蔽》
② 《论衡·论死》
③ 《神灭论》
④ 《天方性理·图传》卷三

理实验室,把自然科学的研究方法应用于对心理学的研究。至此,心理学脱离哲学,成为一门独立的科学。

从历史唯物主义的观点看,科学心理学的产生是一个过程。尽管冯特是科学心理学的创立者,但冯特之前的生理学家、心理物理学家已为科学心理学的诞生奠定了基础。赫尔姆霍茨(Helmholtz, H. L. F. V.)第一次精确测定了神经冲动的传导速度,并用实验法研究了视觉、听觉现象。韦伯(Weber, E. H.)第一次以实验说明了阈限的操作概念,并得出了最小触觉可觉差的数量法则。费希纳(Fechner, G. T.)在韦伯的基础上发现了物理量与心理量间的函数关系。唐德斯(Donders, F. C.)提出了简单反应时和选择反应时的测定方法。艾宾浩斯(Ebbinghaus, H.)用实验法对记忆进行了研究,绘出了遗忘曲线,打破了实验法不能研究高级心理过程的禁区,并于1885年出版了实验心理学的经典著作《论记忆》。此外,在科学心理学诞生之前的1874年,冯特就出版了《生理心理学原理》,而另一位德国心理学家布伦塔诺(Brentano, F.)也出版了其经典之作《经验观点的心理学》,这两本书都强调心理学是一门独立的科学。

二、心理学的主要学派

从1879年至今,心理学已有100多年的历史,产生了不同的学派和学说,这些学派和学说具体地反映了心理学的发展。

(一) 构造主义心理学

产生于19世纪70年代,是心理学的第一个理论学派,创始人为冯特。冯特认为心理学是研究意识(经验)的科学。他把意识分为感觉、意象和感情三个基本元素,认为所有复杂的心理活动都是由这些基本元素构成的。冯特首创了实验内省法。

冯特的理论为他的学生铁钦纳(Titchener, E. B.)所继承和发展,并把这种心理学理论命名为"构造心理学"。构造心理学的积极意义是它使心理学摆脱了思辨的桎梏,走上了实验研究的道路,成为一门独立的科学。但是,这个学派所从事的"纯内省"和"纯科学"的分析,严重脱离了实际。

(二) 机能主义心理学

产生于19世纪末,创始人是美国心理学家詹姆士(James, W.)。杜威(Dewey, J.)、安吉尔(Angell, J.)、桑代克(Thorndike, E. L.)、卡尔(Carr, H.)等都是这一学派的著名代表人物。机能主义者比较强调意识的作用和功能,认为意识的作用就是使有机体适应环境,而不像构造主义者比较强调意识的构成成分。机能主义的这一特点,推动了美国心理学面向实际生活的过程。

20世纪以来,美国心理学一直比较重视心理学在教育领域和其他领域的应用,这和机能主义的思潮是分不开的。

(三) 行为主义心理学

产生于1913年,创始人是美国心理学家华生(Watson, J.)。行为主义反对心理学研究意识,主张研究行为,把刺激—反应(S—R)作为解释行为的公式。华生还反对内省,主张使用客观研究方法。新行为主义者托尔曼（Tolman，E. C.）曾试图在刺激与反应之间引进认知、期望、目的等作为中间变量，但斯金纳（Skinner，B. F.）坚持反对任何形式的内因论，拒绝中间变量，认为强化和改变行为的主要动力是有机体"操作"环境的效果。赫尔（Hull，C. L.）则力图从方法着手，抛弃"观察—归纳"法，采用"假设—演绎"法，以便把心理学建成近似几何学的演绎科学。

行为主义极力主张客观研究方法，使心理学的研究更自然科学化了，也就是说更严谨了。然而，行为主义完全否定了对人的心理、意识的研究，以生理反应代替心理现象，把人与动物等同起来，以及分析行为的机械主义观点，又对心理学的发展产生了消极影响。

（四）格式塔心理学

1912 年诞生于德国，后来在美国得到进一步发展。该学派的创始人是惠特海默（Wertheimer，M.）、考夫卡（Koffka，K.）和苛勒（Köhler，W.），后期的代表人物是勒温（Lewin，K.）。格式塔是从德文"Gestalt"音译而来，意为"完形"、"整体"。格式塔心理学反对把意识分析为元素，强调心理作为一个整体、一种组织的意义。格式塔心理学认为，整体不能还原为各个部分、各种元素的总和；部分相加不等于全体；整体先于部分而存在，并且制约着部分的性质和意义。

尽管格式塔心理学的理论基础是主观唯心论，但该学说强调的"整体"观点以及关于知觉的组织原则、学习和思维的研究成果至今仍有其积极意义。

（五）精神分析心理学

产生于 1900 年，创始人是奥地利精神病学家弗洛伊德（Freud，S.）。前面所说的构造主义、机能主义和格式塔心理学主要重视意识经验的研究，行为主义重视正常行为的分析，而精神分析学派则重视异常行为的分析，并且强调心理学应该研究无意识现象。该学派的理论根据是来自对精神病患者诊断治疗的临床经验。弗洛伊德认为人格是由本我、自我和超我构成的系统。一个人的精神状态是人格的这三种力量相互矛盾冲突的结果。弗洛伊德认为意识是人的整个精神活动中很小的一部分，处于心理的表层。无意识才是人的精神活动的主体，处于心理的深层，它是被压抑的或未变成意识的本能冲动。性欲则是人的所有本能冲动中持续时间最长、冲动力最强、对人的精神活动影响最大的本能。

弗洛伊德把心理区分为意识和无意识，并关注需要、动机等心理的动力因素，这是他对心理学发展作出的贡献。但他把人的一切行为都归于被压抑的性欲的表现，认为无意识决定意识，甚至决定社会发展则是错误的。

（六）人本主义心理学

20 世纪 50—60 年代在美国兴起，代表人物是美国心理学家马斯洛（Maslow，A.）和罗杰斯（Rogers，C.）等。人本主义心理学反对精神分析学派和行为主义学派对心理学研究问题的窄化和偏颇，而着重于人格方面的研究，被称为现代心理学的第三种势力。人本主义者认为，人的本质是好的、善良的，他们不是受无意识欲望的驱使，并为实现这些欲望而挣扎的野兽。人有自由意志，有自我实现的需要。因此，只要有适当的环境，他们就会力争达到某些积极的社会目标。人本主义心理学反对行为主义只相信可以观察到的刺激与反应，而认为正是人们的思想、欲望和情感这些内部过程和内部经验,才使他们成为各不相同的个体。

人本主义心理学的不足在于他们错误地理解了人的本质,把人看成人性的人,而不是社会关系的总和,因而他们对人的内心世界的某些描述,常常是从个人主义和利己主义出发的。此外,人本主义心理学的许多主张还带有纲领的性质,所使用的名词缺乏明确的定义,也没有具体说明所采用的研究方法,这使得其理论难以得到检验。不过,人本主义心理学的方法论不排除传统的科学方法,而是扩大了科学研究的范围,有助于解决过去一直排除在心理学研究范围之外的人类信念和价值问题,从而成为近年来心理学发展的趋势之一。

(七)认知心理学

认知心理学(cognitive psychology)观点出现于20世纪初,在20世纪50年代以后得到迅速发展。一般认为美国心理学家奈塞尔(Neisser,U.)1967年出版的《认知心理学》一书,标志着现代认知心理学的诞生。认知心理学主要关心知觉、注意、学习、记忆、问题解决、决策以及语言的使用等心理现象。因此,认知心理学的范围非常广泛,与心理学大多数领域都有关系。

认知心理学的主要理论是信息加工理论,所以又称信息加工心理学。认知心理学将人脑与计算机进行类比,把人脑看成是信息加工系统,借用信息编码、加工、存储和提取等概念说明人的心理过程。认知心理学家根据实验研究结果提出了一些心理过程的加工模型,在一定程度上模拟了人的心理过程,但事实上,认知模型并不能完全代表脑中的真实机制。

(八)皮亚杰学派

由瑞士心理学家皮亚杰(Piaget,J.)始创,主张心理学应研究儿童的认知活动,并着力探索智慧的性质及其结构和机能。认为智慧的本质就是适应,而适应依赖于有机体的同化与顺应两种机能的协调,使有机体与环境取得平衡。这就是一个人从出生到成年发展的逻辑。

皮亚杰理论丰富和发展了科学的认识论,促进了儿童心理学和认知心理学的发展,推动了西方中小学课程及教学改革。

从事心理学研究的诺贝尔奖获得者

诺贝尔奖设了物理、化学、生理学或医学、文学及和平五个奖项,授予世界各国在这些领域对人类作出重大贡献的人或组织。诺贝尔奖虽然没有设心理学方面的奖项,但有几位科学家因从事与心理学有关的研究而获得了诺贝尔奖,也有身为心理学家的因从事别的领域研究而获得了诺贝尔奖。

1. 巴甫洛夫(Павлов,И.П.,1849—1936)

苏联伟大的生理学家。因其在消化生理学方面的成就获得1904年诺贝尔生理学或医学奖。

巴甫洛夫对心理学研究的巨大贡献是关于经典条件反射的学说和信号学说。

2. 洛伦兹(Lorenz, K., 1903—1989)

奥地利比较心理学家、动物学家、习性学创始人之一。他开展了在自然条件下观察动物行为的方法，对鸟类行为的研究作出了独特贡献，并提出了动物本能行为的固定行为模式和动物学习的"印刻"等概念。

1973年洛伦兹与奥地利科学家弗里施、英国科学家廷伯根因发现动物习性分类而共同获得诺贝尔生理学或医学奖。

3. 赫伯特·西蒙(Simon, H. A., 中文名字：司马贺, 1916—2001)

美国著名心理学家，信息加工心理学和人工智能的开创者之一。因其对经济组织内的决策程序进行了开创性研究，获1978年诺贝尔经济学奖。

西蒙的有限理性理论和决策理论最受推崇。他认为现实生活中作为管理者或决策者的人是介于完全理性与非理性之间的"有限理性"的"管理人"。他很重视对决策者本身的行为和品质的研究，认为组织成员都是为实现一定目的而合理地选择手段的决策者。

4. 斯佩里(Sperry, R. W., 1913—1994)

美国科学家。他研究了裂脑病人的心理特征，证明大脑两半球的功能具有显著差异，提出两个脑的概念。

1981年，斯佩里因研究大脑半球的功能、瑞典科学家维厄瑟尔(Wiesel, T. N.)和美国科学家休伯尔(Hubel, D. H.)因研究大脑视神经皮层的功能结构而共同获得诺贝尔生理学或医学奖。

值得一提的是，与斯佩里同时获奖的维厄瑟尔和休伯尔虽不是心理学家，但其获奖成果"大脑视神经皮层的功能结构"，也是心理学关注的内容。他们发现视网膜上不同部位具有感受不同类型刺激的特定感受野，且这些感受野与视觉皮层上的特征觉察器相对应，对心理学的发展有重要贡献。

5. 卡尼曼(Kahneman, D., 1934—)

美国心理学家。因其将心理学的行为实验技术引入经济学领域，特别是考查人类经济行为中的非理性判断和决策而与弗农·史密斯(Smith, V. L.)共同获得2002年诺贝尔经济学奖。

卡尼曼的主要研究成果是发现了人类的决策不确定性，即发现人类的决定常常与根据标准的经济理论作出的预测大相径庭。卡尼曼和其同事做了一系列研究，最终提出了著名的"前景理论"来对上述发现进行解释。

(资料来源：互联网)

三、心理学研究的现状

(一) 心理学科的发展趋势

1. 多学科交叉和多层次整合

近20年来,心理学分别与一些自然科学和社会科学交叉,派生出许多具有交叉学科性质的分支学科,这给它带来许多学术增长点。从心理学自身来看,这种学术交叉是其内部的分化或研究层次的分离,同时,也会出现多层次的整合,虽然这两种过程未必是同步的。

心理学的多学科交叉或分化主要表现为涌现出认知神经科学、心理神经免疫学等新学科。此外,也出现了认知工程心理学、社会认知心理学等。相比之下,心理学内部各层次研究的整合稍显滞后。多学科交叉和多层次整合无疑是当前心理学发展的一个特色,使心理学研究得以深入。

2. 应用心理学分支发展迅速

近20年来,一些西方发达国家提出教育改革问题,教育心理学发展迅速,并且确实提出了一些见解。由于计算机的广泛应用,研究人—机交互作用的认知工程心理学受到了重视。此外,由于社会的需要,对管理心理学、临床心理学或健康心理学的研究增多了。这给整个心理学的发展创造了良好的社会环境。

3. 一些重大科学问题的研究被提上心理学日程

意识、智力产生的问题是人类长期面临的重大科学问题。过去对它只能做思辨性的议论或猜测,现在由于心理学、脑科学、认知科学和信息科学等的迅速发展,已可以在科学基础上应用先进技术手段进行认真的研究。与此有关,长期困扰学术界的人的心理现象中的遗传与环境、先天与后天的问题,也将获得认真的研究。

(二) 心理学研究的前沿问题

1. 认知过程的心理机制

认知过程的研究迄今为止仍是心理学研究的重点。近20年来,尤以注意和记忆的研究进展显著,在理论和实践上都有所突破。注意研究提出激活和抑制双重加工过程。记忆研究提出外显记忆和内隐记忆的划分。

2. 认知神经科学的研究

从脑结构的不同水平对各种认知过程进行研究,特别是对注意、知觉和学习记忆的神经机制进行研究,近来极受重视。由于沿着认知科学的方向,并且采用无损伤的脑成像技术(PET,FMRI)和高分辨率的脑电图(EEG/EP),这些方面的研究取得了许多新的结果,在今后相当长的时期内仍将是研究的重点。

3. 智力与脑的关系

从心理学角度来看,它是上述对各种认知过程的神经机制的高度概括,但它又与智力本质和智力产生问题联系在一起,就需要联合其他的有关学科在更宽阔的层面进行研究。这是当前极富挑战性的问题。

4. 意识和无意识问题

这个问题过去主要由精神分析学派进行诠释,并未得到实验证实。从二次大战结束直到现在,实验研究发现了一系列的无意识现象,如阈下知觉、自动加工、盲视、负启动效应、内隐学习和内隐记忆等,这些无意识现象统称为内隐认知。当前的一个重要特点是研究意识和无意识的神经机制。这与意识产生问题联系起来而成为一个重大的科学问题。

5. 儿童认知发展

近年来,由于研究技术的进步和方法上的创新,对婴幼儿认知能力的研究极大地改变了以往的看法。研究发现新生儿和婴儿是有相当认知能力的,幼儿认知事物并不必然表现为"前运算"、"前逻辑"、"前因果"的特点。皮亚杰学派关于认知发展普遍阶段的理论受到人们的质疑,人们正在寻求新的理论构架研究认知发展。

6. 学习过程

近年来从不同的角度对学习过程进行的研究都强调学生学习的主动性。从认知心理学的角度曾提出"从做中学";教育心理学则研究如何使学生主动参与教与学的过程。这种思路与过去传统的教学思想和方法是不同的,它既培养了学生的好奇心和责任感,又促使他们对亲身参与所习得的知识进行思考。

7. 人力资源管理

在经济全球化、社会经济结构调整和科技创新迅猛发展的条件下,人力资源开发具有特殊的意义。高水平的人力资源是技术创新和市场开拓的关键。这不仅需要形成一整套员工的选拔、培训、安置、激励、考核和流动机制,更要着眼于管理队伍的形成,从而使企业在激烈竞争中得到发展。

8. 认知工程心理学

由于计算机应用于工程技术,人—机相互作用已逐渐被人—计算机的交互作用所取代。后者是人和计算机之间的对话和通讯,通过物理层面和认知层面来实现。这是两个认知系统之间的信息交换,需要应用认知心理学对它进行研究,这已经成为心理学和信息科学的研究热点。

9. 心理咨询与心理治疗

在现代社会中,由于生活和工作节奏加快,竞争激烈,压力增大和应激状态持续,容易造成心理失衡,不少人出现心理障碍或心理问题,不利于其健康和生活,需要心理医生进行咨询,帮助解决,这促使心理咨询与心理治疗的研究和实施得以迅猛发展。

10. 临床神经心理学

这是生物心理学和临床心理学的综合,主要探讨心理障碍最初的生物因素,试图对导致心理障碍基础的脑结构及其神经递质做出深刻探究,寻找治疗心理障碍的新方法,即用药物来控制人的行为。

11. 进化心理学

当代心理学的一种新的研究取向。它是在进化论影响下发展起来的,主要探讨个体的行为是怎样受遗传基因影响的。这类研究认为,身体细胞中的化学信息编码不仅决定了人们的种族、头发颜色等特征,也决定了祖先们在其生存和繁殖过程中表现出的各种行为。进化心理学还希望用进化论的观点来解释不同文化中的行为相似性。

12. 文化心理学

研究文化与心理相互关系的一门学科。主要包括两个方面:①用心理学的观点研究文化现象；②研究文化与人格之间的关系，包括文化与心理、文化与性格、文化与行为、文化与社会化等等之间的联系。

现代心理学的一些重要事件

1. 1879年冯特在德国莱比锡建立了世界上第一个正式的心理学实验室，标志着独立的科学心理学的诞生。

2. 1883年高尔顿(Galdon, F. , 1832—1911)发表《对人类官能及其发展的探讨》，开辟了研究个体心理和心理测验的途径。

3. 1885年艾宾浩斯出版《论记忆》，开创了用实验方法研究记忆的先河。

4. 1890年詹姆士出版了他的代表作《心理学原理》，提出了意识流理论，对美国机能心理学的产生和发展有重要影响。

5. 1905年比纳(Binet, A. , 1857—1911)和西蒙(Simon, T. , 1873—1961)共同编制了《比纳—西蒙智力量表》，1908年发表了这个量表的修订本。

6. 1913年美国心理学家华生发表了《从一个行为主义者的观点看心理学》，宣告了行为主义心理学的诞生。

7. 1912年惠特海默、苛勒和考夫卡在法兰克福研究似动现象，在此基础上建立了格式塔心理学。该学派的后期代表是勒温。

8. 1900年弗洛伊德出版《梦的解析》，1916—1917年出版《精神分析引论》，创立了精神分析学派。

9. 1923年巴甫洛夫(1849—1936)出版《动物高级神经活动(行为)客观研究20年经验，条件反射》，系统提出了高级神经活动学说。

10. 1929年拉什里(Lashley, K. S. , 1890—1958)出版《大脑机制与智能》，提出了大脑功能的均势(equi-potentiality)原理和总体活动(mass action)原理，对推动大脑高级功能的研究和计算机学习的研究有重要意义。

11. 1937年斯金纳发表《两种类型的条件作用》，首次提出"操作性"(operant)的概念。第二年出版《有机体的行为》，标志着新行为主义的诞生。

12. 1943年马斯洛发表《人类动机论》，以后又出版了《动机与人格》一书，创立了人本主义心理学。

13. 1950年皮亚杰出版《发生认识论导论》(3卷集)，标志着发生认识论体系的建立。

14. 20世纪60年代初斯佩里及其同事进行了著名的裂脑研究，发现了大脑两半球功能的差异，大大促进了对脑的高级认知功能的研究。

15. 1967年奈塞尔发表《认知心理学》，标志着现代认知心理学的诞生。

16. 1973年鲁利亚(Лурия, А. Р. , 1902—1977)出版《神经心理学原理》，总结了从40年代以来的研究成果，创立了神经心理学。

17. 1991年欧洲科学技术发展预测与评估委员会(FAST)出版认知科学系列丛书，其中第四卷为《认知神经科学》，标志着认知神经科学作为一个科学分支得到了认可。

(资料来源：彭聃龄. 普通心理学. 北京师范大学出版社，2001:26)

基础心理学（第2版）

四、心理学在中国的发展

前文已经说过,中国古代早已有了丰富的心理学思想。这些思想虽然是朴素的,有些甚至是带有猜测性的,但直至现在仍然闪烁着人类智慧的光辉。1879年,科学心理学诞生之后,很快地被引进到中国,逐步发展到今天而成为现代心理学。

1878年,留美学者颜京在上海建成圣约翰书院并亲授心理学课程。1889年他翻译了美国人海文(Haven,J.)的 *Mental Philosophy*(《心灵哲学》)一书,出版时书名定为《心灵学》。他所说的"心灵学"即是心理学。据考证,这是第一部国人翻译的外国心理学著作。1905年我国留日学生陈榥根据日本心理学并直接参考西方心理学及结合中国实例编写出版了《心理易解》,这是国人自编的第一本心理学书。1907年王国维的译著《心理学概论》也出版了。在这个时期内,一批留美和留日的中国学者对传播心理学起了重要的桥梁作用。

中国现代心理学的开创是在1917年。它的标志是北京大学首次建立了心理学实验室。1921年8月,中国心理学会的前身中华心理学会成立。在陆志韦等心理学者的发起下,1937年1月24日在南京国立编辑馆礼堂成立了中国心理学会。不久因抗日战争爆发,中国心理学会活动停止。新中国建立后,1955年8月在北京正式成立了中国心理学会。

20世纪二三十年代,现代心理学的许多理论流派开始通过归国的中国学者介绍到中国来。一些在海外学习的中国留学生开始了一些重要的实验研究,其中有些研究在国际上是有影响的。

新中国的成立标志着中国的心理学进入了一个新的时期。建国初期,中国心理学主要以介绍和引进苏联的心理学为主,提出了在辩证唯物主义和巴甫洛夫学说的基础上改造心理学的任务。20世纪50年代末,心理学的研究被指责为"超阶级"、"抽象化"和"生物学化",遭受到不应有的批判。60年代初,由于国内纠正了对心理学的某些错误观点,心理学工作者在教育心理学、医学心理学和工程心理学等应用领域开展了研究,为教育改革和社会生活的许多方面作出了贡献。1966—1976年,中国经历了10年政治动乱,中国的心理学也遭受到灾难性的破坏。1977年改革开放以后,中国心理学真正进入了发展的新时期。一批中国心理学工作者被派往国外学习和进修,一批国外优秀的心理学家被邀请来中国进行访问,这对中国心理学工作者迅速了解世界各国心理学的发展趋势,赶上世界学科发展的水平,有十分重要的作用。1980年中国心理学会正式加入了国际心理科学联合会。20多年来,中国心理学家在许多重要的领域开展了系统的研究,取得了丰硕的成果,主要体现在:①心理学各主要分支的研究工作在广度和深度上都发生了深刻的变化,学科发展上了一个新台阶;②基础研究有了很大提高,已经形成了一批有意义的中心研究课题;③应用研究直接为国家建设服务,对社会生活的许多领域起到了积极的作用。在21世纪,中国心理学必将走向进一步的繁荣昌盛。

20世纪中国心理学的十件大事

1. 中国第一个心理学实验室建成

1917年,北京大学哲学门(系)的心理学、哲学教授陈大齐在蔡元培先生的支持下,创立了我国第一个心理学实验室。1918年陈大齐教授出版了《心理学大纲》，这是我国第一本大学心理学教本。这标志着我国科学心理学的诞生。

2. 中国第一个心理学系成立

1920年，攻读心理学的赴美留学生陈鹤琴、廖世承、陆志韦回国，并到南京高等师范学校任教。该校在教育科下设立了心理学系，这是我国设立的第一个心理学系。

3. 中国心理学会成立

1921年8月，中国心理学会的前身中华心理学会成立。在陆志韦等心理学者的发起下，1937年1月24日在南京国立编辑馆礼堂成立了中国心理学会。不久因抗日战争爆发，中国心理学会活动停止。新中国建立后，1955年8月在北京正式成立了中国心理学会。

4. 中国第一种心理学学术期刊发行

《心理》杂志是中华心理学会的会刊，由张耀翔主编。1922年1月出版了中国第一种心理学杂志《心理》，这也是东方第一种心理学杂志。在当时，《心理》杂志在国内外享有一定声誉。共出版14期，发表论文163篇，140万字。

5. 中央研究院心理研究所成立

中央研究院心理研究所是现今中国科学院心理研究所的前身，于1929年5月在北平正式成立。它奠定了中国神经生理学和生理心理学的研究基础，也对中国科学院心理研究所的办所方向产生了深远的影响。

6. 中国科学院心理研究所成立

1951年12月7日，中国科学院心理研究所正式成立。1953年1月改为心理研究室，1956年南京大学心理学系与心理研究室合并又扩建成心理研究所，于12月22日在北京举行成立大会。中国科学院心理研究所隶属科学院生物学部。

7. 全国心理学学科座谈会召开

1976年10月粉碎"四人帮"，迎来了科学的春天。心理学也重获新生。1977年夏季在中国科学院的推动下，各门学科都在制定新的长远科学规划。1977年8月16—24日，由心理研究所主持，在北京平谷召开了全国心理学学科规划座谈会。来自全国各地的23位代表在会上拟定了规划初稿，后经修改作为草案，由心理研究所分寄有关单位征求意见。这是一个比较详细和全面的心理学学科发展规划，对我国心理学工作者起了极大的鼓舞作用，是中国心理学发展史上的一个重要转折点。

8. 中国心理学会加入国际心理科学联合会

1980年7月6—12日，国际心理科学联合会在德国莱比锡举行第22届国际心理学大会，会上讨论并一致通过，接纳中国心理学会代表中国加入国际心联，成为其第44个国家会员。这标志着中国心理学开始走向世界。

9. 赢得第28届国际心理学大会主办权

1996年7月在加拿大蒙特利尔第26届国际心理学大会上，经各国代表的投票表决，我国成功获得第 28 届国际心理学大会的主办权。第 28 届国际心理学大会定于 2004 年 8 月 8—13 日在北京召开。（编者注：2004 年 8 月 8—13 日，第 28 届国际心理学大会在北京如期召开。这次大会是第一次在亚洲发展中国家举办的国际心理学大会，也是有史以来规模最大的国际心理学大会。参加大会的有来自 78 个国家的 6261 名代表。开幕式上，中国科学院院长、全国人大副委员长路甬祥教授致欢迎词，国际心理科学联合会（IUPsyS）主席丹尼教授（Denis，M.，法国）和大会主席荆其诚教授（中国）发表了讲话。2002 年诺贝尔经济学奖获得者卡尼曼教授（以色列、美国）做了"认知错觉的前景"的演讲。大会的学术日程除了卡尼曼教授的诺贝尔奖获得者演讲和丹尼教授的主席演讲外，还包括 32 场主题演讲、35 场学科发展演讲、237 场特邀研讨会、432 场口头报告、15 场论文张贴展示。这样的学术日程给内容丰富的现代心理科学勾画了一个概貌，研究者们为心理学的 25 个主要领域的各种研究提供了最新论述。大会总共展现了 5598 篇文章，并与国际心理科学联合会合作组织了 9 个研讨会、青年心理学家培训计划和高级研究训练研讨会。）

10. 心理学成为国家一级学科

1999 年，科技部开始组织制定"全国基础研究'十五'计划和 2015 年远景规划"，并由国家自然科学基金委员会牵头评审"学科发展和优先领域"。根据学科地位、国际发展趋势、前沿性、在我国的现状、未来发展规划和相关政策措施等六个方面的综合状况，进行综合评审，将心理学确定为 18 个优先发展的基础学科之一。2000 年，心理学被国务院学位委员会确定为国家一级学科。这表明心理学被正式列入我国主要学科建设系列。

（资料来源：陈永明，张侃，赵莉如，韩布新，李扬. 20 世纪中国心理学十件大事. 光明日报，2001 - 08 - 27）

思考题

1. 心理学的研究对象有哪些？
2. 如何认识心理学的学科特点？

第二章　心　理　和　脑

本章教学要求

教师讲解的内容

- 神经元和神经冲动
- 周围神经系统和中枢神经系统
- 反射和反射弧
- 无条件反射与条件反射
- 两种信号系统
- 中枢神经过程
- 脑功能学说

学生自学的内容

- 内分泌系统与神经系统的关系
- 内分泌腺、激素及其功能

教学重点

- 周围神经系统和中枢神经系统

- 无条件反射与条件反射
- 中枢神经过程
- 脑功能学说

教学难点

- 神经冲动及其传导和传递
- 中枢神经过程

学习目标：通过本章学习，应能够

- 了解神经元和神经冲动
- 了解神经系统及其功能
- 比较经典性条件反射和工具性条件反射
- 掌握中枢神经活动的基本过程和基本规律

　　1848年9月13日，铁路监工盖吉发生了人身伤害事故。一次意外爆破中，一根3.7英尺的铁杆刺穿了他的颅骨，可是他的意识仍然清醒。10月中旬盖吉奇迹般地生还下来并开始逐渐恢复。主治医生哈洛在1868年首次向麻省医学会报告这一病例时说，盖吉的生还是一桩医学奇迹。盖吉康复后身体伤害并不严重，仅仅左眼失明，左脸麻痹，姿势、运动和言语无恙；但是盖吉的心灵变化很大，脾气暴躁，行为放纵，还伴有无礼和污秽的语言，不听从朋友的劝阻。并且盖吉随时会异想天开地提出很多计划，瞬息又逐一否定，反复无常。他的智力像个儿童，但同时又有成年男子的强烈本能，朋友都说盖吉不是以前的盖吉了。

　　这一案例表明了脑与心理密切相关，脑是心理的基础。

第一节　神　经　系　统

一、神经系统的发生和发育

　　在几十亿年前地球出现生命现象之后，生命就经历了不断的发展和分化，最初是动植物的分化,之后动物的进化发展中产生了脑,这成为心理现象产生的生理基础。

单细胞动物还没有专门的神经系统,多细胞动物的出现随之产生了神经系统,其对身体各个部分的活动起着协调作用。随着动物的进化,从无脊椎动物、低等脊椎动物到高等脊椎动物,以至于最高级的人类,神经系统不断完善,逐渐产生了脑,大脑皮层也成为整个神经系统的最高部位,成为心理活动的重要器官。人的神经系统的最大特点是神经细胞连接的高度精确性。

二、神经元和神经冲动

神经系统是由神经元和神经胶质细胞构成的复杂的机能系统,它是心理活动的物质基础。神经元是构成神经系统的基本机能单位。

(一)神经元

神经元即神经细胞,它具有接受刺激、传送信息和整合信息的机能。

1. 神经元的构造

人的神经系统大约有100多亿个神经元,它们的形态和大小有很大差异,但都由细胞体和细胞突起两部分组成。神经元的构造见图2-1-1所示。

细胞体的形态差别很大,有圆形的、纺锤形的、星形的等。细胞体的最外层是细胞膜,细胞体内含细胞核和细胞质。

细胞突起指的是神经细胞向外突出的部分。突起可以分为树状突起和轴状突起。树状突起简称树突,它是一种呈树枝状的较短的突起。神经元的树突较多,其功能主要是接受其他神经元的信息,并将神经冲动传向细胞体。轴状突起简称轴突,它一般较长,其长度从十几微米到1米多。一般每个神经元只有一个轴突。轴突的功能主要是将神经冲动从细胞体传至与其联系的各种细胞。

2. 神经元的种类

神经元的种类很多。按神经元的功能可以分成感觉神经元、运动神经元和中间神经元。

感觉神经元又称为内导神经元,其功能是接收身体内外刺激的信息,以神经冲动的形式向脊髓和脑传导。

运动神经元又称为外导神经元,其功能是将脊髓和脑发出的信息向效应器官(肌肉或腺体)传导,以支配效应器官的活动。

中间神经元又称为联络神经元,其功能是将内导神经元和外导神经元连接起来,传递神经冲动,起到联络作用。

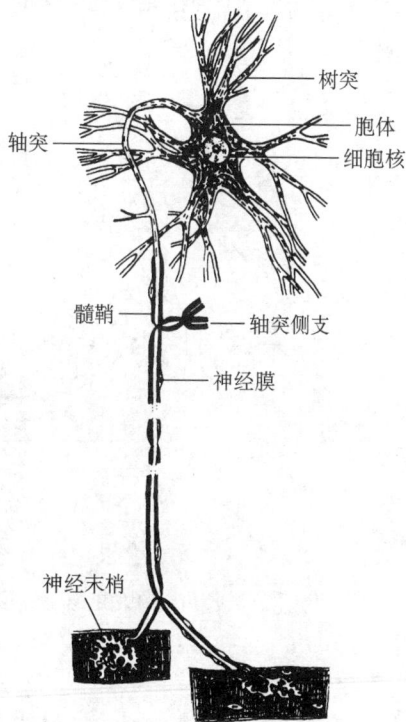

图2-1-1 神经元示例

(资料来源:吴先国主编. 人体解剖学. 人民卫生出版社,2002:244)

第二章 心理和脑

21

(二) 神经冲动及其传导

1. 神经冲动

与肌肉、腺体等组织一样，兴奋性是神经元的重要特性。神经元在未受到刺激时处于静息状态，当某种刺激作用于神经元时，神经元膜内外电位就会经过去极化、反极化和复极化等过程。这一系列电位变化过程称为动作电位。

2. 神经冲动的传导

神经冲动就其本质而言是一种电位变化，但是，神经冲动沿神经纤维运动，跟电流在导线内的运动不同。电流在导线内的传播依靠电磁场的运动以 30 万公里/秒的速度运动；而神经冲动在神经元内传导局部电流，最快的才 120 米/秒，最慢的则仅几米/秒。

3. 神经冲动的传递

神经系统的机能不能由一个神经元单独完成，最简单的机能也至少要由两个或三个神经元协调完成。神经冲动由一个神经元到另一个神经元的传递，要经过"突触"。所谓突触，即一个神经元与另一个神经元彼此接触的部位。见图 2-1-2。

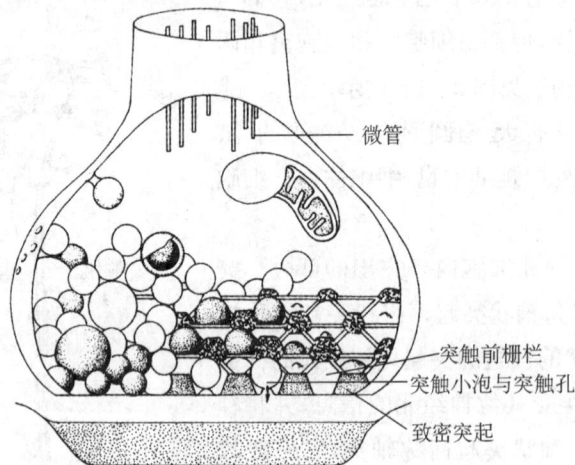

图 2-1-2　突触示意

(资料来源：蒋文华主编. 神经解剖学. 复旦大学出版社，2002：62)

突触可塑性

突触是神经元与神经元之间结构和功能的接触点，是神经信息传递的关键部位，突触结构和功能的完整对于保证神经元获得信息并顺利进行信息传递、加工和贮存是非常重要的。突触可塑性是指突触在一定条件下通过改变形态而调整功能的能力，在神经系统的发育、成熟及学习记忆等众多的生理功能中起重要作用，具体表现为突触结合的可塑性与突触传递的可塑性。突触结合的可塑性指突触形态的改变以及新的突触联系形成和传递功能的建立，突触传递可塑性指突触的反复活动引起突触传递效率的增加（易化）或降低（抑制）。突触可塑性和海马的长时程增强（long-term potentiation，LTP）密切相关，LTP

反映突触水平的信息存储过程,是学习记忆的分子基础。结构是功能的基础。突触可塑性构成了学习记忆形成的基础。学习记忆过程即信息传递过程,是把到达突触前膜的动作电位转变为释放贮存于前膜内侧分泌囊泡中的化学分子,后者通过突触间隙作用于突触后膜,最后再转变为后膜的电变化,完成信息的跨细胞传递。

(资料来源:王佩等.突触可塑性与学习记忆.脑与神经疾病杂志,2008,16(5):651－653)

神经冲动在突触处的传递速度较慢,传递在这里所花费的时间,比在一个神经元内用的时间多得多。过去认为,在一个神经元之内,传导是双向的;在两个神经元之间,通过突触的传递则是单向的,即只能从一个神经元的轴突传到另一个神经元的细胞体或树突,而不能从另一个神经元的树突传到一个神经元的轴突。但新近的研究发现,不同神经元的轴突之间或树突之间也可形成突触。一个神经元无论在传出或传入方面均可与很多神经元发生突触关系。

在一个神经元之内神经传导是电性的。而经过突触时,由于突触中间有一个很小的约为20 nm(一个 nm 等于百万分之一毫米)的距离,两个神经元互不连接,这样就不易直接传导。除极少数突触尚有电性传导外,主要依靠化学传递。

三、周围神经系统

周围神经系统由脑和脊髓发出的神经干、神经分支和神经末梢组成,通常将其分为躯体神经和植物性神经。

(一)躯体神经

躯体神经由脊神经和脑神经构成,它们遍布人的头部、四肢、躯干和内脏。

1. 脊神经

脊神经由脊髓发出,共 31 对。具有以下四种机能成分:①分布于皮肤、骨骼肌、腱和关节的一般躯体感觉纤维;②分布于内脏、心血管和腺体的一般内脏感觉纤维;③支配骨骼肌运动的一般躯体运动纤维;④支配平滑肌、心肌和腺体的一般内脏运动纤维。

2. 脑神经

脑神经由脑发出,共 12 对。其中 3 对为感觉神经,分别传递嗅觉、视觉、听觉和平衡觉的感觉信息。5 对为运动神经,分别支配眼球活动、颈部、面部肌肉活动和舌的活动。4 对为混合神经,传递面部感觉、味觉的信息,支配面部表情和颈部、咀嚼、躯体脏器等的活动以及舌下腺、泪腺、鼻粘膜腺和腮腺等的分泌。

(二)植物性神经

植物性神经又称自主神经。植物性神经的功能是控制机体内脏、平滑肌和腺体,主要分布于平滑肌、心肌和腺体上。按照其功能的不同,可分为交感神经和副交感神经。

除少数器官外,机体内脏活动接受交感与副交感两种神经纤维的支配。交感神经与副交感神经的作用往往是颉颃的。交感神经活动的主要作用在于促进机体适应环境的急骤变化。副交感神经活动的作用主要是抑制体内各器官的过度兴奋、保护机体等。

四、中枢神经系统

中枢神经系统包括脊髓和脑,脑的结构见图2-1-3。

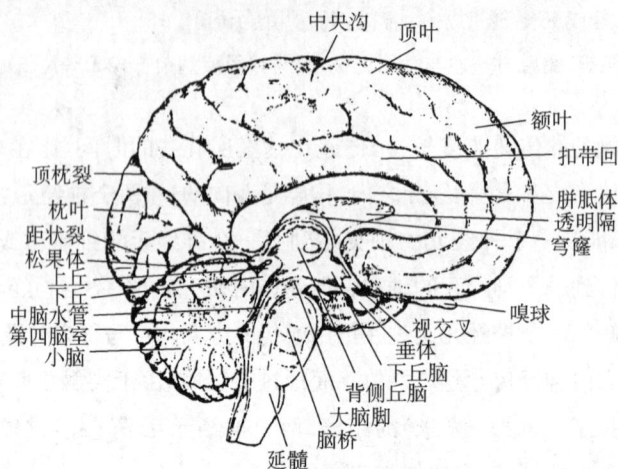

图2-1-3 脑矢状切面

(资料来源:龚茜玲主编. 人体解剖生理学(第四版). 人民卫生出版社,2000:86)

(一) 脊髓

脊髓位于脊椎管内,是中枢神经系统的最低级部位。它的主要功能有:①脊髓是周围神经与脑的信息联系的桥梁。来自躯干和四肢的各种刺激的信息,只有经过脊髓才能传导到脑;而且脑发出的各种指令信息,也必须经过脊髓才能传导到效应器,以支配其活动。②脊髓可以完成一些简单的反射活动。某些压力、触摸、温度、痛等方面的感觉信息可以在脊髓进行简单加工、处理,然后作出反应,如膝跳反射、跟腱反射等。

(二) 脑干

脑干是脊髓向上延伸的部分,其下端与脊髓相连,上端与大脑相接。脑干自下而上可分为延髓、脑桥、中脑。

1. 延髓

延髓在脊髓的上方,它是脑与脊髓的过渡部分。延髓与机体的基本生命活动密切关联,几种关键的生命过程的控制中心均位于此。它们支配呼吸、排泄、吞咽、肠胃等活动,因而又称之为"生命中枢"。

2. 脑桥

脑桥位于延髓与中脑之间,它是上行和下行神经纤维的必经之地,对人的睡眠具有调节和控制作用。

3. 中脑

中脑位于丘脑底部,小脑和脑桥之间。它是上行、下行神经纤维的主要通路,是视觉、听觉的皮层下反射中枢。

4. 网状结构

脑干各段的广大区域,有一种白质与灰质交织混杂的结构称为网状结构。它由许多神经细胞组成,纵横交错呈网状。网状结构可分为上行投射系统和下行投射系统。上行投射系统控制大脑的觉醒和意识状态,与保持大脑皮层的兴奋性、维持注意状态有密切的关系。下行投射系统对肌肉紧张有易化和抑制作用。

(三) 小脑

小脑位于延髓和脑桥的背侧,它有维持身体平衡、调节肌肉紧张和协调人的随意运动的机能。

小脑与发展性阅读障碍

发展性阅读障碍(以下简称阅读障碍)是指儿童的智力和动机水平正常,并且享有均等的教育机会,但是阅读成绩显著落后于其年龄与年级所应达到水平的一种学习障碍现象。阅读障碍的儿童常常表现出各种各样的运动缺陷,主要是整体动作笨拙、身体灵敏度很差、平衡和协调能力也不行。阅读障碍者完成精细运动和整体运动有困难,小脑是自动化的一个关键脑区,阅读障碍者在自动化和潜意识学习方面也存在不足。脑成像技术发现,阅读障碍者小脑中后部皮层的中细胞区平均面积要大于正常人。Nicolson 等人的模型认为,阅读障碍者的小脑功能失调通过三条途径影响个体的阅读能力,导致阅读障碍:①一般运动技能损伤会直接影响到书写;②小脑的缺陷会影响言语的发音,语音技巧不足又影响阅读;③自动化损伤也许会使得视觉词形的获取更加困难,进而影响了阅读和拼写。近年来的研究又发现,小脑与时间控制有关系,阅读障碍者在时间估计和响度估计上存在分离现象,即时间估计存在障碍,响度估计完好无损。这些研究表明,小脑不仅是负责运动的脑区,而且具有一定的认知功能。小脑正如大脑一样还有待我们进一步研究和开发。

(资料来源:彭聘龄等. 小脑与发展性阅读障碍. 心理与行为研究,2004,2(1):368－372)

(四) 间脑

间脑位于中脑上方,大脑半球的下方,主要包括丘脑和下丘脑。

丘脑是感觉信息传导到大脑皮层的中继站,除嗅觉外,所有来自外界的感官信息都经过丘脑再传到大脑皮层,从而产生视、听、味、皮肤等感觉。

下丘脑位于丘脑下部。下丘脑是皮层下植物性神经的高级中枢,对维持体内平衡,控制内分泌系统的活动有重要作用。另外,下丘脑在情绪活动中也起重要作用。

(五) 大脑

1. 大脑的结构

人的大脑分左右半球,是中枢神经系统中最大的结构,体积占中枢神经系统总体积的50％以上,重量为脑总重量的60％(约1400 克)。

大脑半球表面有一层起伏不平的灰色层,称为大脑皮层。大脑皮层是神经系统机能活动的最高调节部位,是人类心理活动发生的重要场所。大脑皮层表面积约2200 平方厘米,厚度为1.3—4.5毫米,大脑皮层由表及内分为6层:分子层、外颗粒层、外锥体细胞层、内颗粒层、内锥体细胞层、梭形细胞层。在进化中,各层由内及表依次生成。各层由不同类型的神经细胞组成,其功能也不尽相同。

大脑半球的表面布满了凹凸,凸起的部分称为"回",凹陷的部分称为"沟"。其中三条大的沟:中央沟、外侧沟和顶枕沟将大脑半球分成额叶、顶叶、枕叶和颞叶几个区域。见图2-1-4。

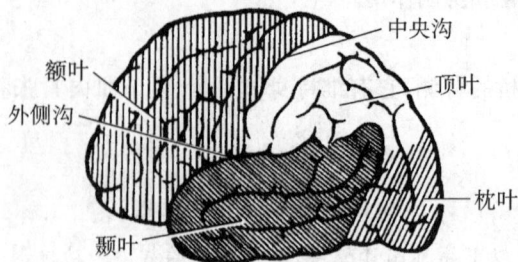

图2-1-4 大脑半球上外侧面

(资料来源:余哲主编. 解剖学. 人民卫生出版社,2002:347)

大脑半球内部为大量神经纤维组成的髓质,称为白质。它们负责大脑的回与回之间、叶与叶之间、两半球之间以及皮层与皮下组织之间的联系。其中主要的白质联系纤维有胼胝体和内囊。胼胝体是联系左、右半球的横行纤维;内囊是大脑皮层与下级中枢联系的"交通要道"。

2. 大脑皮层的分区

大脑皮层机能分区的思想起源于19世纪,目前人们经常使用的分区图是1909年由布鲁德曼(Brodmann, K.)提出的(见图2-1-5)。在心理学中,人们根据多年研究成果,把大脑皮层分成以下几个机能区域。

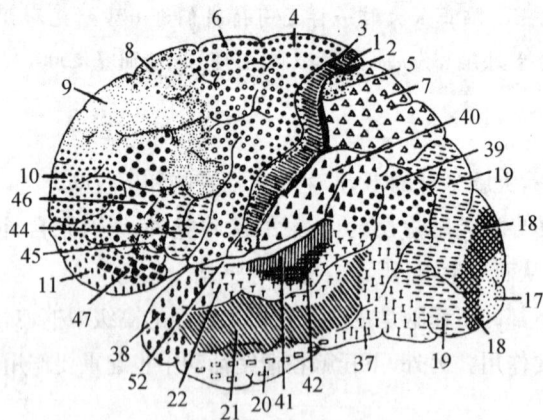

图2-1-5 布鲁德曼分区图(半球外侧面)

(资料来源:蒋文华主编. 神经解剖学. 复旦大学出版社,2002:325)

大脑功能的性别差异

男女的大脑左右半球结构上存在着性别差异,这种差异导致男女的脑半球功能有了

基础心理学(第2版)

特殊化发展的倾向。通过对男女进行视觉空间能力、数学能力和言语理解等认知任务的检测，并且在脑功能核磁共振成像(FMRI)、正电子放射层扫描(PET)和两耳分听感知等神经科学的检测技术中证实了这种性别差异的存在。其原因有性激素，也有脑梁结构和男女发育成熟个人差异。提出性别差异的认知模块观有三个论点：一是性别差异导致男女不同认知能力朝着各自优越化方向发展；二是男女大脑半球结构的功能运作具有特殊化倾向；三是男女大脑左右半球之间的相互作用和关系对认知会产生作用和影响。目前，大量的实证研究得到以下一些结果：①男性在视觉空间任务和数学任务上的认知能力占优，女性在言语课题，感知觉的敏捷度和手指操作的灵巧性上优于男性。②男性首先在处理言语任务，然后是在处理其他认知任务上，脑半球功能的特殊化发展趋势比女性更为显著。③女性的大脑左右半球的认知功能相互作用和结合，其程度比男性更高。目前，众多的研究假说集中在三个方面：①不同的遗传因子和性激素(即先天的生物学因素)导致了脑半球功能的发展差异；②脑半球功能的发展差异又反过来促使男女脑半球结构有了新的分化，也使左右两半球之间的关系有了新的建构；③脑半球功能特殊化的进程又决定了男女认知模块差异的产生。

(资料来源：徐光兴等. 性别差异的脑半球功能特殊化及其认知模块观. 华东师范大学学报，2007,25(2):48-52)

（1）感觉区

主要包括视觉区、听觉区和躯体感觉区。视觉区位于枕叶，属布鲁德曼的第17区。它接受由视神经输入的神经冲动从而产生视觉。若视觉区被破坏，即使眼睛功能正常也将变盲。听觉区位于颞叶的颞横回，属布鲁德曼的第41、42区。它接受来自听神经输入的神经冲动从而产生听觉。若听觉区被破坏，即使耳朵功能正常也将失聪。躯体感觉区位于中央沟后面的狭长区域，属布鲁德曼的第3、1、2区。它接受来自皮肤、肌肉、内脏的神经冲动，产生各种肤觉(如触压觉、温度觉、痛觉等)、动觉和内脏感觉。躯干和四肢在躯体感觉区有一定的投射关系，为上下倒置、左右交叉。研究表明，身体各部位投射区域面积的大小，取决于其机能在生活中的重要程度和对刺激分析的精确程度，即其投射区域面积大小与该部位的生物学意义成正比。

（2）躯体运动区

简称运动区，位于中央前回，即布鲁德曼的第4区。其功能主要是发出神经冲动，支配和调节身体的位置、姿势及各部位的运动。躯干和四肢在运动区也有对应关系，亦为上下倒置、左右交叉。区域面积的大小取决于肌肉运动的精细程度。

（3）言语区

一般认为，言语区定位在大脑左半球较广泛的区域，这些区域受损则出现各种失语症。言语运动区，亦称布洛卡区，位于左半球额叶的后下方靠近外侧沟处，即布鲁德曼第44、45区。这一区域受损则会引起运动性失语症，即能看懂文字、听懂语言，但说话句子结构错乱和用词不当。言语听觉区位于颞叶上方靠近枕叶处。这一区域受损则会引起听觉性失语症，即病人能听到谈话对方在说话，但不理解说的是什么，因而不能重复刚刚听过的句子，也不能完成听写活动。言语视觉区位于顶枕叶交界处。这一区域受损会引起失读症(视觉失语症)，即看不懂文字材料。书写区位于额叶语言运动区的上方,这一区域受损,病人将失去书写能力。

（4）联合区

大脑皮层具有整合或联合功能的一些区域称为联合区,其范围广泛,约占人类大脑皮层的 4/5 左右。依据联合区的不同功能,可分为感觉联合区、运动联合区和前额联合区。

感觉联合区指感觉区附近的广大区域,它们从感觉区接受信息并提供更高水平的知觉组织。运动联合区位于运动区的前方,负责精细运动和活动协调。前额联合区位于运动联合区和运动区的前方,它可能与动机的产生、行为程序的制订、维持注意有密切关系,同时与记忆、问题解决等高级心理活动有关。

（六）边缘系统

在大脑内深处与脑干上部之间有一些结构,人们将这些结构合在一起统称为边缘系统。主要包括扣带回、海马回、海马沟及其附近区域。边缘系统与内脏调节及情绪、记忆有密切关系。

脑的可塑性

所谓脑的可塑性"即脑可以被环境或经验所修饰,具有在外界环境和经验的作用下不断塑造其结构和功能的能力"。可塑性可分为经验期待可塑性与经验依赖可塑性。经验期待可塑性是在长期进化过程中形成的,具有物种的特异性和种内个体之间的一致性。例如,人和动物出生后,不同皮层的突触数目在不同的时间开始增殖到顶峰,然后通过修剪,稳定在成年期的水平,这种突触发展的倒"U"型曲线似乎表明,神经系统通过突触的过量增殖来应对预期的经验,遵循"用进废退"的原则来保留或者删除神经元、突起和突触连接,选择功能适宜的突触组合。而经验依赖可塑性则是个体在特殊经验和特殊环境下形成的,各个体之间有较大的差异。因此,人类和动物的经验依赖可塑性无法在发育中预先形成,而必须从经验中学习,从环境中获取经验,解决问题,从而不断提高应对环境的能力。丰富环境和学习训练所导致的神经元突起(包括轴突、树突等)、突触微细结构和脑功能区的变化是经验依赖可塑性。

学习与经验会改变人脑树突的数量与树突棘的形状,学习会改变人脑的功能代表区,感觉、运动、语言等在大脑皮层都有各自的功能代表区,经验或者学习可以重组或者改变皮层功能代表区的精细结构,不仅可以形成不同的突触连接,增加树突密度,增多树突分枝层次,改变树突棘的形状,而且还可以增大脑的功能区。特定的学习与经验影响大脑特定的区域。空间学习主要改变海马区的结构,而运动技能的习得主要影响小脑的结构。第二语言学习增加了左侧下顶叶的灰质密度,音乐演奏技能则导致中央前回、左侧颞横回、右上顶叶皮层灰质体积的增加。这提示我们,设计有针对性的教与学活动可以对大脑特定的区域进行训练,从而改善大脑特定区域的功能。不同类型的学习与经验以不同的方式改变大脑的结构。同样是脑的活动,但是学习与练习可能对脑产生不同的影响,学习增加突触的密度,而练习增加的是血管的密度,这表明突触和血管由不同的生理机制和不同的行为事件所驱动。受教育的程度、挑战性的学习经历、学习技能的掌握水平以及学习的起始年龄等是影响脑结构重组的因素。突触连接的细微结构与功能区的大小受到整个生命过程中的经验包括教育的影响。因此,脑的可塑性并不仅仅局限于幼年、童年和青年期,而是持续终身的过程。

（资料来源:周加仙,董奇等.学习与脑可塑性的研究进展及其教育意义.心理科学,2008,31(1):152－155)

第二节　神经活动过程

一、反射

(一) 反射的一般概念

反射原是光学中的概念,17 世纪笛卡儿(Descartes, R.)首先使用反射解释动物的行为和人的不随意运动。19 世纪中叶,俄国生理学家谢切诺夫(Сеценов, И. М.)把反射的概念推广到人的全部心理活动上,认为一切有意识的和无意识的活动就其发生的机制来说都是反射。

反射是有机体借助中枢神经系统实现的,对内、外环境中一定动因所做的规律性反应。神经系统的基本活动方式是反射,人的一切心理活动就其产生方式来说都是脑的反射活动。

(二) 反射弧

反射弧是实现反射的神经结构,它一般由感受器、传入神经、神经中枢、传出神经和效应器五个基本部分组成。

谢切诺夫把一套完整的反射活动分为三个环节:①开始环节。内外刺激物作用于感受器引起的神经冲动,由传入神经向脑传导的神经兴奋过程。②中间环节。脑中的神经过程以及与神经过程同时发生的心理活动。③终末环节。由传出神经传出并导致效应器官活动的神经兴奋过程。可见,心理产生于反射活动的中间环节。

(三) 无条件反射

无条件反射又称非条件反射,是生来就有的反射。例如奶头放进新生儿嘴里他就会吸吮,食物进入口腔就会引起唾液分泌,异物进入鼻孔就要打喷嚏等,这些无需学习、生来就会的反射都属于无条件反射。引起无条件反射的刺激物称为无条件刺激物。无条件反射的反射弧是先天的、与生俱来的,其联系是固定的。无条件反射是在种族发展过程中建立并遗传下来的。

(四) 条件反射

1. 什么是条件反射

有些无条件反射是动物维持生命所必需的。但是,动物凭借无条件反射只能适应固定不变的外界环境。高等动物为了适应变化万千的外界环境,维持个体的生存和种族的延续,还必须建立条件反射。**条件反射**是高等动物在无条件反射的基础上通过后天学习建立起来的反射。形成条件反射的基本条件是强化。强化即无关刺激物与无条件刺激物的结合使用。引起条件反射的刺激物称为条件刺激物。形成条件反射的过程就是在大脑皮层建立暂时神经联系的过程。

2. 经典性条件反射

首先对条件反射进行系统研究的是巴甫洛夫,他所研究的条件反射被人们称为经典性条件反射。例如食物可以引起狗分泌唾液,它是分泌唾液的无条件刺激物。狗吃食物分泌唾液是无条件反射。铃声不能引起狗分泌唾液,对于分泌唾液来说铃声是无关刺激物。如果在食物出现之前或食物出现的同时给出铃声,这样重复多次之后,仅仅出现铃声而不给食物,也会引起狗分泌唾液。这时,铃声这种无关刺激物就转变成为条件刺激物,即成为了无条件刺激物(食物)的信号而引起狗分泌唾液,于是形成了条件反射。形成经典性条件反射有两个条件:①刺激物出现的次序必须是无关刺激物先于无条件刺激物或与无条件刺激物同时出现;②无关刺激物的强度(在生物学意义上)必须低于无条件刺激物。见图2-2-1。

图2-2-1　经典条件作用形成的三个阶段

(资料来源:彭聃龄主编.普通心理学(第三版).北京师范大学出版社,2004:478)

3. 工具性条件反射(操作性条件反射)

斯金纳用白鼠和鸽子进行了下述实验:把白鼠或鸽子放在一个箱子里,箱内安装有机关,它们只要碰到这个机关(白鼠是用爪子抓,鸽子是用嘴鸽),就有一个食丸掉出来。开始它们在箱子里是乱动,如果碰巧触动机关,食丸就掉下来。以后,它们越来越少去碰其他地方,而越来越多地去抓或鸽这个机关。最后,它们就只抓或鸽这个机关,以便获得食丸。斯金纳把这样去形成一种活动的程序叫做工具性条件反射。见图2-2-2。

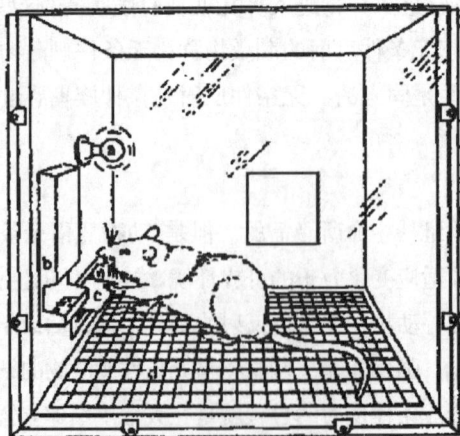

图2-2-2　斯金纳箱

(资料来源:彭聃龄主编.普通心理学(第三版).北京师范大学出版社,2004:481)

基础心理学(第2版)

斯金纳的强化时程表

斯金纳认为强化是行为形成和改变的最根本规律,任何动物的行为都不能违反这条规律。试想一个动物,如果不在一定情境下,去重复受到强化即得到好处,或受到负强化而免除了害处的行为,这个动物怎么能生存下去呢?所以他进一步认为心理学作为研究行为的科学,就应该把问题放在强化规律上,即研究如何安排正负强化,最经济而最巩固地建立起所需要的工具性条件反射,而消退不需要的工具性条件反射。这样就可以实现预测行为和控制行为的目的。他通过大量的动物实验,发现强化安排的效果主要取决于其时间和次数的分配。他把这种分配叫做强化时程表。

斯金纳把强化时程表主要分为五种。第一种是正确的反应每次均予强化。他发现这样的强化时程表不仅不经济,而且一旦不强化,消退就很快。第二种是正确反应不是每次出现均予强化,而是按一定次数比率予以强化,例如正确反应每出现十次才强化一次。这种强化时程表叫做定比间隔强化。它有利于保持反应重复频率的平稳,但也很容易因不强化而消退。第三种是不管正确反应发生的次数,而是按一定的时间间隔予以强化。这种强化时程表叫做定时间隔强化。它虽然比较不容易因不予强化而消退,但反应频率(单位时间内反应重复的次数)不稳定,刚接受强化之后,反应频率小,临近接受强化时,反应频率大。第四种是以次数不定的间隔来强化,例如有时隔三次予以强化,有时隔十次予以强化。这样的强化时程表叫做不定比间隔强化。它的效果最好,最不易因不强化而消退,而且反应重复的频率也最稳定。第五种是以不定长的时间间隔来强化,例如有时隔一分钟强化,有时隔五分钟强化。这样的强化时程表叫做不定时间隔强化。它也有不易消退的好处,反应重复频率的稳定性也与不定比间隔强化不相上下。

(资料来源:张述祖,沈德立.基础心理学.教育科学出版社,1987:73)

二、两种信号系统

所谓经典性条件反射就是条件刺激物(或称信号刺激物)成了无条件刺激物的信号,所以条件反射是一种信号活动。形成条件反射的暂时神经联系系统又称为信号系统。

根据信号刺激物的不同,巴甫洛夫将客观世界的信号刺激物划分为两种:第一信号和第二信号。第一信号指的是具体事物或具体事物的属性。例如客观物体、气味、颜色、声音等。由第一信号形成的条件反射系统叫做第一信号系统。例如"望梅止渴"是由梅子这一客观物体及视觉属性引起的,所以属于第一信号系统。人和动物都有第一信号和第一信号系统。第二信号指由语言、词汇组成的刺激物。由第二信号形成的条件反射系统叫做第二信号系统。第二信号是第一信号的抽象化和概括化信号,可以代替第一信号而起作用。例如"谈梅生津"是由于人"谈梅"就如同见到梅子一样引起唾液的分泌。第二信号和第二信号系统是人所特有的。巴甫洛夫称第二信号系统为人脑的特别附加物,是人脑高级神经活动的重要特征。

三、中枢神经过程

(一) 高级神经活动的基本过程

神经系统是产生心理现象的物质基础,它为产生心理现象提供了可能性。要使之成为现实,就要依靠神经系统的活动。心理现象是通过神经系统,尤其是中枢神经系统的机能活动产生的。高级神经活动有两个基本过程:兴奋过程和抑制过程。

兴奋过程是指与有机体的某些活动的发动或加强相联系的高级神经活动过程。它激发或加强与大脑皮层兴奋中心相联系的肌肉或腺体的活动。**抑制过程**与此相反,是指与有机体的某些活动的停止或减弱相联系的高级神经活动过程。它停止或减弱与大脑皮层抑制中心相联系的肌肉或腺体的活动。

(二) 高级神经活动的基本规律

有机体的一切反射活动都是兴奋和抑制这两种神经活动过程规律性运动的结果。巴甫洛夫认为高级神经活动的基本规律有两个:神经活动过程的扩散与集中和神经活动过程的相互诱导。

1. 神经活动过程的扩散与集中

皮层上产生的兴奋或抑制,并不是停滞在原来发生的部位,而是要向邻近部位传播,使这些部位出现同样的过程,这种现象称为兴奋或抑制过程的扩散。在扩散到一定限度之后,扩散开来的兴奋或抑制过程又返回到原来发生的部位,这就是兴奋或抑制过程的集中。

2. 神经活动过程的相互诱导

大脑皮层上的一种神经活动过程引起或加强另一种与之相反的神经活动过程的现象,称为神经活动过程的相互诱导。相互诱导有两种类型:正诱导和负诱导。由抑制引起或加强兴奋过程称为**正诱导**。由兴奋引起或加强抑制的过程称为**负诱导**。例如,当一个人集中注意学习时,皮层中某些区域具有较强的兴奋过程,并对另一些区域诱发或加强抑制过程,这就是负诱导;反过来,另一些区域的抑制过程也会加强正在进行着的兴奋过程,这就是正诱导。正是这种负诱导和正诱导的双向作用,导致注意的高度集中,专心致志学习,对其他刺激物则"视而不见,听而不闻"。

第三节 脑功能学说

心理是脑的功能,是脑对客观现实的反映。关于脑是如何产生心理的,在心理学领域产生了如下脑功能的学说。

一、定位说

定位说始于颅相说,颅相说将颅骨的外部特征和心理官能、行为联系起来,试图揭示两者之间的关系。但是这种联系和解释还有很多不科学的地方。后来关于失语症病人的研究进一步推动了真正意义上的定位说的研究。

布洛卡发现了布洛卡区,位于左侧额叶;威尔尼克(Wernicke, C.)发现了威尔尼克区,这两个部位中任何一个受损都会使语言能力受损,导致失语症。布洛卡区受损的病人表现为能阅读和理解别人的言语,但自己说话和写东西极为困难。威尔尼克区受损语法运用和发音没有问题,但会出现词义表达的困难。

研究还发现,下丘脑与情绪和许多基本动机,如饮食、睡眠等有关。海马与长时记忆有关。边缘系统中发现了"快乐中枢"和"厌恶中枢"。新近有研究发现,认知过程中,抗噪音能力的实现,是由两半球相关部位的协同实现的,其中与额叶和顶枕结合部位有密切关系;内侧颞叶在来源记忆中起相当重要的作用;人类前额叶皮质与情绪之间有着密切的关系。这些研究推动了定位说的进一步的发展。

二、整体说

整体说最早源于动物的实验研究,切除动物脑的一部分,发现功能的丧失与皮层切除的大小有关,与特定的部位无关。拉什利在研究中提出了均势原理和总体活动原理,均势原理强调大脑皮层的各个部位以均等的程度对行为发生影响;总体活动原理强调大脑是以总体的方式起作用的,行为效率与大脑受损的面积大小成正比。

有研究发现,前额叶损害对个体的一般智力产生显著的影响,但是其智力仍然处于正常范围,可见智力的脑结构范围极为广泛,智力是一个具有多重性的系统。

泛脑网络论

20世纪中叶以来,脑的研究突破了机能定位论和线性反射论的模式,提出了一些新的模式,泛脑网络论就是其中之一。它既承认并包容了机能定位论和线性反射论中的部分概念,如纵向的等级递阶、机能定位及反射与反射弧等概念,又修正或补充了许多概念,如不同等级结构间越级的、反馈的、双向的以及横向的交互作用,其联系既有线性的,又有非线性的。

泛脑网络论认为,从宏观到微观可把人的脑和脊髓看做由回路、神经元群、神经元及分子序列四级层次的网络。

回路分为大回路和微回路。脑和脊髓内数量巨大的神经元组成许多大回路与微回路。上行纤维束与下行纤维束联系在一起,组成大回路。微回路是指脑内某一小区内相对独立的信息处理回路,故又称局部回路。正是由于脑内有众多的大回路与微回路,对信息进行繁杂的并行或序列信息处理,使脑的活动非常复杂。就视觉来说,目前已知大脑皮质中有16个区域与视觉有关,既要靠这些皮质区间的大回路交互作用,又要靠这些皮质区内为数更多的微回路分工合作,才能形成视觉。

从细胞群体层次上看,近年来,除经典的乙酰胆碱与单胺类神经元系统以外,又相继发现了几十种神经肽及氨基酸类神经元系统。在脑和脊髓内,各种化学特异性神经元群大多分布广泛,结果不同化学特异性的神经元群分布既有重叠,又有所区别。在一个神经核区,可能有多种化学特异性神经元。在某一神经核区,这么多种化学性质不同的神经元之间有什么互相制约与相互依赖的关系尚不清楚。显然,脑和脊髓无论从结构与功能上看,均比先前想象的复杂得多。

从细胞个体水平上看,对经典的神经元学说需要重新认识。经典的神经元学说认为,神经元既是神经系统的结构与功能基本单位,又是基本的营养单位;现在则认为,不少神经元若离开了它所支配的细胞就不能正常发育、生长与修复再生,即神经元在许多情况下,不能看做是基本独立的营养单位。过去认为一个神经元只能释放一种神经介质;现在则发现,一个神经元常常可以释放两种或更多的神经介质,此即所谓介质共存现象。经典的神经元学说认为,轴突和树突有严格分工,轴突传出动作电位,树突接收动作电位;现在则发现了轴—轴型、树—树型、树—轴型以及双向突触等。

从分子水平分析,突触传递过程极为复杂,与一些特殊分子的合成、转运、分解有密切的关系,涉及分子构型的变化和离子通道的开闭等。负责在神经突触中传递信息的神经介质从合成、转运、释放,与受体的结合以及灭活等都涉及到一些分子机制。在分子水平上研究脑功能的机制,是今后脑研究的一个重要方向。

泛脑网络学说还非常重视神经元与非神经元成分的关系。非神经元成分指的是血液、激素、神经胶质细胞、脑脊液等。过去人们认为这些成分无足轻重。

泛脑网络学说堪称现代脑科学的方法论。它主张从不同的层次研究人的大脑,在互相联系中看待大脑,这就避免了只见树木、不见森林的倾向,以及那种只有宏观认识、没有细致分析的倾向。脑科学研究应遵循两条不同的路线。一条是自下而上,另一条是自上而下。这两条路线都不可偏废。泛脑网络学说为这两条研究路线的互相参照、互相协作、互相促进提供了可能性。

(资料来源:沈德立.脑功能开发的理论与实践.教育科学出版社,2001:6-9)

三、机能系统说

鲁利亚发现脑损伤患者一定部位的脑损伤,不是导致某一种孤立的心理机能的丧失,而是引起某种综合征。他提出脑是一个复杂的动态机能系统,该机能系统的个别环节受损时,高级心理机能确实受到影响。鲁利亚提出脑的三个机能系统:动力系统——调节激活和维持觉醒状态的机能系统,主要由脑干网状结构和边缘系统等组成;信息接受、加工、储存系统,主要由枕叶、颞叶、顶叶及皮层下组织等组成;行为调节系统,主要由额叶等脑区组成。三个机能系统相互作用产生人的行为和心理。

与识别声音熟悉性有关脑区的功能核磁共振成像研究发现对"熟悉"声音的辨别不是某一脑区独有的功能,而是很多脑区协同作用的结果。声音熟悉性的发生机制与边缘系统、颞叶和额叶之间的神经通路可能有关,"熟悉"声音显著激活脑区均参与了言语性情景记忆过程,其中任一脑区结构和功能的异常都会影响对"熟悉"声音的辨别。

四、模块说

模块说是 20 世纪 80 年代中期在认知科学和认知神经科学中出现的一种重要理论。模块说认为,脑是由高度专门化和相对独立的模块组成的,模块的结合能实现复杂的认知功能。例如,人们的大脑中存在影响语言理解的模块性认知机制,语言的使用和理解是语言在大脑中的推理和加工过程,同时也是认知模块相互作用的过程。在视觉研究领域已经发现,猴子的视觉与 31 个脑区有关;颜色、运动和形状知觉是两个大的功能模块,是视觉的神经基础。

第四节　内分泌系统

一、内分泌系统与神经系统的关系

人的心理和行为除了受神经系统的支配和调节之外,还受内分泌系统的调节。内分泌系统由多种内分泌腺构成。内分泌腺是散布在机体内各处的一些腺体。它没有导管,故又称为无管腺。其分泌物称为激素,直接进入血液或淋巴液,输送到全身各处,以各种方式作用于不同类型的细胞(靶细胞)。每个靶细胞都有受体,能识别引起细胞反应的那种激素。激素不仅影响某些身体和心理状况,而且可以通过和神经系统的结合对一切行为和体内情况产生影响。

在解剖学上,神经系统和内分泌系统是两个独立的系统,尽管神经系统和内分泌系统可以分别独立地调节和控制个体的行为活动,但许多反射活动是由这两个系统共同完成的。例如:当我们遇到一种很意外的事情或很紧急的情况时,除了神经系统发动横纹肌去进行活动之外,内分泌腺,特别是肾上腺受神经中枢的支配而增加分泌,分泌出来的一些化学物质直接渗透到血管中去,通过循环系统影响全身。肾上腺素随着血液流到哪里,就影响那里的一些器官或肌肉的活动。流到中枢,又影响中枢。这样也可以使人们的活动形成环路,即脑可以支配肾上腺分泌,肾上腺分泌出来的化学物质可以影响一些器官,也可影响脑,脑又进一步支配肾上腺。神经系统通过内分泌腺分泌的激素影响各种效应器官的活动,这是神经—体液调节。这种调节有两种方式:一是,感受器接受外界刺激,经过传入神经,进入大脑中枢,再经传出神经,影响内分泌腺,激素进入血液进而影响效应器;二是,感受器接受外界刺激,经过传入神经,进入大脑中枢,通过下丘脑神经核,影响脑垂体的活动,然后由脑垂体分泌各种激素,进一步调节其他内分泌腺的活动,内分泌激素经血液作用于效应器。

二、内分泌腺、激素及其功能

内分泌系统是人体解剖学上一个十分复杂的系统,至今,人们对内分泌系统本身的认识还不十分清楚,下面介绍几种重要的内分泌腺、激素及其功能。见图 2－4－1。

(一) 垂体

位于下丘脑的下部。它产生的激素种类最多,并且通过这些激素来控制其他内分泌腺的活动,因而称之为主腺。

垂体分泌的激素中有一种称为生长激素,其功能为促进身体发育,对糖和脂肪的代谢也

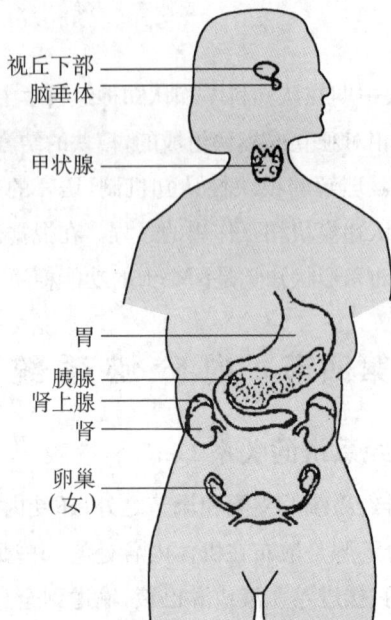

图 2-4-1 几种主要的内分泌腺在体内的分布

(资料来源:彭聃龄主编. 普通心理学(第三版). 北京师范大学出版社,2004:72)

有很大影响。幼年缺乏生长激素,将导致侏儒症,但不影响智力的正常发展;生长激素分泌过多,则可导致巨人症。垂体在神经系统和内分泌系统相互作用中处于关键地位。例如,在应付压力反应的过程中,下丘脑的一些细胞分泌一种促肾上腺皮质素释放因子(corticotrophin-releasing factor, CRF),该物质通过一个类似槽状的结构送至垂体,刺激垂体释放促肾上腺皮质素(adrenocorticotrophic hormone, ACTH),它是身体主要的压力激素。ACTH 随血流到达肾上腺和身体各器官,引起 30 多种激素的释放,其中每种激素在身体控制应付突发情境的行为中都起到某种作用。

(二) 甲状腺

甲状腺位于喉头下端,气管的前上方,分左右两叶。其分泌的激素称为甲状腺素。甲状腺素的功能是促进身体细胞的氧化作用,增进新陈代谢,维持骨骼的正常生长。甲状腺机能亢进时,个体常常感到闷热,身体消瘦,眼睛突出,而且精神紧张、双手颤抖、易疲劳、情绪敏感、易急躁等。甲状腺机能低下时,成年人出现水肿,代谢速率较常人低,体温降低,无气力,身体肥胖,而且心智能力减退、情绪消极、反应迟钝、性欲减退等;儿童则出现矮呆症,表现为发育阻滞、心智发展极度延缓,双腿弯曲、舌头膨大突出、牙齿发育不全、皮肤粗糙等。

(三) 副甲状腺

位于甲状腺的后方的 4 颗豌豆大小的腺体。其分泌的激素称为副甲状腺素。副甲状腺素的功能是调节血液中钙和磷的浓度,维持神经和肌肉的正常兴奋性。当它分泌多时,血液中的钙量增多,磷量减少,易导致骨骼折断或变形,甚至还造成肾结石。当它分泌不足时,血液中的钙量减少,磷量增多,致使神经和肌肉的兴奋性提高,引起痉挛。

基础心理学(第 2 版)

（四）胰腺

位于十二指肠和胃之间的肠系膜上。它兼具内、外两种分泌腺的特征。它的外分泌腺部分向肠道分泌消化酶,内分泌腺部分分泌的激素称为胰岛素。胰岛素具有降低血糖的作用。胰岛素分泌不足将导致糖尿病。

（五）肾上腺

位于肾脏的上方,左右各一个,其外层称为肾上腺皮质,内层称为肾上腺髓质。肾上腺髓质分泌肾上腺素和去甲肾上腺素。其功能是增高血压、加速心跳、内脏血管收缩等。肾上腺皮质分泌糖皮质激素、盐皮质激素和雄激素,其功能是参与蛋白质、脂肪代谢,维持体内矿物质与水分的平衡等。

（六）性腺

男性为睾丸,女性为卵巢。睾丸分泌睾丸酮,其功能为促使生殖器官发育、精子成熟、激发性欲、促进第二性征发育等;卵巢分泌雌激素,其功能为促使女性生殖器官成熟、子宫黏膜周期性变化、女性第二性征发育等。

思考题

1. 小学教育中如何根据脑的可塑性设计教与学的活动以有针对性地对大脑进行训练?
2. 利用强化原理设计小学教育中的教学活动。

第三章 感 觉

本章教学要求

教师讲解的内容

- 感觉及其生理机制
- 感受性及感觉阈限
- 感受野及特征侦察
- 感觉现象
- 感觉理论

学生自学的内容

- 心理物理规律
- 感觉的种类

教学重点

- ▲ 感觉现象

- ▲ 感觉理论

教学难点

- ▼ 感受性及感觉阈限
- ▼ 感受野及特征侦察
- ▼ 感觉理论

学习目标:通过本章学习,应能够

- ★ 了解感觉的概念、种类及特征
- ★ 理解感受野及特征侦察
- ★ 应用感觉规律和理论解释感觉现象
- ★ 评价色觉理论
- ★ 评价音高听觉理论

鲍勃·伊登斯是先天盲人,51 岁时复明,自己感言道:"我从来没有想到黄色竟是如此的黄,黄色太让我感到惊讶了,难以形容。红色是我最喜爱的颜色,但是,我真的难以相信这就是红色。天不亮我就迫不及待地起床,想去看一切我能看到的东西。夜晚,我遥望天空中的星辰和闪烁的光。有一天,我看见一些蜜蜂,它们美极了!我看见一辆卡车流星般在雨中驶过,在空气中留下一道水雾,太美了!我还看见一片凋零的叶子在空中飘荡,让人难以忘怀。世界上的一切对于我都是那么美!你们能理解吗?"

我们对每天所看到的一切已经熟视无睹,有时反而感觉不到世界上许多美丽的东西。鲍勃·伊登斯的经历提醒我们,人一切有意义的活动都是从感觉开始的。

第一节 感 觉 的 概 述

一、什么是感觉

感觉是脑对直接作用于感觉器官的客观事物的个别属性的反映。感觉是最初级的认识过程,是一种最简单的心理现象。当然感觉并不一定在某一时间内只反映一种属性,而是可以反映许多种属性,但在感觉中,各种属性之间既无组织又无界限。正如一个人进入到某个完全陌生的环境里,虽然这个环境中既有各种声响,又有各种气味,但他分不清哪个声响来自哪种东西,哪种气味散发自哪个物体,这时对他来说,各种声响和气味只是杂乱无章的一大堆刺激。在这种情况下,我们就说他仅有感觉。

二、感觉的生理机制

感觉是分析器活动的结果。**分析器**是有机体感受和分析某种刺激的整个神经装置。它由三部分组成:感受器、传导神经和神经中枢。分析器在内外环境影响下产生的神经过程是各种感觉产生的生理基础。

感受器是直接接受刺激产生神经冲动的装置,它是感觉器官中的感觉细胞或神经末梢。感受器实质上是一种生物学的换能器,它们将各种不同的刺激物能量转换成神经系统可以传导的生物电能——神经冲动。传导神经把分析器中的感受器与神经中枢联系起来。外界输入的信息在大脑皮层及皮层下代表区进行分析与综合,产生对刺激物的相应感觉。

三、感受性及其测定

感觉是由刺激物直接作用于感官所引起的,但要产生感觉,除了感官必须接受适宜刺激之外,还需要这种适宜刺激处于一定的强度范围。有的人这个强度范围的起点低一些,有的人这个强度范围的起点高一些。起点的高低反映一个人对适宜刺激感觉的灵敏程度,即感觉能力,称之为感受性。**感受性**是感觉器官对适宜刺激的感觉能力。

感受性的高低用感觉阈限来度量。**感觉阈限**是能引起感觉的持续一定时间的刺激量。一般说来,感觉阈限值越小,感觉能力越强,感受性就越高;反之,感觉阈限值越大,感觉能力越弱,感受性就越低。感受性与感觉阈限成反比。

(一) 绝对感受性与绝对感觉阈限

绝对感受性指的是刚刚能觉察出最小刺激量的能力。绝对感受性的高低用绝对感觉阈限来度量。**绝对感觉阈限**指的是刚刚能引起感觉的最小刺激量。绝对感受性与绝对感觉阈限成反比关系。绝对感觉阈限越大,绝对感受性就越低。二者关系可用下列公式表示:

$$E = \frac{1}{R}$$

E 表示绝对感受性,R 表示绝对感觉阈限。

这里需指出的是,处于绝对感觉阈限以下的刺激,虽然未被人感觉到,但不等于人对其毫无反应,一般来说,绝对感觉阈限以下的刺激也能引起一定的生理反应,只是这种生理反应没有被人感觉到。

(二) 差别感受性和差别感觉阈限

差别感受性是指刚能觉察出两个同类刺激物之间最小差异量的能力。差别感受性的高低用差别感觉阈限来度量。**差别感觉阈限**指的是刚刚能引起差别感觉的两个同类刺激物之间的最小差别量,因此,差别感觉阈限又称为最小可觉差(just noticeable difference)。两个同类刺激物间的差别达不到这个最小差别量则不会产生感觉上的变化。差别感受性和差别感觉阈限成反比关系。

1834 年,德国生理学家韦伯测量了包括触觉、视觉、听觉在内的多种感觉强度的差别阈限,发现原来刺激(即两个进行比较的刺激中的那个起始刺激)的强度越大,被试觉察出差异所必需的刺激(即两个进行比较的刺激中的那个强度大于或小于起始刺激的刺激)的强度变化也就越大,差别感觉阈限与原来起始刺激强度(或标准刺激强度)的比值是一个恒定的分数。这个分数称为韦伯分数,韦伯分数表现的规律称为韦伯定律,并用下列公式表示:

$$K = \frac{\Delta I}{I}$$

式中 I 是标准刺激(原来刺激)的强度,ΔI 是标准刺激条件下的差别阈限,K 为一个常数。对于不同性质的刺激来说,K 的数值不同。如重量为 1/30,声音为 1/10,光为 1/100。

根据韦伯分数的大小可判断对某种刺激的感觉灵敏程度,韦伯分数越小,感觉越灵敏;反之则感觉越迟钝。需要指出的是韦伯定律只适用于中等强度的刺激,过弱或过强刺激的韦伯分数都会发生改变而不是一个常数。

四、心理物理规律

(一) 对数定律

费希纳从韦伯分数中看到度量阈上感觉的可能性。费希纳假设:①每一个最小可觉差可以看做感觉上的一个最小变化,每个最小可觉差的主观量是相等的;②一个阈上感觉量可能是由绝对阈限以上有多少个最小可觉差来定量,即假设韦伯定律普遍适用。根据假设费希纳推导出对数定律:$S = K \lg R$。其中 S 代表感觉量,R 代表刺激量,K 为常数。对数定律表明,心理量是物理量的对数的函数,即当物理刺激强度以几何级数增加时,心理量以算术级数增加。在普通坐标系上它是一条对数曲线,而在单对数坐标系上,它是一条直线。

(二) 幂定律

费希纳提出的对数定律曾受到多方面的批评。史蒂文森(Stevens, S. S.)经过多年研究,提出了幂定律。

幂定律认为,心理量与物理量的关系,不是像对数定律所指出的物理量按几何级数增加时,心理量只依算术级数增加,而是心理量和物理量都是按几何级数增加,即心理量是物理量的幂函数:

$$S = bI^a$$

式中 S 代表感觉量,I 代表刺激量,b 和 a 为常数。

史蒂文森经过多年研究指出,对不同感觉道来说,指数 a 相差很大,即其增长速度大不相同。

第二节 感觉的种类

一、视觉

（一）视觉的适宜刺激

一般说来感觉都有其适宜刺激,视觉的适宜刺激是光。光是一种电磁波,人的视觉所能觉察的只是其中极小一部分,波长从 390 纳米到 760 纳米。人眼所能看到的电磁波范围称为光,这个范围以外的电磁波是看不到的。

光波有三种基本的物理属性:波长、强度和纯度。与物理属性相对应,人对光波的视觉也有三种基本特性:色调、明度和饱和度。色调是各种不同波长可见光在视觉上的特性,是指颜色名称所描述的性质,是彩色彼此相互区分的基本特性之一。它由占优势的光波波长决定。明度是有机体对光源或物体表面明暗程度的感觉,它对应于光波强度,是对光强弱的一种视觉。在同样条件下,照到眼睛里的光线越强,看起来就越亮;反之,就越暗。饱和度指的是颜色的纯杂程度和鲜艳程度,它与光波的纯度相对应,是对光波纯度的感觉。非饱和色泛出灰色或白色,饱和色艳而不泛。颜色的三个基本特性及其关系可用色锥体说明,如图 3-2-1。图中锥体的竖线中轴表示明度,上端为纯白,通过一系列由浅到深的灰色,到达下端的纯黑,组成黑白系列,表示无颜色明度维量上的变化。图中水平的圆圈表示色调,依次排列红、橙、黄……紫。从圆周到圆心的半径表示饱和度,圆周上的点表示饱和度最高,距圆心越近饱和度越低。锥体中心为中灰色。若圆周上的色调向上或向下移动,即掺入不同程度的灰色。

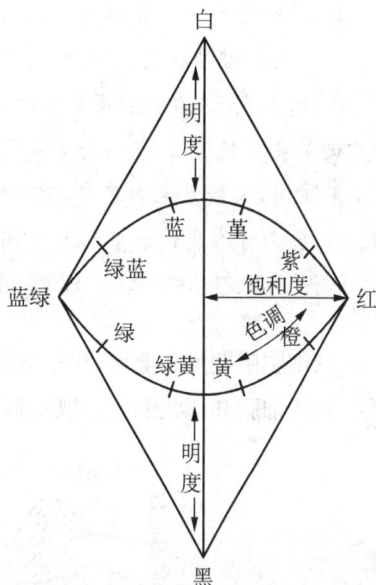

图 3-2-1 颜色关系或维度示意

（资料来源:张述祖,沈德立.基础心理学.教育科学出版社,1987:260）

在人类可以感知的光波范围内,大约可区分出 150 余种不同的色调,这意味着人可以区分波长差为 2 纳米左右的两个光波。若每种波长又各具不同的明度和饱和度,那么人类可以分辨的颜色估计可达 700 万种之多。据美国国家标准局估计大约有 7500 种颜色命名。

（二）视觉感受器

视觉感受器是视网膜上的一些细胞。眼睛的大部分,如瞳孔、水晶体等实际是折光系统。光透过角膜和瞳孔经水晶体折射而集聚在视网膜上,使视网膜上的锥状细胞或棒状细胞产生变化,从而引起视神经的冲动并将其传入中枢。视神经穿过视网膜向脑传递的区域,没有感光细胞,故称之为盲点。

盲　点

一、实验目的：了解盲点。

二、实验材料：铅笔（或钢笔）两支。

三、实验程序：

1. 主试（老师）要被试（全班同学）每人左右手各拿一支铅笔，向胸前水平方向伸直，两支笔与地面垂直，笔尖朝上，两笔尖并列一起。

2. 闭上右眼，左眼注视右手中的笔尖，左手持笔向左边移动，移到两笔尖相距约9.5厘米时，左手中的笔尖不见了，这是因为左笔尖的网膜像正好投射在左眼视网膜的盲点处；当左手中的笔继续往左移动时，又能看见左笔尖，因为笔尖超出了盲点的范围。

3. 闭上左眼，右眼注意左手中的笔尖，右手持笔向右边移动，移至约9.5厘米处时，右手中的笔尖不见了，这是因为右笔尖的网膜像正好投射在右眼盲点处；当右手中的笔继续往右移动时，又能看见右笔尖，因为笔尖超出了盲点的范围。

四、讨论：为什么我们看东西不受盲点的影响？

（资料来源：李幼穗主编.心理学应用.南开大学出版社，1994：52－53）

锥状细胞感明度和颜色，棒状细胞只感明度。所谓锥状和棒状是就它们的解剖形态来取名的。锥状细胞和棒状细胞在视网膜上的分布不同，其情况如图3－2－2所示。

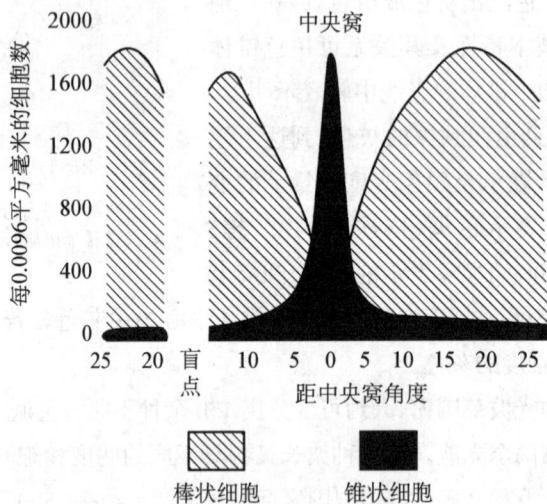

图3－2－2　锥状细胞和棒状细胞在视网膜上的分布

（资料来源：张述祖，沈德立.基础心理学.教育科学出版社，1987：262）

从图中可见，锥状细胞主要集中在视网膜上中央窝的附近，越往视网膜边缘走，锥状细胞越少。反之，棒状细胞在视网膜上中央窝附近少，在离中央窝20°的地方最多。

锥状细胞和棒状细胞在光谱敏感性上存在差异。浦肯野（Purkinje, J. E.）发现人眼对可见光谱上不同波长的光具有不同的敏感度，明视觉时（锥状细胞），对555纳米的波长最敏感；

暗视觉条件下(棒状细胞),人眼的敏感性向短波段位移,其峰值从555纳米移至511纳米。人眼对波长敏感性峰值从555纳米向511纳米的位移现象称为**浦肯野现象**。

(三)感受野及特征侦察

感受野指的是能影响某一神经元反应的感觉细胞群分布的空间区域。例如,视觉中枢的一个神经细胞和视网膜上的一些感受细胞有对应关系,刺激视网膜上的一些感受细胞,就要引起视觉中枢某一神经细胞的兴奋或抑制。这样,视网膜上这些感受细胞就是视觉中枢这个神经细胞的感受野。不同的感受野能侦察不同的刺激情况,即所谓特征。如有的感受野侦察边,那么,当遇到一边暗一边亮的刺激时,相应感受野的视觉中枢神经细胞的放电频率就增高。又如有的感受野侦察缝,那么,当遇到两边暗中间亮的刺激时,相应感受野的视觉中枢神经细胞的放电频率就增高。如果遇到中间暗两边亮的刺激时,视觉中枢的另一些神经细胞的放电频率就增高,这样的感受野可以侦察直线;也有侦察线条长短、运动方向、角度大小、面积大小、露光、撤光、明度改变等等情况的感受野。

上述这些仅对很特异的刺激特征进行反应的神经细胞被称为**特征侦察器**。据进一步的考察,发现作为特征侦察器的大脑皮层细胞可分为三类:一类叫做简单细胞,只能对一定网膜位置上的一定特征发生反应,如果受刺激的网膜位置改变,即使是同样的特征,这种简单细胞亦不能反应。这类细胞的位置靠近大脑皮层的表面。另一类叫做复杂细胞,它们对一定特征的反应不受网膜刺激部位的影响。这类细胞位居大脑皮层较深处。还有一类叫做超级复杂细胞,它们可以侦察由简单特征组成的复杂特征。图3-2-3是这三类特征侦察细胞的功能示意图。

研究还发现特征侦察器在动物出生后不久即发展起来,而且它们的发展很受视觉经验的影响。实验证明,小猫如果在它的关键性年龄受到歪曲了的视觉经验的影响,则其特征侦察器就永远功能失常。

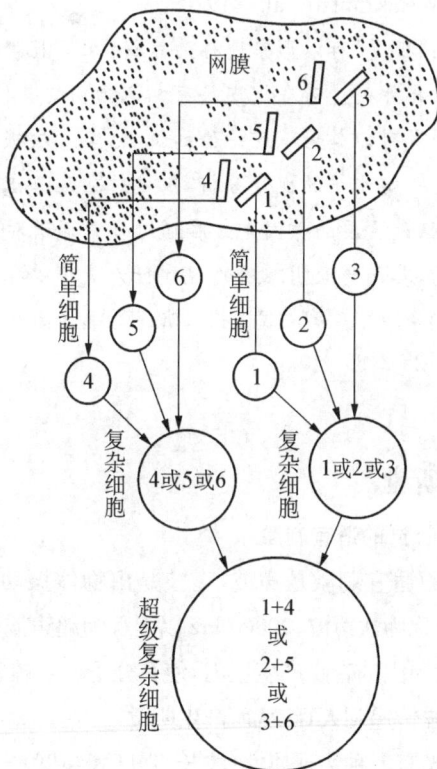

图3-2-3 三个水平特征侦察器的功能示意

简单细胞:其中每一个细胞只能反应网膜上相应部位具有一定倾斜度的线条刺激。它要受网膜位置的限制。

复杂细胞:其中每一个细胞都能反应具有同样倾斜度的三个线条刺激中的任何一个。它不受网膜部位的限制,但要受刺激方向的限制。

超级复杂细胞:其中每一个细胞都能反应由1与4,2与5,3与6等倾斜线条刺激所形成的角。它不受网膜部位的限制,也不受刺激方向的限制。

盲 视

从 14 岁开始,唐(Don)就患有严重的头痛病,同时左视野的感觉能力也比较差。唐34岁时为了治疗头痛,决定接受手术,神经外科医生切除了唐右侧枕叶皮层的一小部分。虽然手术彻底治好了他的头痛,但是由于切除的区域包括初级视皮层,因此他完全看不到左侧视野中的物体。例如,当在注视点的左侧呈现一个光点时,唐几乎不能觉察到这个光点。

根据经验,一些心理学家凭直觉判断唐不一定完全看不到左视野的物体。他们要求唐通过猜测用左手食指指出光点的位置。结果是令人吃惊的。唐对在"盲视"的左视野中出现的光点的定位和在视力正常的右视野中出现的光点的定位几乎一样准确!进一步的实验表明,他能够猜测在盲视野中出现的直线是水平还是垂直的,也能够猜测呈现在盲视野中的字母是 X 还是 O。在这些实验中,唐完全没有意识到视野中呈现的光点、直线和字母。他声称他只是在猜测。在观看实验的录像时,唐看到自己对光点的定位结果感到十分惊讶。(Weiskrantz et al. ,1974)

唐的"视觉"可以形象地称为盲视:在不能对客体进行有意识视觉觉察时,他的行为也是由视觉指导的。对在视皮层有相似损伤的其他病人的测验中也发现了类似的结果。这种行为模式可以作为下述结论的证据:当皮层损伤时,仍然完好的皮层下结构可以对这些任务进行一定水平的视觉分析,但这是在无意识状态下进行的。然而,对于这个结论还是有争议的,最主要的原因是大脑通过多重通道对视觉信息进行编码。不论盲视的神经机制是怎样的,其行为表明准确的视觉行为是可以独立于意识而存在。

(资料来源:[美]理查德·格里格,菲利普·津巴多. 心理学与生活(第16版). 王垒等译. 人民邮电出版社,2003:80-81)

二、听觉

(一) 听觉的适宜刺激

听觉的适宜刺激是声波,声波是由物体振动所产生的 16—20000 Hz 的机械波(纵波)。16 Hz 以下称为次声波,20000 Hz 以上称为超声波,一般人们听不到次声波和超声波。当物体振动时,对周围的音媒产生压力,使其分子产生疏密相间的运动,并在音媒中传播开来,这就是声波。声波传递到人耳,从而产生听觉。

正像光有三种物理属性(波长、强度和纯度)一样,声音也有三种物理属性:频率、振幅和波形。与声音的三种物理属性相对应的,则是听觉的三个基本特性:音高、响度和音色。

音高是主要由声波频率决定的一种听觉特性。一般说来,声波的频率越高,音高就越高;声波的频率越低,音高也就越低。人对 1000—4000 Hz 的声波最敏感。

响度是人对声音大小强弱的听觉,它与声波的振幅密切相关。一般说来,一个纯音声波的振幅越大,响度越强;振幅越小,响度越弱。但响度与频率也有关系。

音色是对声音品质的听觉,它由声波的波形决定。不同发音体发出的声波都有自己的特异性。用长笛、小提琴、单簧管演奏同一乐曲,尽管频率、振幅大体相同,但由于三者波形相差很大,所以听起来三者大不相同,这就是音色上的差异。

(二)听觉感受器

听觉的器官是耳,它由外耳、中耳和内耳三部分组成。外耳包括耳郭和外耳道;中耳包括鼓膜、3块听小骨、卵圆窗和正圆窗;内耳包括前庭器官和耳蜗。耳蜗内的基底膜上的戈蒂氏器由支持细胞和毛细胞组成,其中毛细胞是听觉感受器。

声波由外耳道进入,引起中耳鼓膜振动,然后依次引起中耳3块听小骨的振动,从而引起内耳耳蜗内淋巴液的振动,于是带动基底膜振动并使毛细胞兴奋,产生神经冲动。这种冲动通过听神经传导到大脑皮层听中枢产生听觉。

听觉的感受野

声音有没有感受野?这个问题也有人研究。现在发现听觉神经细胞也是有分工的,不是像过去认为的那样简单。听觉中枢神经细胞有40%只反应噪音,对乐音不反应。这说明同一个神经细胞,不是既可以反应乐音,又可以反应噪音,而是对乐音和噪音的反应有分工。听觉中枢的另外60%的神经细胞对乐音的反应也有分工:有的只是对音的出现有反应,即只是在音出现时,冲动频率才提高;有的只是在音消失以后,冲动频率才发生变化;有的只是在音出现和消失的一刹那间发生冲动;有的在音的频率降低时发生变化;有的在音的频率升高时才有变化。一句话,即在听觉的范围内也发现了像视觉中那种感受野的情况。

(资料来源:张述祖,沈德立. 基础心理学. 教育科学出版社,1987:283 - 284)

三、其他感觉

(一)肤觉

肤觉是皮肤接受外界刺激所引起的感觉。一般把肤觉分为触压觉、温度觉和痛觉三大类。

触压觉是由皮肤上不均匀分布的压力引起的感觉。皮肤受到机械刺激时可产生触压觉。外界刺激物接触皮肤表面使皮肤轻微变形,引起皮肤浅层感受器兴奋而产生的感觉称为触觉;外界刺激物不仅使皮肤表面明显变形,而且使深部组织变形而产生的感觉称为压觉;由一定频率的振动接触皮肤而引起的感觉称为振动觉。痒觉也可以属于触压觉,其机理比较复杂,它不仅可以由机械刺激引起,而且可以由化学刺激引起。与触觉模式相联系的痒觉称为触痒觉,它可引人发笑;痛觉模式相联系的痒觉称为搔痒觉,它往往给人带来烦恼。

温度觉是温度刺激作用于皮肤引起的感觉,皮肤表面温度的变化是其适宜刺激。皮肤表面的温度称为生理零度。刺激温度高于生理零度,产生温觉;刺激温度低于生理零度,产生冷觉;刺激温度等于生理零度,则不产生温度觉。

痛觉是一种辨别伤害机体的各种刺激的感觉。电刺激、机械刺激、化学刺激、极冷或极热等达到对机体起破坏作用时,都会引起痛觉。痛觉具有保护机体免受伤害的作用。这些刺激作用导致皮肤内释放某些化学物质,进而刺激独特的高阈限感受器。这些感受器具有特化的游离神经末梢的神经元。神经兴奋经传导纤维传至大脑皮层引起痛觉。与其他感觉相比,痛觉的强度和性质更容易受刺激以外因素的影响,这包括被试的文化、态度和经验等。

没有痛觉的孩子

9岁的金晨是个聪明可爱的小姑娘,她是足月出生,身体和智力发育均正常。表面看来,金晨与其他孩子没有什么两样。可是,在金晨刚刚六个多月时,其父母发现她从不怕痛。打针的时候,别的孩子总是痛得大哭大叫,可是金晨从来不哭,也不像别的孩子那样激烈反抗;她常常咬破自己的手指和舌头,弄得鲜血淋漓,但毫无痛苦;有时候,她会将滚烫的热水喝下,舌头上烫起了皮,别人吓一大跳,而她自己却若无其事地把皮撕下。有一次,姐姐正端着一碗热稀饭,她突然去抢夺,结果稀饭撒在她的脸上,她顺手一抹连皮也抹下来了。她能爬树,也敢从高处往下跳,因而常常弄得皮破血流。给她在伤口上擦碘酒,她也不觉得药水的刺激痛,只是有"凉凉的感受"。《祝你健康》杂志记者曾采访过她,当记者用针刺她的"合谷"等敏感部位时,她笑嘻嘻地看着记者下针,丝毫也不害怕。记者在她不注意的时候掐她脊背的皮肤,她大概由于正在专心与记者聊天,似乎没有感觉到。记者又更使劲地掐她的手臂,她才笑着说:"你在掐我。"记者问:"掐得痛吗?"她竟天真地反问:"什么叫痛?"

痛觉,从生理学意义上来说,是机体内部的警报系统,它可以防止机体继续受损害以确保机体的健康。没有痛觉,机体对有害刺激的回避性反应就会减少和降低。金晨的父母时时防止她发生意外,但意外总是难以避免。有一次,他们发现金晨的右脚畸形,拍片后才知道原来她的脚曾经骨折过,已经自然愈合了。她的右肘处骨头不慎跌断,她自己拆掉敷好的石膏,继续挥舞右臂,以致骨头错位而畸形。她不知道疼痛,也不懂得过量的活动将带来什么后果。从这个例子,我们可以看出,一个先天性无痛患者,必须学会如何防止烫伤、碰撞等等。由此可见,痛觉具有何等重要的生理学意义。

(资料来源:叶奕乾,杨治良等.图解心理学.江西人民出版社,1982:165-166)

皮肤上各种感觉的感受性高低,往往服从于这样一条规律,即在生活实践中,哪种感觉用途大,其感受性就高;反之,其感受性就低。如面部的冷觉感受性比身上(背或胸)低得多,因为,如果人脸对冷太敏感,冬天出门就太困难了,不利于人的生活。手的痛觉感受性很低,因为人主要靠手去劳动,如果手太怕痛,人就无法劳动。眼球上巩膜对痛的感受很敏感,因为这是人的要害地方,痛觉感受性必须很高,才能保护人不受伤害。

课堂实验

温度觉实验

一、实验目的:了解温度觉。

二、实验材料:铅笔一支,尺子。

三、实验程序:

1. 主试(老师)指导被试(全班同学)每人首先在自己的前臂内侧用尺子量出3厘米见方的小方块。

2. 每人拿一支铅笔,笔尖(不要太尖锐)朝下,在手臂小方块中从一侧开始沿直线慢慢滑动,每条滑动直线间隔3毫米。当铅笔划到手臂上某些点上时,会感到丝丝凉意。

3. 小方块中出现凉意的点就是我们手臂上的冷觉的感受点,要求学生边划边数出自己手臂上小方块中有多少个冷点。

4. 原因:铅笔芯的碳具有很好的导热性。

(二) 嗅觉和味觉

嗅觉是辨别气味的感觉。嗅觉的适宜刺激是物质释放出来的分子。只有分子离开自己所依存的那个物体,也就是挥发出来才能引起嗅觉。不挥发的东西,分子之间凝聚得很牢固,完全不扩散出来,就引不起嗅觉。嗅觉的感受器是位于鼻腔上部两侧黏膜中的嗅细胞。嗅细胞受刺激兴奋后,产生神经冲动一般不经过丘脑,直接传入嗅球,然后传入大脑有关部位。有资料表明:鱼类的大脑半球整个为嗅区,犬类的嗅区占大脑半球的三分之一,人类则占十二分之一。据估计人的嗅觉感受细胞约有1000万个;而德国牧羊犬的嗅觉感受细胞则达到22400万个。有人提出基本气味有6种:香料气味、花的香味、腐臭味、水果香味、树脂香味和焦气味(焦糖味)。所有气味都可以从现象学上分解为这6种中的若干种。人对不同物质的嗅觉感受性有很大差异。在空气中乙醚含量达到5.833毫克/升时方可嗅出,而麝香只需要4×10^{-5}毫克/升就可嗅出。嗅觉感受性还受机体状态和环境因素的影响。如某些疾病会降低嗅觉感受性,37℃—38℃是嗅觉的适宜温度。

味觉是对物体味道的感觉。味觉的适宜刺激是可溶于水或唾液的物质。味觉的感受器是位于舌面和口腔黏膜上的味蕾。溶解于水或唾液的物质作用于味蕾,产生兴奋,传至大脑引起味觉。人的基本味觉有4种:酸、甜、苦、咸。其他味觉都是由这4种基本味觉混合产生的。舌面上各部位味觉感受性不同,舌的尖部对甜味最敏感,两侧的前部对咸味最敏感,两侧中后部对酸味最敏感,舌根(软腭部)对苦味最敏感。味觉的感受性受食物温度的影响,在20℃—30℃之间味觉感受性最高。味觉感受性也与机体需要状态有关。从动物的味蕾数(1—4万)和婴儿(1万个以上)、成人的味蕾数(9000个)的演变,可以推知人的味觉在退化。

味觉经常与其他的感觉相互影响。嗅觉与味觉常混在一起。吃东西时,既有滋味刺激舌头,又有气味刺激鼻孔。而且温、冷、痛觉以致动觉也参与,甚至还混入听觉。这样,就使我们吃的东西的味道五花八门了。炒花生米和煮花生米的味道不同,是因为有嗅觉参与;麻花和年糕的味道不同,除嗅觉外还有动觉和听觉的参与;吃辣椒则有痛觉参与;冰棒融化成水,味道显然两样,这就是由于触觉和温、冷觉在味觉中所起的不同作用,如此等等。

(三) 机体觉

机体觉又称内脏觉,它是反映内脏各器官活动状况的感觉。内脏觉的感受器分布于各脏器的壁内,它们把内脏活动及其变化的信息,经传入神经传向中枢,引起饥、渴、饱、恶心、胀、(大小)便意、疼痛等感觉。

什么信息引起饥饿

机体觉方面的研究较少。就连饥渴觉也还没完全弄清楚。饥觉从化学角度看,可以认为是由于养分缺少,使血液化学成分改变,刺激脑所引起的感觉。这种说法有一定道理。但另有一点目前还不清楚,即当我们饥饿时,一吃食物马上就不饿了。而食物变成直接可以由小肠吸收的养分需要几个小时才能进入血液,刚吃的食物肯定做不到这点。那么,为什么一吃食物就不感到饿了呢?显然,上面的解释还不行。有人说饥饿是由于空胃的收缩引起的?但近年来医学上发现,给病人切除胃,或把通到胃的迷走神经切断,使来自胃的神经冲动不能上达中枢,这时病人仍有饥饿感觉。这就似乎又使饿的感觉完全来自胃的收缩的解释不能成立。看来血液成分的变化和胃的收缩对饥饿感觉的产生,可能都有影响。

(资料来源:阴国恩等.普通心理学.南开大学出版社,1998:93-94)

(四) 动觉和静觉

动觉又称运动觉,是反映身体各部分之间位置的相对变动以及肌肉紧张程度的感觉。从一定意义上说,在各种感觉中以动觉的重要性为最大。这是因为各种感觉器官都必须有运动器官作其配件,才能实现调节作用。

动觉的感受器在肌肉、肌腱和关节膜里。动觉与触觉相结合形成触摸觉,这在生活实践中非常重要。我们常常依靠触摸觉来识别物体的许多情况,从而代替和补充了视觉。没有动觉参与的触觉,准确性很差。

静觉又称平衡觉,是反映整个身体位置和运动状态的感觉。例如,当人挺直不动或平躺着时,不用看就能大体知道别人把自己放倒或扶起若干角度。乘电梯时,不用看,知道升降;乘车时,不用看,知道进退转弯。这些都靠静觉。我们耳朵里面有三个在三度空间中互相垂直的半规管,一个小空腔叫前庭,它们里面有液体(叫内淋巴)。还有一些与感受细胞相连的毛状细胞,当身体位置和地心引力的方向角度关系有所改变时,由液体流动引起毛状细胞的变动,从而引起平衡觉。在前庭中还有一些很小的固体微粒叫做耳石,也跟着身体与地心引力方向角度的改变而移动,从而使毛状细胞发生变动,引起平衡觉。平衡觉与视觉、内脏觉等有关联,如人们晕车、晕船时,视野中的物体似乎在移动,同时还会出现恶心、呕吐等现象。

盲人的跨感觉通道重组

失去视觉的盲人往往伴随着行为代偿,如听觉和触觉能力的提高。认知神经科学研究发现,盲人行为代偿的神经机制之一是大脑皮层的跨感觉通道重组,即盲人的视皮层并没有因为视觉剥夺而失去作用,而是广泛地参与了其他感知觉任务。原本暂时的神经联结由于受到新的感觉信息传入方式的持续激活而固化,从而形成新的神经回路,可能是此类跨通道重组的神经基础。

盲人阿炳用二胡演绎了千古绝唱"二泉映月";海伦·凯勒写下了感人肺腑的小说《假如给我三天光明》。这些盲人的非凡业绩以及生活中的事例告诉我们,盲人尽管失去了视觉,但这并不代表他们失去了感知和理解世界的能力。失去视觉后,盲人不得不转向其他感觉,包括听觉、触觉、味觉、嗅觉和本体觉,才能更好地获得周围环境的信息。在单耳条件下,有一半的盲人被试能够对堵塞耳侧的声音来源进行准确定位,但没有一个正常人具有这样的能力。这说明,盲人比正常被试具有更好的听觉能力。研究还发现,这样的代偿能力与失明程度有关,对于具有一定残余视觉的盲人,就没有这样的听觉定位能力优势。

大部分盲人失去视觉的原因是非中枢性的,即在接受和传入视觉信息的过程中发生阻滞。然而视觉的丧失并不意味着视皮层的失活。大量研究证实,盲人视皮层在阅读盲文、触觉和听觉辨别等非视觉任务中显著激活。这也就是说,视觉皮层原先的"视觉中枢"功能发生了变化,或者说发生了跨通道重组。感觉信息的输入方式极大地影响了神经回路的形成。出生后,如果视皮层能够很好地接受到视觉刺激,那么正常的视觉回路就得到了建立;但是对于先天盲人来说,视皮层并没有得到视觉信息的输入,那么这种正常的视觉回路就无法得到建立。而原本暂时的投向视皮层的神经联结则取而代之,在丰富的触觉和听觉环境中,逐渐固化形成特有的感觉回路,并驱使皮层视区加工来自非视觉通道的信息,而实现跨通道重组。对于后天盲人来说,或者说视区作为正常视觉中枢的功能已经确立以后,如果由于外周原因而失去视觉输入,那些原本消失的暂时性的投射也许得到了重新激活,来自触觉和听觉等通路的突触前活动持续地激活皮层视区的神经元,在足以超越先前形成正常视觉回路时的突触活动时,就形成新的包含视区的听觉和触觉加工的神经回路,当然这个过程比先天盲人要困难得多。

失去视觉输入的盲人在与周围环境的交互中,逐渐形成符合自身特点的行为能力。而在其敏感的听觉和触觉背后,是中枢神经系统发生了可塑性变化,以适应盲人所特有的感觉世界。这样的可塑性变化的结果是,一般认为专司视觉功能的皮层视区参与听觉和触觉等感知觉的加工过程。

(资料来源:吴健辉等. 盲人的跨感觉通道重组. 心理科学进展,2005,13(4):406-412)

第三节 感觉现象

一、适应

适应是由于一个稳定的刺激对感受器的持续作用从而使感受性发生变化的现象。一般说来,除痛觉外各种感觉都存在适应现象。

视觉系统对明度的适应(光适应)可以分为暗适应和明适应两种。

暗适应是从亮处转入暗处或照明停止时,视觉系统光感受性提高的过程。由明处来到暗处时,开始什么都看不清楚,过一段时间,周围的东西就逐渐可看清轮廓了。视网膜上的棒状细胞和锥状细胞都参与暗适应过程,但其起作用的阶段和作用大小不同。明适应是由暗处转入亮处或照明开始时,视觉系统光感受性降低的过程。在由暗处来到亮处,特别是强光下,最初一瞬间感到耀眼,几乎看不清外界物体,但很快就恢复正常状态。

二、后象

后象是刺激停止作用后感觉现象并不立即消失,在头脑中仍保留一个短暂时间的现象。后象存在于各种感觉之中,在视觉中表现得尤为明显。视觉后象分为正后象和负后象。与外界刺激具有相同特征的后象称为正后象。例如,注视亮着的日光灯一段时间后,闭上眼睛或移至暗处均匀背景上,此时有一个亮的日光灯形象出现在暗的背景上,这就是正后象。如果继续注视,则会有一个黑色的日光灯形象出现在背景上,这就是负后象。负后象是与外界刺激的特征相反或颜色互补的后象。

三、对比

同一感受器接受不同刺激而使感受性发生变化的现象称为对比。对比是感觉中的普遍现象。视觉中存在明度对比和色调对比。对比又可分为同时对比和继时对比。同时对比是两个刺激同时作用于同一感受器所引起的感觉对比现象,例如灰色纸在白色背景下显得暗,在黑色背景下显得亮。两个刺激先后作用于同一感受器所引起的感觉对比现象称为继时对比。例如看一块放在大白纸上的小黑纸半分钟后,再看一张大灰纸,就会在这张大灰纸上看到一个与原来那块小黑纸大小、形状相同的浅灰色的影子。

四、疲劳

疲劳是持久或过度的活动使有机体产生不舒适及工作效率降低的现象。多种感觉系统存在疲劳现象,感觉疲劳是持久或过度的刺激超过感觉系统正常生理反应所能接受的程度造成的,它使感觉系统的感受性降低(感觉阈限增高)。感觉疲劳与感觉适应两者容易混淆,一般说来,随着时间的推移,感觉适应是一个趋于稳定的过程,而感觉疲劳则随着时间的推移愈演愈烈。

五、掩蔽

对一个刺激的感受性因另一个刺激的存在而降低(阈限上升)的现象称之为掩蔽。掩蔽现象在各种感觉系统中普遍存在。如一个闪光出现在另一个闪光之后,后一个闪光能影响对前一个闪光的觉察,这称为视觉掩蔽。在安静的夜晚,能听到钟表的滴答声,而在人声嘈杂的商场则听不到,这是滴答声被嘈杂声掩蔽了。

色　盲

色盲是一种色调感觉缺陷。道尔顿(Dalton, J.)于1794年发现色盲,因为他本人就是色盲。按辨色能力异常的程度分为色弱、全色盲和部分色盲。色弱者虽然能区分光谱上的各种主要颜色,但对颜色的辨别能力较差。如果要使他们产生与正常人相同的颜色感觉,刺激物的强度就要加大。光线较暗时,他们几乎辨别不出颜色。色弱可分为红色弱(甲型色弱)和绿色弱(乙型色弱)。色弱者多为男性,约占男性的6%。全色盲者丧失了对颜色的感受性,把各种颜色都看成白、灰、黑。全色盲者较为罕见,约占人口的0.001%。部分色盲者又称二色觉者,分为红绿色盲和蓝黄色盲两类。红绿色盲最为常见,患者不能分辨红色和绿色,只有黄、蓝两种颜色感觉。红绿色盲又分为红色盲(甲型色盲)和绿色盲(乙型色盲)。蓝黄色盲较少,患者只有红、绿两种颜色感觉。蓝黄色盲可再分为蓝色盲和黄色盲。

（资料来源:阴国恩等.普通心理学.南开大学出版社,1998:93-94)

第四节 感 觉 理 论

一、色觉理论

(一) 三色说

由英国物理学家托马斯·扬(Young,T.)于1801年提出,后来由德国物理学家、生理学家赫尔姆霍茨加以发展,又称扬—赫三色说。该理论认为,个体有三种基本色觉:红、绿、蓝。与此相对应在视网膜上有三种锥状细胞,分别含有三种不同的光化学物质,其中每种光化学物质分解都可产生神经冲动,传至大脑皮层分别引起红色、绿色、蓝色的感觉。当三种锥状细胞同时产生同等程度的兴奋时,则引起白色的感觉,三种锥状细胞按不同比例兴奋则引起各种色觉。人们对单个锥状细胞吸收特性的研究发现,存在短波(蓝)、中波(绿)、长波(红)三种锥状细胞。

三色论可以解释下列各种色觉现象:

一是色的混合。即色带上的各种彩色都可由红、绿、蓝三种原色按不同比例混合而成。

二是补色现象。红与青相混合、蓝与黄相混合、绿与紫相混合都出现灰色或白色,这几对彩色称为互补色。这是因为上述三对彩色中的任何一对都可以同时引起三种锥状细胞的兴奋。

三是彩色负后象或继时对比。这是由于一种或两种锥状细胞发生了适应。白色或灰色本来要引起三种锥状细胞的活动,现在有一二种因适应而不活动或降低活动,那就只剩下其余的锥状细胞活动了。

四是同时彩色对比。由于同功能的锥状细胞可能较易产生相互抑制,所以当一个部位的某种锥状细胞兴奋时,邻近部位的它种锥状细胞的活动就不受或少受该处前一种锥状细胞活动的影响,从而相对地增强了活动性。例如一处感红的锥状细胞兴奋,使临近的感红细胞抑制。这样一来,邻近部位的感蓝、绿的锥状细胞,因不受或少受该处感红锥状细胞的影响而加强了活动性。于是红色邻近的绿色,就越发显绿。

三色论能解释色的混合、补色现象与负后象,但不能解释色盲。因红绿色盲可感黄,而按三色论,黄是红、绿的混合。

颜料混合与色光的混合不同。色光的混合符合加色法规则,颜料混合符合减色法规则。

(二) 颉颃说

由德国生理学家黑灵(Hering,E.)于1878年提出。颉颃说认为视网膜中存在三对相互颉颃的视素：红—绿视素、黄—蓝视素、白—黑视素。它们通过同化作用（合成）和异化过程（分解）产生 6 种基本感觉。红—绿视素受到红光刺激时进行分解代谢，产生红色感觉；受到绿光刺激时进行合成代谢，产生绿色感觉。黄—蓝色素受到黄光刺激时进行分解代谢，产生黄色感觉；受到蓝光刺激时进行合成代谢，产生蓝色感觉。白—黑色素受到白光刺激时进行分解代谢，产生白色感觉；无光刺激时进行合成代谢，产生黑色感觉。

颉颃说能较好解释色盲现象。色盲是由于缺乏一对或两对视素的结果。虽然人们在视网膜上没有找到任何成对的视素，但生理学家在动物的视神经节细胞和外侧膝状体细胞内发现了编码颜色信息的对立机制。如短尾猴的外侧膝状体的 + 蓝、− 黄细胞对 450 nm 的光表现为激活率上升，而对 580 nm 的光激活率下降；+ 绿、− 红细胞对 510 nm 的光表现为激活率上升，而对 600 nm 的光激活率下降。

三色说和颉颃说的理论都能解释某些色觉现象，而且都有实验研究结果的支持。实践证明两个理论并不矛盾，它们可能分别描述了颜色视觉分析器的不同水平上的过程。在颜色视觉分析器的感受器中有三种锥状细胞分别对红、绿、蓝敏感，按照三色说的方式工作；而视神经节细胞和外侧膝状体则按照颉颃说的方式工作。

二、音高听觉理论

音高听觉理论是有关人耳对声波频率分析的学说，它解释人耳是怎样分析不同频率的声波而产生不同音高感觉的。

（一）频率理论

频率理论主要包括电话说和神经齐射说。

电话说认为声波引起整个基底膜的振动，其频率与声波的频率相同。而且，基底膜的振动频率决定了听神经纤维发放冲动的频率，这就如同打电话一样。这种理论很难解释人耳对声波频率的分析。因为人们发现神经纤维发放冲动的最大值不超过 1000 Hz，而人耳能听到 1000 Hz 以上的声音。

神经齐射说认为，当声波频率在 400 Hz 以下时，听神经个别纤维发放冲动的频率与声波频率相对应。声波频率提高，个别神经纤维无法单独对它作出对应的反应。这种情况下，多个神经纤维联合依次发放冲动，就像一排大炮依次发射一样，如此就可反应较高的频率。齐射说可以对 5000 Hz 以下的声波进行频率分析，超过 5000 Hz 则难以分析。

（二）地点理论

地点理论主要包括共振说和行波说。

共振说是由赫尔姆霍茨最早提出来的。他认为不同频率声音引起我们耳朵里基底膜上不同部位的振动。基底膜由长度不同的大量横纤维组成，所以基底膜上不同部位有不同长度的横纤维。如果外界有一东西的振动频率和我们耳朵里基底膜上某一长度的横纤维有一种共振关系，那么只要外边声音一响，我们耳朵里基底膜上该长度的横纤维就产生共振。长的横纤维振动频率低，短的横纤维振动频率高。这就是说，我们耳朵里基底膜上的横纤维由于长度不同，分别与外面不同频率的声音发生共振。长期让动物去听一个强烈的高频率（或低频率）

声音,这样它的听觉将被损坏。然后将该动物杀死去看它的基底膜情况,就会发现:凡被高频率音震坏者,其基底膜上短的横纤维有病变;凡被低频率音震坏者,其基底膜上长的横纤维有病变。这是早期的实验,它证明高频率声音能破坏基底膜上短的横纤维,低频率声音能破坏基底膜上长的横纤维。今天,对于这个问题,已有直接的微观证明:高频率音引起基底膜上短的横纤维部分最大振动,中等频率音引起基底膜上中间部分的横纤维最大振动,低频率音引起基底膜上长的横纤维部分最大振动。

行波说认为,声波传到内耳,引起整个基底膜的振动,振动从耳蜗底部开始,逐渐向蜗顶传播,振幅也随之增大。在基底膜的某一部位,振幅达到最大值,然后停止前进而消失。声波的频率不同,基底膜最大振幅所在部位也不同。低频声最大振幅接近蜗顶,高频声最大振幅接近蜗底。行波说可以正确描述 500 Hz 以上的声波引起的基底膜的运动,但难以描述 500 Hz 以下的声波对基底膜的影响。

思考题

1. 联系实际讨论感觉规律和感觉现象。
2. 本章所学知识在教学和生活中有什么实际意义?

第四章 知　觉

![本章教学要求图标] **本章教学要求**

教师讲解的内容

　　■ 知觉与感觉的联系和区别

　　■ 知觉的基本特性

　　■ 空间知觉

　　■ 后效

　　■ 知觉理论

学生自学的内容

　　◆ 时间知觉和运动知觉

　　◆ 错觉及其种类

教学重点

　　▲ 知觉的基本特性

　　▲ 知觉理论

教学难点

　　▼ 知觉理论

　　▼ 后效

学习目标：通过本章学习，应能够

　　★ 了解图形组织的原则

　　★ 了解距离知觉的线索

　　★ 比较知觉与感觉的联系与区别

　　★ 描述知觉的基本特性

　　★ 评价知觉理论

　　肯基在非洲俾格米的文化中长大，自出生以来就只居住在位于赤道附近茂密的热带森林中。一天，他和人类学家科林·托恩布尔一同乘车穿越一个开阔的平原。肯基远眺平原上几英里以外大约一百头左右正在吃草的野牛群，他询问这是什么昆虫。当得知这是比他所认识的森林野牛大一倍的野牛时，他大笑不止，拒不相信。当汽车渐渐驶向野牛吃草的地方时，肯基困惑不解，嘴里不停地嘀咕着：一定是什么魔力使得昆虫逐渐变成了庞大的野牛。

　　肯基的经历告诉我们，人的知觉明显受到自己的知识和经历的影响。

第一节　知　觉　的　概　述

一、什么是知觉

　　知觉是个体对直接作用于感觉器官的客观事物的各种属性、各个部分以及它们之间关系的综合的整体的反映过程。

　　与感觉一样，知觉也是对当前直接作用于感官的客观事物进行的反映，离开了客观事物的直接作用就不能产生感觉和知觉。感觉和知觉同属于认识过程的感性阶段。

然而,知觉与感觉又是有区别的。首先,感觉是对客观事物的个别属性的孤立的、无组织、无界限的反映;知觉是对客观事物的各种属性、各个部分及其关系的有组织、有界限的整体的反映。其次,一般说来感觉仅依赖于个别感觉器官的活动,而知觉则依赖于多种感觉器官的联合活动。再次,感觉的产生主要由刺激物的性质决定,而知觉除了受刺激物的性质制约之外,还有主体的其他心理成分,如动机、兴趣、需要、记忆、言语、思维的参与,在很大程度上依赖于个体的知识经验。人们在知觉客观事物时,总是有意识或无意识地在头脑中对获得的信息进行加工,把它归纳到已有的经验体系之中,并说出其名称。所以,并非完全是外界如何,知觉就是什么样;也不是感觉到的客观事物属性的机械总和。知觉总要带有一定的主观性。同一个物体,不同的人由于知识经验的不同,知觉所得到的映象就有所区别。知觉是一种比感觉复杂得多的心理活动。

动机与知觉

价值是影响知觉的动机因素之一。有人以 37 名儿童为实验组,17 名儿童为对照组进行实验。实验过程分为四个阶段。第一阶段为基线阶段,即训练实验之前分别测量实验组和控制组儿童对代用币面积大小的估计,称之为基线测量。第二阶段为训练阶段,共 10 天。实验组儿童转动一个曲柄可以得到一个代用币,然后将代用币插进一个小缝里,就得到一颗糖,即实验组儿童赋予代用币价值。对照组儿童也学习转动曲柄,但得不到代用币而直接得到一颗糖,即对照组儿童没有赋予代用币价值。于第 10 天末分别测量实验组和对照组儿童对代用币面积大小的估计,称之为训练测量。第三阶段为价值取消阶段。在第 11 天,实验组的代用币失去价值,即将代用币插入小缝没有糖块掉出,对照组儿童转动曲柄也得不到糖块。第 11 天末分别测量实验组和对照组儿童对代用币面积大小的估计,称之为价值取消测量。第四阶段为价值恢复阶段,于第 12 天进行。这一天,实验恢复第二阶段的操作,即实验组的代用币又可得到糖块;对照组儿童转动曲柄又可直接得到糖块。第 12 天末分别测量实验组和对照组儿童对代用币面积大小的估计,称为价值恢复测量。结果,对照组在整个实验过程中对代用币面积大小的估计保持相对稳定;而实验组对代用币面积大小的估计在价值的诱引下明显增高(即面积大小的估计:训练测量明显高于基线测量;在价值消失后则回复到基线;代用币的价值恢复后又升高)。这表明,代用币的价值影响了实验组儿童对代用币面积大小的知觉。

(资料来源:托马斯·L·贝纳特.感觉世界.科学出版社,1985:239-250)

二、知觉的基本特性

(一)知觉的选择性

把少数事物从背景中区分出来,从而对它们作出清晰反映的知觉特性称为知觉的选择性。就客观上来说,许多刺激是同时作用于感官,它们彼此之间无轻重之分,而在主观上却有轻重之别。人们总是把所接触到的刺激分为对象和背景这两类。这就是知觉的选择性。当人们同时面临着很多刺激时,对这些刺激如何区别,要取决于如何对待它们。一般来说,人们总是把自己要对待的那些刺激作为对象,把暂时或当时不打算对待的刺激作为背景。试看图4-1-1。若以黑的为对象,是两个人头;若以白的为对象,则是一个花瓶。

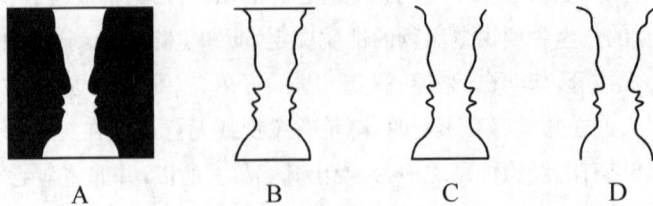

A   B   C   D

图4-1-1　图形与背景互换的效应

(资料来源:张述祖,沈德立.基础心理学.教育科学出版社,1987:301)

(二)知觉的整体性

将知觉对象中的许多个别的孤立的部分(或属性)知觉为统一的整体的知觉特性称为知觉的整体性。它是指超越各部分刺激的简单相加之和而产生的一种整体的知觉经验。这种情况既表现在同一种知觉内,例如,人们很少有面对面地把人的两个耳朵同时完全看清楚的时候,但人们却从来没有因此而产生过谁缺一个耳朵的印象;也表现在不同知觉之间,例如,知道一个玻璃杯光滑不光滑,本来是靠触摸觉,但有时未摸也可看出它是否光滑,甚至可以看出它是冷的还是热的。

知觉之所以能把当前客观刺激中缺少的东西,在主观上补进去,是因为头脑中有这些刺激所留下的痕迹,刺激痕迹可以在这些刺激没有出现时,补充到知觉中去。

知觉表现的这种整体性,对于由各种刺激所引起的感觉来说,起一个组织作用(补充、删略、抽替——把客观上有的刺激去掉并拿一个主观上的东西来代替、改组)。通过这些心理上的加工活动,来完成对客观事物的知觉。从物理刺激方面来看,图4-1-2中的三个图形,没有一个是完整的,可是人们都会看出其整体的意义。没有直接刺激作用而产生的轮廓称为**主观轮廓**。主观轮廓是在一定的感知信息的基础上,进行知觉假设的结果。视野中存在某些不完整因素,是主观轮廓形成的必要条件。

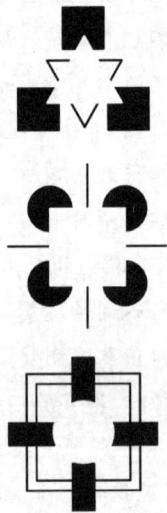

图4-1-2　主观轮廓

(资料来源:张春兴.现代心理学.(台湾)东华书局,1991:123)

(三)知觉的理解性

根据以往的知识经验理解知觉对象,并用词把它标示出来的知觉特性称为知觉的理解性。

有一个简单的实验,可以作为根据以往的知识经验理解知觉对象的例证。把同样的图形用速示器向被试呈现,呈现前告知不同被试以不同的名称,要求他们在看过图形后,把所看到的图形照原样绘出。结果是接受不同名称的被试,把同一图形看成不同的东西,而其差异取决于所接受的名称。其情况如图4-1-3所示。这是由于知觉到的刺激图形受到不同名称所唤起的有关经验的影响,而把看到的同一图形知觉为不同的东西。

基础心理学(第2版)

绘出图形	词单Ⅰ	刺激图形	词单Ⅱ	绘出图形

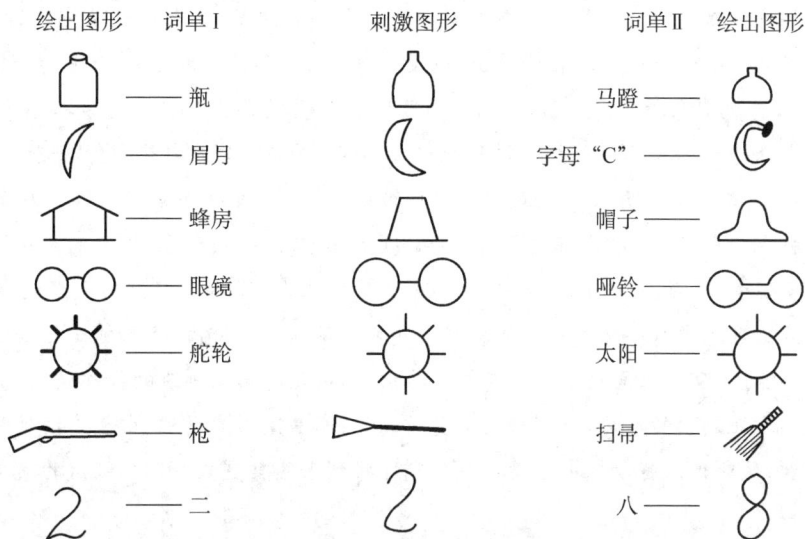

图4-1-3 知觉中的信息加工

(资料来源:张述祖,沈德立.基础心理学.教育科学出版社,1987:314)

(四) 知觉的恒常性

知觉的恒常性又称知觉常性,是指知觉的条件在一定范围内改变时,知觉的映象仍然保持相对不变的知觉特性。

知觉恒常性主要表现为亮度恒常性、大小恒常性、颜色恒常性和形状恒常性等几个方面。如一个人距离观察者10米远时的视网膜像是其距离观察者1米远时的1/10,然而当这个人从距观察者1米远处走至10米远处时,并没有觉得他的身高缩小为1/10,而是和1米远处的身高相差无几,这就是知觉的大小恒常性。再如从正面看一扇门,是矩形的,当门打开时,其视网膜像就变成一个梯形,离得近的那条垂直边似乎变长了。随着门打开角度的增大,梯形的两条平行边距离越近,直至视网膜像成为门的厚度的长条形。然而人们所知觉的是一扇逐渐打开的、形状没有发生变化的门。尽管门的视网膜像发生了变化,但在知觉上的形状仍然保持相对稳定,这就是形状恒常性。

照明性质、表面属性以及背景属性对颜色恒常性会产生影响。如,中性色照明光下颜色恒常程度较高;对不同的表面进行匹配时,表现出了颜色恒常程度的较大波动;相同背景属性较不同背景属性具有较高的颜色恒常程度。

阈下知觉启动

阈下知觉启动指当呈现的刺激没有被被试有意识地知觉到,但却影响到随后的相关刺激的加工的现象。阈下知觉是一种无意识知觉。在典型的"盲视"现象中,盲视病人能够无意识地将运动、波长、朝向、空间定位或这些特征结合进行辨别,但却不能报告刺激的内容。

刺激强度在意识阈限以下的广告,叫做"隐性广告"。20世纪50年代,某些广告主开始考察隐性广告对消费者的影响。在新泽西的一家电影院里，在电影放映期间，把可口可乐和炒玉米的广告快速地闪现在银幕上，以至于观察者不能清楚地看到它们。据说，在6个星期内，炒玉米的销售量提高了58%，可口可乐的销售量提高了18%。此后，越来越多的人对隐性广告感兴趣，美国已有30多家"隐性广告"公司，为各厂家在电影中作"隐性广告"。

尽管有一些证据表明阈下刺激可以影响情绪反应，却没有迹象证明阈下刺激可以影响消费动机或消费行为。最近有些证据显示，阈下知觉的作用是通过持续的长期的重复累积过程来实现的，而且要和阈上知觉结合起来。实际上，阈下知觉只是起到了对阈上知觉的启动效应。实验中很难把阈下知觉和阈上知觉分离开来，因为阈下知觉是无法直接测量的，只能通过行为反应来间接推测。在阈下启动中，被试对启动刺激的知觉是无意识的，由此所引起的对靶刺激的反应是自动的、不受控制的；而在阈上启动中，由于启动刺激被有意识地知觉到，使得被试可以根据启动刺激预期即将到来的靶刺激，因此，被试的反应是有目的的。

阈下知觉启动效应的实质是一种放大作用，能够降低阈限，增强对刺激的敏感性。阈下知觉由于处于阈限以下，是非常微弱的，它本身不能被知觉和意识到，但是阈下知觉能够使阈限降低，使刺激处于临界状态，当此时给予被试相应的阈上刺激时，阈上刺激与先前的阈下知觉相结合，能够迅速地被激活，从而提高了阈上加工的效果，阈下知觉的启动效应就发生了。

（资料来源：周仁来. 阈下知觉研究中觉知状态测量方法的发展与启示. 心理科学进展，2004，12（3）：321-329；石文典，钟高峰，鲁直. 阈下知觉和隐性广告的作用及启动效应研究. 心理科学，2005，28（3）：683-685）

第二节　知觉的种类

根据知觉过程中起主导作用的感觉器官，可以将知觉分成视知觉、听知觉、触知觉、嗅知觉、味知觉等。根据被反映事物的特性，可以将知觉分成空间知觉、时间知觉、运动知觉等。

一、空间知觉

空间知觉是个体对客观事物空间特性的直接反映。包括形状知觉、大小知觉、距离或立体知觉、方位知觉等。空间知觉是在已有经验的基础上，视觉、听觉、触觉、平衡觉等协同活动而形成的。

（一）形状知觉

形状知觉是个体对物体形状特性的反映，是对物体的轮廓和边界的整体知觉。

1. 轮廓与图形

图形是视野中的一个面积，它是借助可见的轮廓而从其余部分分离出来的。形成物体或图形形状的前提条件是分辨出其轮廓。所谓轮廓，是物体或图形的外形线。在视野中，轮廓由明度级差或颜色突然变化而形成,一般说来,渐变的明度和颜色则不能构成轮廓(视野中存在某些不完整因素的条件下,没有明度和颜色级差也可知觉到轮廓,这称之为主观轮廓)。当视野被轮廓分为两部分时,个体倾向于将轮廓内包的、有一定意义的区域知觉为图形,其余区域则知觉为背景。鲁宾(Rubin,E.)认为图形与背景的主要差异包括:①图形有形状,而背景相对没有形状;②图形看起来离观察者较近,而背景好像是在图形背后连续延伸的;③图形具有"物体"的特征,看起来更动人,而背景像是没有意义的"原料"。

2. 图形组织

人们不仅可以从背景中把一个个的物体或图形分离出来,而且还可以看到物体或图形的独特的群组。视野中哪些分离出来的成分容易组合成为一个复杂的图形呢? 完形心理学家在大量实验性研究的基础上,提出了图形组织的若干原则。

(1) 接近性原则

其他条件相同时,彼此接近的元素倾向于组织成为图形,见图4-2-1a。

(2) 封闭性原则

倾向于封闭的元素容易组成图形,见图4-2-1b。

(3) 相似性原则

相似的元素容易组成图形,见图4-2-1c。

(4) 良好连续性原则

形成一个连续轮廓的元素倾向于组织成图形,见图4-2-1d。

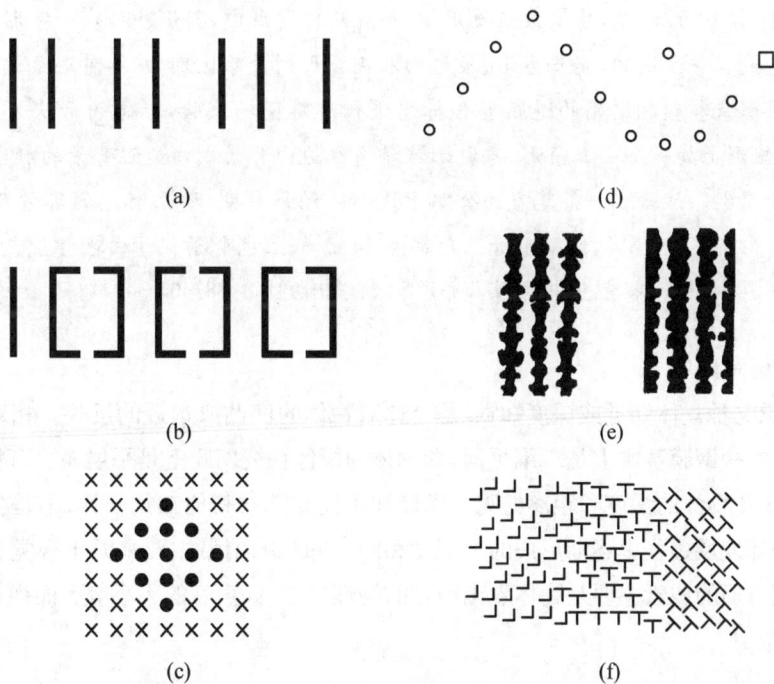

(a)

(d)

(b)

(e)

(c)

(f)

图4-2-1 图形组织原则

(资料来源:阴国恩等.普通心理学.南开大学出版社,1998:109-110)

（5）对称性原则

对称的元素或部分容易组成图形，见图4-2-1e。

（6）方向性原则

相同空间方向的元素容易组织在一起构成图形，见图4-2-1f。

（7）简单性（良好图形）原则

视野中具有简单结构（良好图形）的部分，容易组成图形。在图4-2-2a中，我们看到的是一个正方形和一个圆，而不是b中的三个不规则图形。

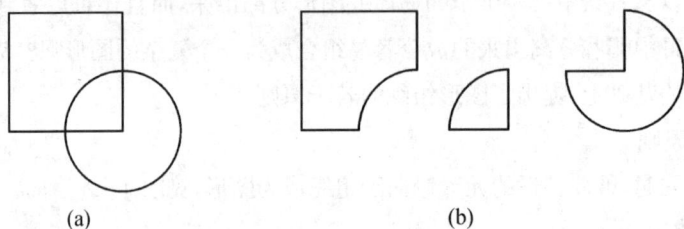

(a)   (b)

图4-2-2 简单性原则

（资料来源：阴国恩等.普通心理学.南开大学出版社,1998:109-110）

（二）距离知觉

距离知觉又称立体知觉或深度知觉，是个体对物体的凹凸或远近的反映。相对于物体的视像而言，人的视网膜基本上是二维平面，即物体的视像在视网膜上是平展而没有深度的。那么人是怎样知觉物体的深度和距离的呢？深度和距离知觉与其他知觉一样，不是生来就具有的，而是在个体发展过程中逐渐形成的。深度和距离知觉的信息主要来源于视觉和听觉。一般认为，听觉方面的线索主要是物体发出声音的物理属性，如声音的大小等。而视觉方面的线索则比较复杂。

1. 生理线索

（1）晶状体和瞳孔调节

看近物体时晶状体较凸起，看远物体时晶状体较扁平；看近物体时瞳孔变大，看远物体时瞳孔变小。调节其变化的肌肉的紧张程度,成为知觉物体距离的线索。

（2）双眼辐合

双眼辐合是指看近距离物体时,双眼视轴趋于向鼻侧集中;看远距离物体时,双眼视轴趋于平行。视轴的变化是由眼外肌控制的,它的紧张程度提供物体距离的信号。

2. 单眼线索

单眼线索是指用一只眼就能感知到的深度线索。能构成单眼线索的物体特征主要有以下几种。

（1）遮挡

如果一个物体部分地遮挡了另一个物体,那么,被遮挡的物体就被知觉为比遮挡物体远一些,见图4-2-3a。

（2）相对大小

相似的物体,视像中较大的被知觉为比小的近一些。

（3）线条透视

根据物体在视网膜上的几何光学投影原则来表现物体的距离称为线条透视。例如,事实上平行的铁轨,由于向远处延伸,看起来在无限远处交于一点。两条线间距离大者知觉为近一些,距离小者知觉为远一些,见图4-2-3b。

（4）纹理梯度（结构级差）

很多同样或类似的物体,集成一大片平面景观时,大且疏者被知觉为近一些,小且密者被知觉为远一些,见图4-2-3c。

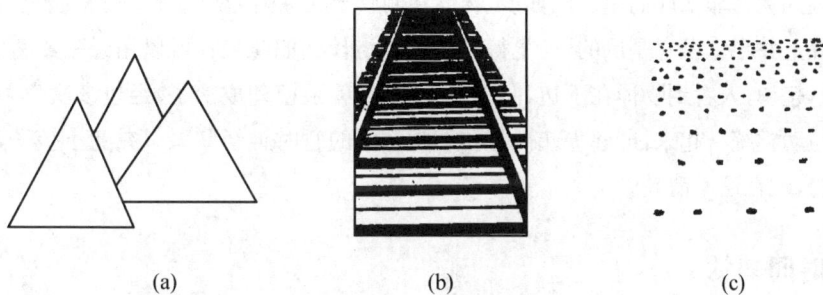

(a)　　　　　　　　　　(b)　　　　　　　　　　(c)

图4-2-3 单眼线索

（资料来源:阴国恩等.普通心理学.南开大学出版社,1998:112-113）

（5）空气透视

轮廓模糊的物体被知觉得远一些,轮廓清晰的物体被知觉得近一些。

（6）光线与阴影分布

明亮部分较黑色阴影部分觉得更向外突出。

（7）颜色分布

远方的物体呈淡蓝色,近处的物体呈黄色或红色。

（8）运动视差

观察者处于运动状态时,运动速度快而且与观察者运动方向相反的物体,被知觉为比注视点近;运动速度较慢而且与观察者运动方向一致的物体,被知觉为比注视点远。

3. 双眼视差

双眼视差是指当两眼注视外界某一点时,由于两眼视线角度不完全相同,因而在两眼视网膜上形成的两个像产生的差异。当观察立体物体时,由于两眼有 65 mm 的距离,左眼看到物体左面多一些,右眼看到物体右面多一些,这样,两只眼睛在网膜上分别感受到不同的像。例如,看同一个物体时,闭上右眼只用左眼看与闭上左眼只用右眼看,就会得到稍有差异的像。双眼视差经过大脑皮层的复杂加工,就形成了立体知觉。

(三) 大小知觉

大小知觉是个体对外界物体大小的反映。按常识说,大物体投射在网膜上的视像大,小物体投射在网膜上的视像小。网膜像大,说明物体大,反之,说明物体小。但实际上我们辨别物体大小并不这样简单。因为网膜像不仅随物体的大小而变化,而且还要随物体的距离而变化。所以,单靠网膜像是很难辨别大小的。在知觉物体时,个体是综合网膜像大小和知觉到的距离来判断物体大小的。

(四) 方位知觉

方位知觉是个体对自身或物体所处空间位置和方向的反映。方位知觉有上下、左右、前后三个维度。个体对前后、左右方位的知觉是以观察者为参照,而对上下方位的知觉除以自身为参照外,还可以以天地为参照。方位知觉看起来似乎简单,因为感受器在身体上的布局有方位,来自不同方位的刺激可以作用于分布在不同方位上的感受器。人们怎样知道火炉在自己左边呢?因为皮肤上的温觉点有方位布局,左边的皮肤感到热乎乎的,就知道火炉在左边。

但方位知觉并非如此简单。比如说,物体在网膜上的像因为经过水晶体的折射,应该是倒的。但主观上并不觉得它是倒的,而觉得是正的。为什么如此呢?可以用经验或暂时神经联系来解释。起初,人看到物体在下边,向下摸失败了,朝上摸却成功了,经过多次学习,才学会了将视觉与动觉统一起来,即建立起视觉和动觉之间的暂时神经联系。究竟小孩子是在什么时候学会的,现在还不清楚。

二、时间知觉

时间知觉是个体对客观事物和现象的延续性与顺序性的直接反映。时间是客观存在的,是物质存在的基本形式之一。它可以像光、声音或其他刺激物一样,作为条件反射的刺激物,所以,它不是主观虚构的东西。时间具有持续(不间断)性、顺序性和不可逆(一去不复返)性。

时间概念与时间知觉不同,时间概念是对时间特性的间接的、概括的反映,一般用事物周期性变化来表征。如地球绕太阳一周为 1 年,月亏月盈一次为 1 月,地球自转一周为 1 天等。它们都是通过思维并需要计算来间接理解的。时间知觉是对时间特性的直接的、具体的反映。它也利用与某种时间概念有联系的时间标尺,也有计时的起点和终点,但这种起点和终点都存在于现在,而不是过去和将来。这就是说,时间是客观的,而时间知觉是主观的。

人总是通过某种衡量时间的媒介来反映时间,这种媒介称为时间标尺。时间标尺有两类:①自然界周期性变化的现象,如地球的公转和自转、声音的节奏等;②机体内部一些周期性生理状态,如饮食起居等。第一类称之为外在标尺,第二类称之为内在标尺。一般认为,时间知觉主要指使用内在标尺来知觉时间。最严格意义上的时间知觉,是以动觉、机体觉来作为时间标尺的信号。

测量时间知觉的准确度,一般用两种方法:①让被试比较所给两段时间的长短;②先给被试一段时间,再让他复制出自己认为与所给时间相等的一段时间。前者叫做比较法,后者叫做重现法。所给被试的一段时间,可以是只有起止刺激的,也可以是延续刺激的。前者叫做空虚时间,后者叫做充实时间。有人发现0.6至0.8秒的空虚时间的差别阈限最低。

对长时间倾向于低估(即估计时间比实际时间短),对短时间倾向于高估(即估计时间比实际时间长)。大多数实验结果表明,既不高估又不低估的时间长度在0.5至0.7秒之间。

三、运动知觉

运动知觉是个体对物体空间位移特性的反映。

物体的运动知觉是在一定时间和空间进行的,因此运动知觉和时间知觉有着密切关系。说得完整点,它是时间知觉和空间知觉的综合。

(一) 真动和真动知觉

物体以一定速度和轨迹作连续位移称为真动。由此引起的物体运动的知觉称为**真动知觉**。

运动速度与空间变动所经历的时间有关。同样的空间变动经历的时间长,表明运动慢;经历的时间短,表明运动快。

运动知觉也有阈限。太慢的运动看不出来。手表上的秒针运动能看见,分针运动看不见,时针运动就更看不见了。其实它们都是运动的。太快的运动也看不见,如人们看不见高速旋转的电风扇的扇叶。刚刚可以辨认出物体运动的最慢速度,称为运动知觉的下阈;速度大到刚刚辨认不清物体时的运动速度,称为运动知觉的上阈。视运动知觉的阈限一般用视角/秒表示。研究表明,视运动知觉的下阈一般为2—6度/秒,上阈一般为35度/秒。

(二) 似动现象

所谓**似动现象**是指在一定的时空条件下,人们在静止的物体间看到了运动,或者在没有连续位移的地方,看到了连续运动的现象。似动现象形式很多,常见的主要有以下几种。

1. 自动现象

在暗室里,如果出现一个微弱的、静止的光点,在注视片刻后,就会觉得这个亮点似乎在其附近来回运动,这种现象称为**自动现象**。自动现象只有在刺激物孤立的情境中产生,这是因为刺激物孤立时,观察者失去了判断刺激物特征的参照线索。

2. 动景运动

两个刺激物依一定的时空间隔相继作用于视网膜时所知觉到的运动称为**动景运动**。例如看电影、电视时人知觉到的人物或物体的运动。如果用一个速示器投影,先在一定位置上投射出一个直棒,然后直棒消失,接着再在另一个位置上投射出一个横棒,就感知而言,应该是先见直棒,后见横棒,但实际看到的是直棒倒下来,见图4-2-4。

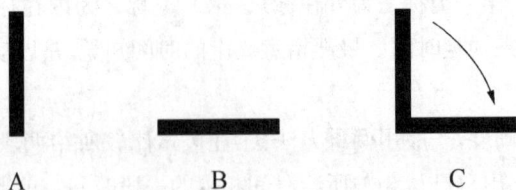

图4-2-4 似动现象示意

(资料来源:张述祖,沈德立.基础心理学.教育科学出版社,1987:367)

3. 诱发运动

由于运动物体的作用而将不动的物体看成向运动物体相反方向运动的现象称为**诱发运动**。例如,夜空中月亮相对静止,浮云是运动的。由于浮云的运动,人们常常将月亮看成是运动的,而将浮云看成是静止的,这种现象就是诱发运动。

4. 运动后效

当注视一个运动物体一段时间后,再看一个静止的物体,觉得静止的物体向运动的物体相反方向运动。这种现象称为**运动后效**。例如,当我们注视瀑布数分钟后,将视线移至其周围的物体,就觉得它们在向上运动。

第三节 知觉现象

一、错觉

错觉是在一定条件下个体对客观事物的歪曲的知觉。只要客观条件存在,这种歪曲的知觉就必然产生,而无法通过主观努力进行纠正。错觉与幻觉不同,前者是在客观事物作用下产生的歪曲的知觉,后者则是在没有相应的外部刺激物出现的情况下产生的无中生有的知觉体验。《列子·汤问篇》曾记载:孔子东游,见两小儿斗辩,问其故。一儿曰:"日出时大如车盖,及日中则为盘盂。此不为远者小而近者大乎?"一儿曰:"日出沧沧凉凉,及日中,如探汤,此不为近者热而远者凉乎?"孔子不能决也。两小儿笑曰:"孰谓汝多知乎?"其中太阳远如"车盖"近如"盘盂"的现象就是错觉现象。

错觉可以在各种感觉道以及不同感觉道之间产生,因此有视错觉、听错觉、味错觉、嗅错觉、触错觉以及时间错觉、运动错觉、形重错觉等等。最常见、研究最多、应用最广泛的是视错觉,如图4-3-1。

视错觉也有很多种,如大小错觉、形状错觉、方向错觉、拧绳错觉等。

错觉是由多方面因素引起的,其中知觉具体事物时受到同时并存的其他刺激的干扰是形成错觉的主要原因,人的主观因素(经验等)也对错觉形成有重要作用。常性误用说认为错觉是由于误用了知觉恒常性所导致。人们在知觉物体的大小时,总是自动地综合网膜像的大小和知觉到的距离信息,这是保持大小恒常性的重要条件。如果在知觉二维平面物体大小时,刺激提供了距离信息,人们会自动地利用它判断物体的大小,从而引起错觉现象。例如,在观察庞佐错觉图时,夹在辐合线中间的两条等长平行线,由于两条辐合线提供了线条透视,我们会

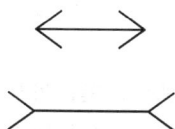

缪勒—莱尔错觉

两条等长线段，由于两端箭
头朝向不同，看起来不一样长。

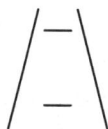

庞佐错觉

两条趋于相交的斜线中的两条长度相等
的平行线，近交点者看起来比远交点者长。

图 4-3-1　错觉图

（资料来源：阴国恩等.普通心理学.南开大学出版社,1998:124-125）

觉得上方线段比下方线段远一些。两条等长线段在网膜上的投影也相等,但是当考虑到线段的距离,"远处"的线段就被知觉得长一些。因此,这种错觉是人们误用了知觉恒常性的结果。这种学说可以解释一部分错觉现象,但有事实证明,当观察者不产生深度印象时,有些错觉仍很强烈。例如缪勒-莱尔错觉,线段两端提供了不同的透视线索。箭头线段被知觉为向观察者突出(房子的外墙角),箭尾线段被知觉为离观察者而去(房子的内墙角)。由于透视线索而误用了知觉恒常性,所以箭头线段显得比箭尾线段短一些。而当将两端的箭头、箭尾都换成圆圈而失去透视线索,即失去了常性误用的条件时,缪勒-莱尔错觉仍很强烈。可见常性误用也不是造成错觉的唯一原因。20世纪以来,人们提出过许多解释错觉的理论,但还不能完全解释错觉现象。

认知方式、视错觉及其关系的跨文化研究

人们由于生活环境的不同,认知方式也存在着差异,家庭、社会团体结构、文化教养等对认知方式发展有明显影响。生态环境、生产方式、社会结构、社会化倾向和现代化等因素影响着认知方式,各民族儿童居住环境和认知方式均存在差异。生活在相同环境中的不同民族的视觉错觉量无差异,居住环境则是影响错觉的重要因素。同样,同一民族内部生活环境的不同,导致视错觉量的差异,如,就藏族内部来讲,草原儿童的错觉量与城市儿童有很大差异。生活在草原的儿童,Muller-lyer错觉量小(线条错觉)。由于生活和教育条件的差异,草原儿童缺乏对复杂图形的认识,因此表现出较大的错觉量。城市和山村的儿童,居住条件较相似,其环境的人工化程度较高,他们用目测的方式进行距离判断的机会日益减少,在一定程度上影响了对线条的判断,但其他错觉量小。

认知方式所涉及的是人加工信息的特点,它必然影响到人识别几何图形时的错觉量大小。认知方式是影响视动错觉的一个重要因素,且场依存者错觉易感性显著大于场独立性者。在利用视觉信息进行判断时,场独立性者善于运用分析的操作方式进行比较,从而做出正确的判断;场依存性者则习惯于综合的操作方式,他们从整体上做出判断,因此出现了明显的错觉。

（资料来源：陈姝娟等.认知方式、视错觉及其关系的跨文化研究.心理学探新,2006,26(4):42-44)

二、后效

先看一根向左倾斜的直线 40 秒钟,再看一根垂直线,就会把这条垂直线看成向右倾斜;先看一根向左弯曲的线 40 秒钟,再看一条垂直线,就会把这条垂直线看成向右弯曲,这类现象早就引起心理学家的注意,而把它们叫做知觉后效,即指先前刺激的知觉歪曲了对后来刺激的知觉。

如图 4-3-2 所示,同时注视左边的三个黑长方块 40 秒钟,然后同时注视右边的四个白正方形(注视时均以图中心的 × 为注视点)。这样就会把右边四个白正方形中的 1 与 2,知觉为较 3 与 4 离得远些。也就是说在知觉中左边黑长方块 1 产生了似乎把右边白正方形 1 与 2 推远的后效;而左边的黑长方块 2 与 3 产生了似乎把右边的白正方形 3 与 4 挤近的后效。

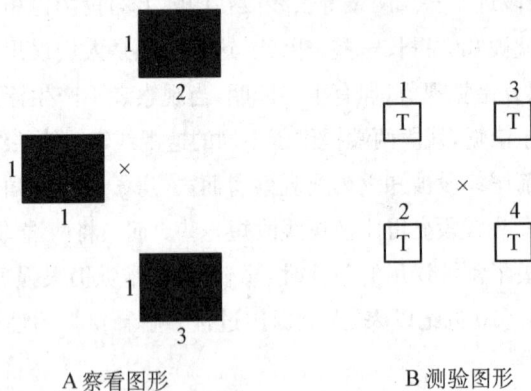

A 察看图形   B 测验图形

图 4-3-2　图形后效

(资料来源:张述祖,沈德立.基础心理学.教育科学出版社,1987:359)

麦考勒效应

不同刺激特性之间相互影响也会产生后效,一般称之为关联后效。麦考勒(Macollough, C.)首先研究了颜色和方向的关联后效。她先给被试呈现由黑色和橙色垂直条纹组成的条纹图形,几秒钟后,呈现由黑色和蓝绿色的水平条纹组成的条纹图形。两种图形交替呈现 4 分钟后,呈现垂直或水平的黑白条纹的测试条纹图形。结果,当呈现垂直黑白条纹的测试图形时,被试报告知觉到淡蓝绿色;当呈现水平黑白条纹的测试图形时,被试报告知觉到淡橙色。这种由图形轮廓的方向而导致特定颜色的后效可持续几个小时、几天甚至几个星期。关联后效说明视觉系统对一定刺激特性组合的敏感性是不同的。

(资料来源:朱滢主编.实验心理学.北京大学出版社,2000:241-242)

第四节　知 觉 理 论

一、经验说、完形说和心理物理对应说

经验说认为现在的知觉受到了过去知觉的影响,即过去的知觉经验影响了现在的知觉。

这个学说是最主要的,它可以解释大部分情况,并且符合唯物主义的观点,即现在的主观来自过去的客观。

完形说认为知觉不是由客观对象来决定,而是由主体本身的脑的活动规律决定的。它夸大了经验说解决不了的局部现象。

我们认为,任何活动都要受脑的制约,这是不可否认的。但不能过分夸大,而把知觉说成不是反映客观事物的。有些心理现象需要用脑的活动规律加以解释,但不能将全部知觉现象作这样的解释。

心理物理对应说认为知觉就是临摹客观刺激的情况。因为我们所知觉的永远是某种客观情况下的刺激,或某些背景下的刺激,所以用不着旧经验,也用不着用脑的活动规律来解释。例如在深度知觉中,虽然对象远了,但除了知觉对象之外,还看到周围的一些景物,所有这些都同时被知觉到,然后再拿动作去适应所看到的这一切。远东西和近东西给我们的整个景象是不同的,而且它们中介物的景象也不同。所以,远近东西所呈现的全部景象就不一样。这用不着什么经验来补充。

我们认为经验说是正确的。在某些情况下,另外两种学说也可对其进行必要的补充。

二、自下而上加工和自上而下加工

认知心理学认为知觉过程包含两种信息加工方式,即自下而上加工和自上而下加工。自下而上加工过程,又称为数据驱动过程,这种过程是从感受器提供的具体的感觉特性,即信息的最简单、最基本的"下级"成分开始,逐渐上升到较高级、综合的水平。自上而下加工过程,又称为概念驱动过程,这种过程是由有关知觉对象的一般知识开始的加工,强调知觉者已经具有的知识、经验、预期对知觉加工阶段和水平的制约。现以拼图来说明两种加工方式的区别。当杂乱无章的小图片块呈现在我们面前时,如果从图片块的轮廓、颜色等感知特性出发,组成一个一个的局部图形,然后再把多个局部组成完整的图形,这就是自下而上加工过程。如果利用已有的知识、经验预测可能拼出的图形,然后选择图片块构图,检验能否组成预期图形,这就是自上而下加工过程。

自下而上加工和自上而下加工是两种方向不同的加工,两者有机结合形成统一的知觉过程。只凭借自下而上加工而没有自上而下加工,加工过程负担的工作量太大甚至可以说是无法承担的;单靠自上而下加工而没有刺激物的直接作用,就只能产生幻觉。

知觉条件不同,两种加工可有不同的侧重。在良好知觉条件下,知觉主要是自下而上加工;随着条件的恶化,自上而下加工的参与逐渐增加。

三、模式识别中的模板匹配说和特征分析说

近年来,为了让电脑直接识别图形,促进了知觉中图形辨认机制的研究。研究的中心问题即是,人怎样把外界的某一个图形识别为自己经验中的相应图形的,这就是所谓的模式识别。有关模式识别的学说中,一种最朴素的设想称为模板匹配说。该学说认为,模式识别是把输入刺激与已贮存在长时记忆中的模板相匹配以作出决定。不管识别何种图形,都是拿这个图形

和经验中形成的各种图像去匹配。经验中形成的各种图像，就是用以通过模板匹配而识别所看到的图形的模板。

但模板匹配说会引出一个问题。就以字母 A 来说，它可以有无限多的大小；其位置可以有无限多的角度变化。这就是说，仅仅一个字母 A，要去识别它，在头脑中就得有无限多的模板，何况图形的种类又可多至无限。那么人脑怎么会有这样无限大的容量呢？可见用模板匹配来说明图形识别是行不通的。

为了解决这一困难，人们试图以特征侦察的原理来解释模式识别，即特征分析说。特征分析说认为，刺激是一些基本特征的结合物，个体把刺激的基本特征与贮存在记忆中的特征相匹配以作出决定。

特征分析优于模板匹配之处在于：①感受野的发现可与特征分析说相印证；②可以用关键性的特征组合为依据，而忽略无关紧要的细节；③既然同一特征可在多种图形中出现，所以储存大为节约。

模板匹配在图形略有变动的情况下即失效，而特征分析的应变性非常之大。例如 A、H、V、Y 四个字母的图形，凭三个特征即可清楚辨认。这三个特征是：①上面有无凹形；②有无横杠；③有无垂直线。可以依次检查，前一次的检查结果决定下一次的检查；也可以平行检查，即各种特征同时检查。

按同样道理，凭若干种特征的组合即可识别 26 个英文字母，其情况如表 4-4-1 所示。每一类图形可以用一套少数的特征来界说（即给定义），这套特征叫做界说特征。

表 4-4-1　英语 26 个字母的特征侦察

图形特征	A	B	C	D	E	F	G	H	I	J	K	L	M	N	O	P	Q	R	S	T	U	V	W	X	Y	Z
直的																										
横的	+				+	+	+	+				+								+						+
竖的	+	+		+	+	+		+	+		+	+	+	+		+		+							+	
斜(/)	+										+											+	+	+	+	+
斜(\)	+										+		+	+			+	+				+	+	+		
弯曲的																										
关闭的		+		+											+	+	+	+								
直开口										+											+					
斜开口			+				+			+																
相交的	+	+			+			+							+	+	+	+								
重复的																										
循环的		+		+									+						+				+			
对称的	+	+	+	+	+			+	+		+		+		+					+	+	+	+	+	+	

注："+"表示有此特征，空白表示没有此特征。
（资料来源：张述祖，沈德立.基础心理学.教育科学出版社，1987：330）

另外,比德曼(Biederman,I.)提出成分识别理论认为,任何几何图形都可以分解成一些简单的成分,即几何离子。人们在识别物体时,是将这个物体的几何离子及几何离子间的相互关系与长时记忆中的已经存储的表征进行自动化匹配,来进行模式识别。

原型匹配理论则认为,人们头脑中储存了一类物体的原型,识别事物的时候,实际上看到的是原型加上一定的偏离。模式识别过程是将事物与其对应的原型进行匹配来完成的。

思考题

1. 如何运用本章所学的心理学知识搞好教学设计?
2. 影响知觉经验的主客观因素有哪些?在教学过程中如何利用这些因素组织教学?

第五章 记　忆

本章教学要求

教师讲解的内容

■ 记忆的三个环节

■ 表象

■ 记忆种类

■ 记忆过程的基本规律

■ 记忆理论

学生自学的内容

◆ 记忆的生理机制

◆ 记忆的品质

教学重点

▲ 记忆过程的基本规律

▲ 记忆理论

教学难点

▼ 记忆理论

▼ 遗忘学说

学习目标:通过本章学习,应能够

★ 了解记忆的种类

★ 了解长时记忆的理论模型

★ 掌握元记忆理论

★ 掌握记忆的基本规律

　　天天上下的楼梯,你能记得有多少级吗? 经常使用纸币,你能记得其图案吗? 诸如此类看来极为熟悉的事物,一般人都不会记得清楚。按学习的基本原理看,原因是未加注意,缺乏动机,只是简单地重复,故而未能产生学习,自然不会留存下记忆。心理学家(Nickerson, R. S., Adams, M. J., 1979)曾用实验研究过这一现象。他们以美国大学生为被试,以再认法测量其对美金一分硬币的辨认记忆。实验材料是 15 个硬币图案,其中只有 1 个是正确的。实验时以随机排列的方式,将 15 个图案全部呈现,要求被试指认。结果发现,被试几乎全用猜测的方式回答,猜中的机会几乎接近 1/15。研究者分析认为,其原因在于一般人觉得没有必要去注意细节。[①]

第一节　记忆的概述

一、什么是记忆

　　人在感知过程中形成的事物映象,并不随刺激停止作用于感官而消失,还能在头脑中保持一定的时间,并在一定的条件下重现出来,这就是记忆现象。人们不仅能记住感知过程中所

---

① 资料来源:张春兴. 现代心理学. 上海人民出版社,2005:200－201

基础心理学(第2版)

形成的事物映象,而且还能把思考过的问题、体验过的情感以及做过的动作等重现出来。这里所说的过去经历过的事物在人脑中的反映,叫做记忆。

记忆是一个复杂的心理过程,它包括识记、保持、再认或回忆三个环节。汉语中,"记忆"二字简明地表述了记忆的完整过程,即"记"对应于识记和保持,"忆"对应于再认或回忆。识记是识别和记住事物,保持是巩固已经获得的知识经验,再认或回忆则是在不同条件下恢复过去的经验。当过去经历过的事物再次出现时,能够辨认出来的称为再认。当过去经历过的事物不在面前时,在头脑中重新反映出来的称为回忆。从信息加工的观点来看,记忆就是人脑对所输入的信息进行编码、储存和提取的过程。编码相应于识记,储存相应于保持,提取相应于再认或回忆。

记忆过程的三个基本环节是相互联系、相互制约的。没有识记就谈不上对知识经验的保持;没有识记和保持,就不可能对经历过的事物进行再认或回忆。因此,识记和保持是再认或回忆的前提,再认或回忆是识记和保持的结果,并能进一步巩固和加强识记和保持。

二、记忆的生理机制

过去一般用巴甫洛夫学说来解释记忆的生理机制。该学说认为,记忆的生理机制是大脑皮层暂时神经联系的形成、巩固和重新活动。其中,识记和保持是在大脑皮层上形成暂时神经联系和加强暂时神经联系痕迹的过程。而再认或回忆则是已经形成的暂时神经联系在有关刺激影响下重新活动的过程。

随着科学技术的进步,已经积累了用物理、化学和生物规律来说明记忆的若干事实,使记忆生理机制的研究有了新的进展。

(一) 定位说

这个学说是加拿大神经生理学家潘菲尔德(Penfield, W.)提出的。他在治疗癫痫病人时发现用微电极刺激患者大脑皮层的右侧颞叶,会引起患者对往事的鲜明回忆;而在刺激大脑皮层其他区域时,则不发生这种反应。于是他认为,记忆和大脑的一些特定区域有关系。

(二) 均势说

这个学说是美国心理学家拉什利(Lashley, K. S.)提出的。他认为记忆是整个大脑皮层活动的结果,与脑的各个部位都有关系。他用实验方法发现动物记忆的丧失与大脑皮层特定部位的切除关系不大,而与皮层切除面积的大小有关。该学说得到了 20 世纪 40 年代末出现的"细胞集合"理论的支持。细胞集合理论认为神经细胞之间形成了一个庞大而复杂的神经通路系统,没有哪一个神经细胞能脱离细胞群而单独贮存某种信息。因此,记忆"痕迹"并不依赖某一固定的神经通路,它涉及成千上万个相互联系的神经细胞。

(三) 突触生长说

这个学说是神经生理学家普遍接受的一种观点,其代表人物是澳大利亚著名神经生理学家艾克尔斯(Eccles, J. C.)。该学说认为,人类长时记忆的神经基础包含着神经突触的持久性改变。这种持久性的突触变化一旦发生,记忆痕迹就会牢固地存储在大脑中。这种看法得到一些实验结果的支持。

（四）分子说

这个学说认为，记忆是由神经元内的核糖核酸（RNA）分子结构来承担的，由学习引起的神经活动，可以改变与之有关的神经元内部的核糖核酸化学结构。该学说得到了一些研究结果的支持。例如，给学习走迷津的白鼠注射嘌呤霉素和抗菌素，以抑制 RNA 的合成，结果发现由先前学习迷津时所得到的记忆完全被破坏。海登（Hyden, H.）等人在训练小白鼠走钢丝后，发现鼠脑中有关神经细胞的 RNA 的质和量都发生了显著的变化。这些结果都支持分子说。

（五）激素说

这个学说认为，由于某些激素（hormone）能使大脑更好地注意当前的输入信息，因而这些激素能够促进记忆的保持。这种看法得到一些研究结果的支持。麦科夫（Mcgaugh, J. L.）在研究中发现，皮质类固醇、后叶加压素和肾上腺素等对动物记忆的保持有明显的加强作用。高德（Gold, P. E.）在研究中给学习后的动物马上注射小剂量的肾上腺素，结果发现，动物之前的学习得到了加强，但是大剂量的肾上腺素则会损害动物的记忆。

（六）反响回路

反响回路是指神经系统中皮层和皮层下组织之间存在的某种闭合的神经环路。当外界刺激作用环路的某一部分时，回路便产生神经冲动。刺激停止后，这种冲动并不立即停止，而是继续在回路中往返传递并持续一段时间。有人认为这种脑电活动的反响效应可能是短时记忆的生理基础。这个学说也得到了一些实验结果的支持。

三、表象

表象是在头脑中出现的感知过的事物的形象。例如，我们现在回想起小学一年级班主任的形象。

（一）表象的特征

1. 直观性

表象是在知觉基础上获得的，是知觉的再作用。但是，表象的直观性不同于知觉。知觉的形象鲜明生动，表象的形象则比较暗淡模糊；知觉的形象持久稳定，表象的形象则不稳定；知觉的形象完整，表象的形象不完整。

2. 概括性

表象是多次知觉的结果，它不是反映事物的个别特点，而是反映事物的大体轮廓和主要特征，因此具有概括性。但表象的概括性和思维的概括性不同。表象是形象的概括，混杂着事物的本质属性和非本质属性；而思维是抽象的概括，它概括事物的本质属性。

（二）表象的作用

表象是认识过程中的一个重要环节。有了表象，人的认识才能离开具体的事物，摆脱知觉的局限性，为概念的形成提供感性的基础。所以，表象既具有直观性，又具有概括性。从表象的直观性来看，它近似于知觉；从表象的概括性来看，它近似于思维。因此，表象是介于知觉和思维的中间环节，是由知觉过渡到思维的桥梁。表象在人们的学习和实践活动中是不可缺少的，它不仅存在于复杂的智力活动中，即使在一个简单动作的学习中，也离不开表象的参与。

四、记忆的品质

（一）记忆的敏捷性

记忆的敏捷性是指识记速度的快慢。对同一材料，有的人记得快，而有的人却记得慢。

（二）记忆的持久性

记忆的持久性是指对识记过的事物保持时间的长短。有的人识记后保持的时间长，而有的人识记后保持的时间短。

（三）记忆的准确性

记忆的准确性是指对识记的材料记得是否正确。有的人对识记过的材料能正确无误地加以回忆，而有的人对识记过的材料不能正确无误地加以回忆，常常是"张冠李戴"或"丢三落四"。记忆的准确性是记忆的重要品质，如果缺乏记忆的准确性，那么记得再快、再牢也是没有意义的。

（四）记忆的准备性

记忆的准备性是指能否及时地从记忆中提取所需的知识。能够在需要时将所用知识提取出来，这是准备性好的表现；若需要时提取不出来，过后才能想起来，这样即使记得再快、再牢、再正确，也没有什么实用价值。例如，在考试中，有的学生虽然掌握了回答试卷中问题的有关知识，但在考场上却提取不出来，这就是记忆准备性差的表现。

第二节　记　忆　的　种　类

可以从五种不同的角度来对记忆进行分类。

一、形象记忆、语词记忆、情绪记忆和动作记忆

根据记忆内容的不同，可以把记忆分为形象记忆、语词记忆、情绪记忆和动作记忆。

（一）形象记忆

形象记忆是以感知过的事物形象为内容的记忆。这种记忆所保持的是事物的具体形象，它既可以是视觉形象，也可以是听觉的、触觉的或味觉的形象等。但一般以视觉形象和听觉形象为主。

（二）语词记忆

语词记忆是以概念、判断、推理等为形式，以事物本身的性质和意义以及事物的关系等为内容的记忆。语词记忆是人类特有的记忆，也是个体保存经验最简便、最经济的形式。例如，学生在听课以后，教师讲课的声调、姿势以及黑板上板书的样子，可能都已经忘了，但却可以把教师讲的内容用口头或书面语言表达出来。这就是语词记忆。

（三）情绪记忆

情绪记忆是以个体体验过的某种情绪、情感为内容的记忆。纯粹的情绪记忆就是别的什么都忘了，只是因为某一情境（如黑暗）与某种情绪（如害怕）之间形成了联系，以后一遇到这种

情境就产生这种情绪，但什么原因却说不出来。如有人怕血、怕虫子……说不出原因来；有人喜欢圆脸的人，有人讨厌长脸的人，究竟为什么也说不出来。这些都是情绪记忆。

（四）动作记忆

动作记忆是以过去经历过的动作为内容的记忆。它以过去的运动或操作动作所形成的动觉表象为前提。动觉表象来源于人对自己的运动动作的知觉。例如，一个人小时候学会过游泳，长大后多年不游了，以后再下水虽然感到生疏，但同不会游泳的人相比还是不一样，这就是动作记忆在起作用。其他像写字、画画、打太极拳、骑自行车等等，也都要依靠动作记忆。

实际上，上述四种记忆是互相联系着的。在任何活动中，要记住某一种材料，往往需要两种或多种记忆的参与。

二、瞬时记忆、短时记忆和长时记忆

根据记忆信息保持时间的长短不同，可以把记忆分为瞬时记忆、短时记忆和长时记忆。

（一）瞬时记忆

瞬时记忆是指保持时间在一二秒钟以内的记忆，也叫感觉记忆或感觉登记。视觉后象是瞬时记忆最典型的例子。在瞬时记忆中，信息是以感觉痕迹的形式保存下来的，具有鲜明的形象性。瞬时记忆的容量较大，但保持的时间很短，大约为 0.25—2 秒。瞬时记忆中保持的材料如果受到注意，就转入短时记忆；如果没有受到注意，则很快消失。

部分报告法实验

斯珀林（Sperling, G.）用部分报告法证明了瞬时记忆的容量是较大的。起初，他用上、中、下三行字母（每行四个，共十二个字母）作为实验材料，用很短的时间呈现给被试看。呈现终止后，要被试回忆这十二个字母。结果大多数被试只能回忆四五个。后来，他以 1/20 秒的极短时间闪现三排字母，当闪现中止时，给被试发出声音信号，这种声音信号分为高音、中音、低音三种，分别代表闪现的上、中、下三行字母。发出高音时，要求被试回忆上行字母；发出中音时，要求被试回忆中行字母；发出低音时，要求被试回忆下行字母。实验结果表明：被试能够回忆出任何指定行中字母的 75%。由于声音信号是在闪现字母终止后才出现的，这时被试头脑中必须保持三行字母的映象。由此推算被试保持的总量应该是 12×75%＝9 个字母。如果把闪现与回忆之间的时间间隔延长，回忆成绩明显下降。当延缓 1 秒，回忆成绩约为 40%，也就是四五个，即与全部报告法所得结果一致。

（资料来源：阴国恩等. 普通心理学. 南开大学出版社，1998：135－136）

（二）短时记忆

短时记忆是指保持时间在一分钟以内的记忆。例如，当人们从电话簿上查到一个电话号码后，立刻能根据记忆拨出这个号码，但打过电话后不久就忘了，这就是短时记忆。短时记忆是操作性的，有时也称工作记忆。也就是说，这时记忆某事物，是为了对该事物进行操作。因为不论做什么事都需要按某种信号或指示进行活动，所以在活动完毕以前必须凭借对信号或指示的短时记忆来指导操作。人的大多数活动都是多环节而又连续的，如果没有短时记忆则无法进行。

心理学的研究表明,短时记忆的容量是7±2单元。而单元的大小,则与个人的经验组织体系有关。短时记忆以言语听觉编码为主,但也存在视觉和语义的编码。研究表明:短时记忆在没有复述的情况下,18秒后回忆的正确率就下降到10%左右。

(三) 长时记忆

长时记忆是保持时间在一分钟以上乃至数十年的记忆。它保持的时间长,容量几乎没有限度。信息的来源大部分是对短时记忆内容的加工,也有由于印象深刻一次获得的。言语材料的长时记忆编码方式主要是语义编码,但也有听觉和视觉的编码。长时记忆中的信息是有组织的知识系统。这种有组织的知识系统对人的学习和决策有重要意义,它使人能够有效地对新信息进行编码,以便更好地识记;也能使人迅速有效地从头脑中提取有用的信息,解决当前的问题。

瞬时记忆、短时记忆和长时记忆的区分只是相对的。它们之间是互相联系、相互影响的。它们之间的关系详见图5-2-1。

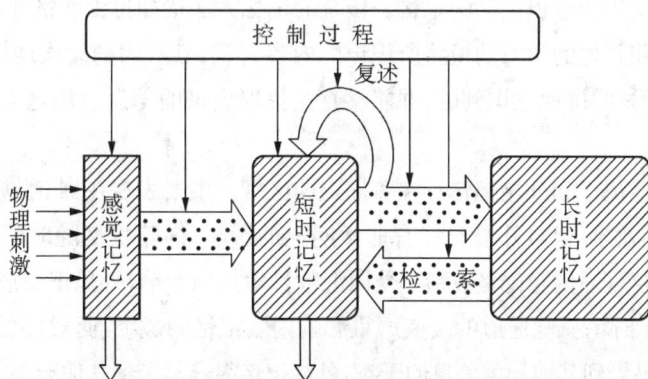

图5-2-1　记忆的三个阶段模式图

(资料来源:阴国恩等. 普通心理学. 南开大学出版社,1998:139)

短时记忆和长时记忆的比喻解释

短时记忆和长时记忆似乎并不储存在同一个记忆仓库中。短时记忆的仓库好像是临时性的,它的已有信息若不转入长时记忆仓库,即被丢弃,以备容纳新的信息。短时记忆仓库可以比作临时备忘的小黑板,用粉笔来登记待办之事,事一办过就擦掉,以便登记新的要办的事。长时记忆的仓库好像是永久性的,可以比作长时备忘的笔记本,用钢笔登记长期备查之事。关于记忆仓库是否可以分离,尚有争议。

(资料来源:张述祖,沈德立. 基础心理学. 教育科学出版社,1987:390)

三、内隐记忆和外显记忆

近20年来,记忆研究中的一个最引人注目的成就,是把记忆分为内隐记忆和外显记忆。

内隐记忆是无意识、自动提取信息的；而外显记忆是有意识地进行信息提取的。

（一）内隐记忆

内隐记忆是指人们不能回忆其本身却能在行为中证明其事后效应的经验。其操作定义是在不需要对特定的过去经验进行有意识的或外显的回忆测验中，表现出来的对先前获得信息的无意识提取。例如，很久以前你学习过英语，现在要你写出英语单词，你可能一个也写不出来了，换句话说，你不能有意识地回忆它们，但可以用词干补笔（例如，将 jui＿ 补写成 juice 和将 a＿a＿in 补写成 assassin）、知觉辨认（例如，给被试 r、e、c、t、a 五个字母组成的字母串，要求被试判断这一字母串是否构成一个单词，记下被试的反应时间。然后把这一字母串放在一列词汇确定测验中，让被试第二次判断是否构成一个单词，同样记下被试的反应时间。用第二次反应时间减去第一次反应时间的差来说明内隐记忆）等方法证明，你现在对那些单词仍然是有记忆的。但是内隐记忆不能用通常测量外显记忆的方法测量出来。

（二）外显记忆

外显记忆是指当个体需要有意识地或主动地收集某些经验用以完成当前任务时所表现出来的记忆，因此又叫受意识控制的记忆。传统的记忆方法诸如自由回忆、线索回忆以及再认等，都要求被试参照具体的学习情境将所识记的内容有意识地、明确无误地提取出来，因而它们所涉及的只是被试明确地意识到的，并能够直接提取出来的信息。用这类方法所测得的记忆即为外显记忆。

研究表明，内隐记忆和外显记忆存在着一定的区别。主要表现在：刺激项目的加工深度并不影响内隐记忆的效果，但对外显记忆有非常明显的影响；内隐记忆随时间延长而发生的消退要比外显记忆慢得多；内隐记忆成绩不受词汇数目增加的影响，外显记忆成绩随着所学词汇数目的增加而逐渐下降；感觉通道的改变严重影响内隐记忆的成绩，而对外显记忆的成绩没有影响；内隐记忆不易受到其他无关信息的干扰，外显记忆很容易受到其他无关信息的干扰。

四、情景记忆和语义记忆

图尔文（Tulving，E.）将长时记忆分为情景记忆和语义记忆。

（一）情景记忆

情景记忆（episodic memory）是指人们根据时空关系对某个事件的记忆。这种记忆与个人的亲身经历分不开，如"我昨晚看了一场电影"等。由于情景记忆受一定时间和空间的限制，信息的存储容易受到各种因素的干扰。因此，记忆不够稳固，也不够确定。

（二）语义记忆

语义记忆（semantic memory）是指人们对一般知识和规律的记忆，与特殊的地点、时间无关。它表现在单词、符号、公式、规则、概念这样的形式中，如记住数学公式、物理定律等。语义记忆受一般规则、知识、概念和词的制约，很少受到外界因素的干扰，因而比较稳定。许多心理学家对语义记忆进行了广泛而深入的研究，并提出了语义记忆的多种模型。如层次网络模型、激活扩散模型、集理论模型和特征比较模型，这些模型虽然各自得到了一些实验的验证并解释了部分语义记忆，但并未取得一致。

五、陈述性记忆和程序性记忆

安德森(Anderson，T. H.)将记忆分为陈述性记忆和程序性记忆。

(一) 陈述性记忆

陈述性记忆(declarative memory)是指对有关事实和事件的记忆。它适合存储经加工处理后形成的具有意义联系的东西，它可以通过语言传授而一次性获得，它的提取往往需要意识的参与，如学生在课堂上学习的各种课本知识和日常生活常识都属于这类记忆。

(二) 程序性记忆

程序性记忆(procedural memory)是指如何做事情的记忆，包括对认知技能和运动技能的记忆。这类记忆往往需要通过多次尝试才能逐渐获得。在利用这类记忆时往往不需要意识的参与。例如，在学习游泳之前，我们可能读过一些有关的书籍，记住了某些动作要领，这种记忆就是陈述性记忆；以后经过不断练习，把知识变成了运动技能，真正学会了在水中游泳，这时的记忆就是程序性记忆了。

第三节 记 忆 过 程

一、识记

识记是通过反复感知在头脑中留下印象的过程。它是记忆的第一步。识记的形式是多种多样的，可以划分为不同的种类。

(一) 识记的种类

1. 无意识记与有意识记

根据有无识记目的，可以把识记分为无意识记和有意识记。

(1) 无意识记

无意识记是指事先没有预定目的，也不需要意志努力而进行的识记。在无意识记中，信息似乎是"自然而然地"被记住了，因此，也称为不随意识记。人们的知识经验相当大的一部分是由无意识记获得的，但并不是所有经验过的事物都能通过无意识记印留在头脑中。

(2) 有意识记

有意识记是指事先有预定的识记目的，必要时需要一定的意志努力，采取一定方法进行的识记。因此，也称为随意识记。在现实生活中，有意识记比无意识记显得更重要。因为人们获得系统的科学知识和技能，完成特定学习任务和积累个体经验主要依靠有意识记。在其他条件相同的情况下，有意识记的效率远比无意识记的效率高。但是，无意识记也不能忽视，因为从节省人的精力来看，无意识记比有意识记更经济。

2. 机械识记与意义识记

根据识记的材料有无意义或识记者是否理解其意义，可把识记分为机械识记和意义识记。

(1) 机械识记

机械识记是指对没有意义的材料或对事物在没有理解的情况下，依据事物的外部联系而

第五章 记 忆

77

进行的识记,即平时所说的死记硬背。由于不理解识记材料的意义,单纯依靠对材料的重复进行识记,所以效果就差。

(2) 意义识记

意义识记是指在对材料理解的基础上,依靠材料的内在联系,并运用已有的知识经验进行的识记,也称为理解识记。由于理解了识记材料的意义,充分利用过去的知识经验,采取多种有效的记忆方法,所以效果就好。尽管大量实验证明意义识记优于机械识记,但是,机械识记和意义识记是相辅相成、互相补充的。

(二) 影响识记效果的因素

1. 识记任务的影响

识记任务是否明确对识记效果有重要影响。首先,识记任务在时间上的要求不同,识记的效果就不一样。例如,要求被试学习两段难易相同和分量相等的材料,在学习之前先说明第一段在次日检查,第二段在一周后检查。但实际上这两段材料都是在两周后才检查。结果表明,第一段材料只记住40%,而第二段材料却记住了80%。其次,识记任务在内容上的要求不同,识记效果也不相同。例如,对于一篇文章,可以要求记住它的基本内容、主要思想,也可以要求逐字逐句地背诵下来。在前一种情况下,学习者识记时就要注意它的基本内容和各部分之间的逻辑关系;在后一种情况下,学习者除了要弄懂材料外,更要反复地逐字逐句地加以背诵,注意字句间的严格顺序。显然,在这两种不同要求的情况下,由于识记任务的不同,识记的效果也会有所不同。

2. 活动性质的影响

识记的成效在很大程度上依赖于所从事的活动性质。有人曾经做过一个实验:给被试许多图片,每张图片上写有一个数字,同时画有一种家庭用具或水果。要求甲组被试按图片上所画物体的内容进行分类,要求乙组被试按图片上的数字,把图片分别放在写有相应数字的纸板上。然后出其不意地检查两组被试对图片内容和数字的记忆。实验结果是:在15张图片中,甲组被试平均记住了13.2件物体的形象和0.7个数字,乙组被试平均记住了1.3件物体的形象和10.2个数字。两组被试的识记效果之所以有上述差别,是因为甲组被试以图片上所画物体为操作对象,所以对图片内容识记效果好;乙组被试则以图片上的数字为操作对象,所以对图片上数字的识记效果好。

3. 识记材料的影响

识记材料对识记效果有明显的影响。首先,材料的性质和内容影响识记的效果。一般而言,直观的、形象的材料比抽象的材料识记效果要好,有意义材料比无意义材料识记效果要好。有一个实验比较了中学生和小学生对词单和数单的识记效果,结果详见表5-3-1。

表5-3-1 中小学生识记词单、数单平均回忆百分数的比较

	10个词	20个词	10个数	20个数
中学生	58.8	47.1	23.1	14.3
小学生	49.1	36.6	18.3	8.3

(资料来源:沈德立等.中小学生对于系列材料的长时与短时记忆的实验研究.心理发展与教育,1985,(2))

从上表可以看出,对词单的识记效果好于数单。原因是词单本身具有一定的意义性,便于进行意义识记;数单本身的意义性非常微弱,只能进行机械识记。

其次,材料的数量影响识记的效果。一般来说,要达到同样的记忆水平,材料越多,识记所用的平均时间和次数也就越多。索柯洛夫(Соколов,Е. Н.)的实验证明,识记 12 个音节时,平均一个音节需要 14 秒;识记 24 个音节时,平均一个音节需要 29 秒;而识记 36 个音节时,平均一个音节则需要 42 秒。

4. 识记方法的影响

识记方法直接影响识记的效果。首先,把识记材料归类或者系统化有助于提高识记的效果。鲍斯菲尔德(Bousfild,W. A.)曾让被试学习一系列单词,如长颈鹿、小萝卜、潜水员、拜伦、顾客、菠菜、面包师傅、舞蹈演员、黄鼠狼、南瓜、打字员等 60 个单词,当被试按语义关系把这些单词分别纳入动物、植物、人名、职业等四个类别时,识记的效果就会大大提高。其次,通过"组块"识记有助于提高识记的效果。所谓组块是指以代码方式形成的信息单位。它可以是一个数字、一个汉字、一个词、一个短语,甚至是一个句子。以组块方式进行识记,主要是以过去的知识经验为基础的。例如,数字 1、9、1、9,熟悉中国历史的人能够形成一个信息块 1919,知道这是"五四"运动的发生年代。不熟悉中国历史的人则不能形成这一组块。以组块方式进行识记,可以提高记忆的容量和效率。

二、保持

保持是信息在头脑中编码和贮存的过程。它是记忆过程的中心环节,在记忆过程中起着重要的作用。

(一) 保持的特点

1. 保持内容的量变

保持内容的量变主要表现为:第一,记忆内容中不显著的特征趋于消失,而显著的特征却较好地保持;第二,记忆内容中的某些特征和项目有选择地被保持下来,同时增添了某些未曾出现过的特征和项目。

2. 保持内容的质变

记忆内容的质变,不但表现在对语词材料的记忆中,而且表现在对物体的知觉经验中。巴特莱特(Bartlett,F. C.)的实验就证明了这种变化。他采用图画复绘的方法,先向被试中的第一个人呈现一个图片,隔半小时后要他凭回忆画出来。然后把第一个被试画出来的图呈现给第二个被试看,隔半小时后又要第二个被试画出来。依此类推,直到第 18 个被试绘完为止。实验结果详见图 5-3-1。

图中垂直线左边的为原刺激图形,右边的八个图形,就是该实验中的第 1、2、3、8、9、10、15、18 个被试所绘的图形。从这些图可以看到,记忆内容在质上发生了很大的变化。

图 5-3-1 记忆过程中图形的变化

(资料来源:阴国恩等. 普通心理学. 南开大学出版社,1998:167)

3. 记忆回涨现象

保持内容的变化,还表现为记忆回涨现象。也就是说,学习某种材料相隔两三天后再进行测量,所得到的保持量比学习后立即测量所得到的保持量要高。这种现象发生的原因可能是由于持续的学习产生了超限抑制,过一段时间之后,抑制解除,记忆效果有所提高。也可能是由于识记初期材料的保持还是零散的,之后才把材料构成一个整体。

(二) 遗忘

遗忘是指识记过的东西,不能再认或回忆,或者错误地再认或回忆。它是保持的反面。一时不能再认或回忆的称暂时性遗忘,不经复习永远不能再认或回忆的称永久性遗忘。

1. 遗忘的原因

(1) 衰退说

该学说认为,遗忘是记忆痕迹得不到强化而逐渐减弱、衰退以至消失的结果。早在两千多年前的古希腊,亚里士多德就持这种观点。今天这个说法仍为很多人所接受,但却很难用实验来检验。

(2) 干扰说

该学说认为,遗忘是因为在学习和回忆之间受到其他刺激干扰的结果。这个学说认为记忆痕迹本身不会变化,它之所以不能恢复活动,是由于存在着干扰,干扰一旦被排除,记忆就能恢复。这个学说最有力的证据是倒摄抑制和前摄抑制。倒摄抑制就是后学习的材料对先学习材料的保持或回忆起干扰作用。如先学数学,再学物理学,那么后学的物理学可能对先学的数学起干扰作用。前摄抑制就是先学习的材料对后学习材料的识记或回忆起干扰作用。如先学数学,再学物理学,则先学的数学可能对后学的物理学起干扰作用。在现实生活中,倒摄抑制和前摄抑制常常是同时存在的。干扰说得到了大量证据的支持。

压抑说和提取失败说

压抑说认为,遗忘是由于情绪或动机的压抑作用引起的,如果这种压抑被解除了,记忆就能恢复。这些现象是由弗洛伊德在临床实践中发现的。他在治疗精神病人的过程中发现,许多人能回忆起童年生活中的往事,而这些事平时是回忆不起来的。它们被无意识动机所压抑,因为不压抑会使人产生痛苦。只有当压抑减弱时,这种被遗忘的材料才能被回忆起来。这一学说考虑到个体的需要、欲望、动机、情绪等因素在记忆中的作用,是值得重视的,但缺乏实验证据。

提取失败说认为,存储在长时记忆中的信息是永远不会丢失的,人们之所以对一些事情回想不起来,是因为他们在提取有关信息的时候没有找到适当的提取线索。从长时记忆中提取信息是一个复杂的过程,而不是一个简单的"全或无"的问题。如果没有关于某一事情的记忆,即使给个体再多的提取线索,他也提取不出来。同样,如果没有适当的提取线索,个体也无法回想起曾经记住的信息。这就像在一个图书馆里找一本书,我们不知道它的书名、著者和其他的检索信息,虽然它就放在书库中,但我们很难找到它。

2. 遗忘的规律

心理学的研究表明,遗忘是有规律的。德国心理学家艾宾浩斯第一个对遗忘现象作了比较系统的研究。为了使学习和记忆尽量避免受原有经验的影响,他以自己为被试,用无意义音节作为学习材料,用重学时所节省的时间或次数为指标,测量了遗忘的进程。表5-3-2记录了他的一些实验结果。

表5-3-2 不同时间间隔后的记忆成绩(艾宾浩斯)

时间间隔	重学节省诵读时间百分数
20分钟	58.2
1小时	44.2
8小时	35.8
1日	33.7
2日	27.8
6日	25.4
31日	21.1

(资料来源:阴国恩等.普通心理学.南开大学出版社,1998:169)

从表5-3-2中的数据可以看出,遗忘的进程是不均衡的,刚学过以后遗忘得很快,而后遗忘就逐渐缓慢下来,到了一定时间,几乎不再遗忘了。艾宾浩斯把这个结果绘制成一条遗忘曲线,即艾宾浩斯遗忘曲线,见图5-3-2。

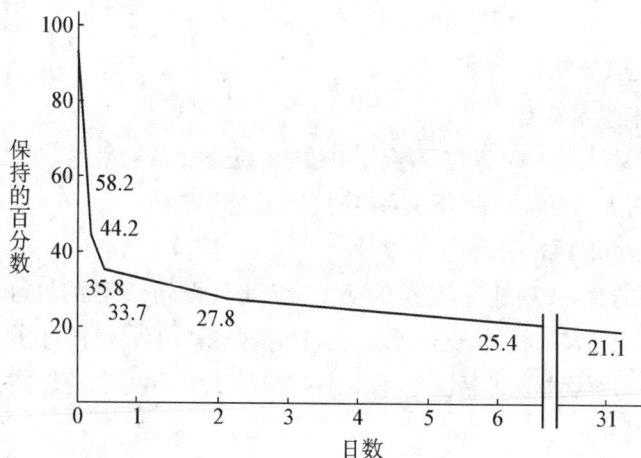

图5-3-2 艾宾浩斯遗忘曲线

(资料来源:卢家楣等.心理学——基础理论及其教育应用.上海人民出版社,1998:130)

继艾宾浩斯之后,许多人用有意义的材料和无意义的材料对遗忘的进程进行了实验,所得结果和艾宾浩斯的研究结果基本上是一致的。

记忆的创纪元研究者——艾宾浩斯

艾宾浩斯(1850—1909),德国心理学家。1850年1月24日生于波恩附近的巴门,1909年卒于哈雷。1873年在波恩大学授博士学位,1880—1909年间相继在柏林大学、布雷斯劳大学及哈雷大学任教。

艾宾浩斯在担任大学讲席以前独自进行心理学实验,对于使用数量化的实验方法研究心理活动深感兴趣,立志要将实验方法应用于较高级的心理过程,所致力的课题就是记忆。他的研究成果载入《记忆》(1885)一书。此书是在学习、保持和回忆的整个领域中一系列创纪元的实验研究。他为了选用难度相等的记忆材料并避开过去可能已经形成的联系,特编制了2000多个无意义音节供记忆实验之用。他接受英国联想主义心理学的观点,以重复学习为构成联想的条件。他用一次完全回忆所需要的重复学习次数来计算实验分数,称作完全记忆法。另一计分方法称作节省法,就是在一次完全回忆之后隔了一段时间已发生遗忘,此时再来学习原先的材料,看能节省多少时间或节省多少重复次数,从而推知保持的数量。他比较了学习有意义材料和无意义材料的不同速度,比较了学习材料的不同长度对学习速度的影响,考察了过度学习、集中学习和分散学习的效应。最著名的保持曲线,即表明遗忘的发生是先快后慢的曲线,是永远和他的名字联系在一起的。他连续五年(约1879—1884)用自己做被试,并严格控制自己的日常生活,使之不影响其实验的结果。

(资料来源:中国大百科全书·心理学.中国大百科全书出版社,1991:2)

3. 影响遗忘进程的因素

(1) 学习者的需要和兴趣

学习者对识记材料的需要、兴趣等,会影响遗忘的进程。一般来说,人们需要的、感兴趣的东西遗忘得较慢,而人们不需要的、不感兴趣的东西遗忘得较快。

(2) 材料的性质和数量

在材料的性质方面,一般地说,熟练的动作遗忘得较慢;形象性的材料、有意义的语义材料,特别是诗歌,比无意义的材料遗忘得慢。在材料的数量方面,材料的数量越大,刚识记后的遗忘就越多。在学习程度相同的情况下,识记材料数量越多,遗忘得也就越快;识记材料数量越少,遗忘也就越慢。

(3) 学习程度

学习程度是指在学习过程中正确反应所能达到的程度。如果学习达到刚能成诵之后还继续学习一段时间,就是**过度学习**。过度学习的材料要比刚能成诵的材料记忆效果好。当然过度学习也有一定的限度,否则会造成精力和时间上的浪费。研究表明,如果以第一次达到完全正确成诵的学习遍数为学习程度的100%,那么150%的过度学习是提高保持效果的最经济有效的选择。

（4）材料在系列中的位置

人们发现在回忆系列材料时,材料的顺序对记忆效果有重要影响。在一项实验中,实验者要求被试记忆 32 个单词的词表,并在学习后要求他们进行回忆,回忆时可以不按原来的先后顺序。结果发现,最后呈现的词遗忘得最少,其次是最先呈现的词,遗忘最多的是中间部分。这种在回忆系列材料时发生的现象叫系列位置效应(serial-position effect)。最后呈现的材料最易回忆,遗忘最少,叫近因效应(recent effect)。最先呈现的材料较易回忆,遗忘较少,叫首因效应(primary effect)。这种系列位置效应已被许多实验所证实。

三、再认和回忆

(一) 再认

再认是指经验过的事物再度出现时能够辨认。例如,人们能够辨认出曾经听过的诗篇、歌曲以及所学过的各种知识等。

再认虽然比较简单,但不等于说在任何情况下都能够对识记过的事物进行准确的再认。再认的速度和准确性主要取决于识记的巩固程度和当前事物与以前曾经识记过的事物的相似程度。

再认的错误表现在两个方面:一是不能再认,即对以前经验过的事物完全不能再认;二是错认,即把没有经验过的事物错认为经验过的事物。

场合因素在再认过程中起着重要作用。有一个实验,先让被试看图 5 - 3 - 3 中上部的一对面形图。要求被试记住右边的图形,左边的图形则起场合作用。当进行再认测验时(使用图 5 - 3 - 3 中下部左右两对图),要求再认的面形图或配以原来的场合图(见左边的一对图),或配以新的场合图(见右边的一对图)。结果是配以原来场合图的再认成绩好。

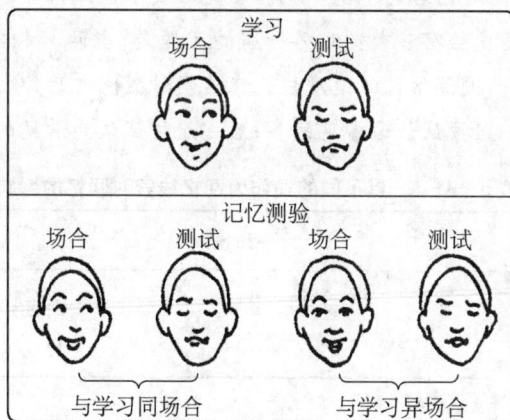

图 5 - 3 - 3 图形再认中的场合影响实验所用材料示例

(资料来源:张述祖,沈德立.基础心理学.教育科学出版社,1987:437)

(二) 回忆

回忆是指经验过的事物不在眼前时能把它重新回想起来的过程。回忆并不是简单、机械地恢复过去形成的映象,它包括对记忆材料一定的加工和重组活动。

1. 回忆的种类

有意回忆和无意回忆。根据回忆是否有预定的目的任务,可以把回忆分为有意回忆和无意回忆。有意回忆是指事先有预定的目的任务,必要时需要一定意志努力的回忆。例如,在考试时对试题答案的回忆。无意回忆是事先没有预定目的,也不需要任何意志努力的回忆。例如,触景生情或偶然想起一件往事。

直接回忆和间接回忆。根据回忆时的条件和方式的不同,可以把回忆分为直接回忆和间接回忆。直接回忆是指由当前事物直接唤起旧经验的回忆。间接回忆是指通过一系列中间环节或中介性的联想才能想起旧经验的回忆。

2. 联想

联想是指由一事物的观念想到另一事物的观念的心理过程。它是回忆的基础,是指当人们受到一定刺激,就会由这个刺激引起对别的刺激的映象。它反映了事物之间的相互关系。例如,由"延安"联想到"宝塔山";想起一位老同学的名字,就会想到他的音容笑貌。联想具有以下几条规律。

接近律。时间、空间相近的事物容易形成联想。如由"五四运动"联想到中国共产党成立是时间上的接近,由天津联想到北京这是空间上的接近。

相似律。形式相似和性质相似的事物容易形成联想。例如,由麦子想到稻子;由战斗英雄想到劳动模范。

对比律。事物间相反的特征也容易形成联想。例如,由黑暗想到光明。

因果律。事物间的因果关系也容易形成联想。例如,人们看到阴天就会想到下雨。

回忆线索影响回忆内容

让被试看一个影片,其内容为一次车祸。看完后要求被试回答问题。对一组被试的问题是"当两车相撞时,速度约有多大?"对另一组的问题是"当两车相碰时,速度约有多大?"结果是在前一种提问下,被试估计的速度快。在这两种提问之后,分别各问"你看见有撞碎的玻璃吗?"结果是前一组被试认为看见的多;后一组被试认为看见的少,详见表5-3-3。

表5-3-3　以不同的词作为回忆线索对回忆的影响

回答方式	相撞	相碰
是	16	7
否	34	43

(注:表中数字表示看见撞碎玻璃的人数)
(资料来源:张述祖,沈德立.基础心理学.教育科学出版社,1987:425-426)

(三) 再认与回忆的关系

再认与回忆都是过去经验的恢复,它们是信息提取的两种形式,二者之间没有本质的区别,只有保持程度上的不同。一般说来,再认比回忆简单、容易。有一个实验是让被试学习无意义音节,按学习后经过的时间(由5秒至14天)分为六组,每组均分为两半:一半用回忆法测验,即写出学过的音节;另一半用再认法测验,即在已学过的和未学过的音节混合系列中,指出已学过的音节。结果是:第一,无论学习后经过的时间长短如何,都是再认的百分数大于回忆;第二,随着学习后经过时间的加长,再认对回忆的优势愈来愈大。

但也有能回忆而不能再认的例子。如有时我们写出一个字,自己怎么看也不像。但确实是写对了,而我们总觉得不对。这种情况可用双向联想来解释。例如,看到一个汉语单词能够回忆出相应的英语单词,但写出来又觉得不像,这可能就是因为只形成了由汉语单词到英语单词的正向联想,而没有形成由英语单词到汉语单词的反向联想。但最常见的情况是由汉语单词到英语单词的联想弱,而由英语单词到汉语单词的联想强。于是,由汉语单词不能回忆出英语单词,而由英语单词较易回忆出汉语单词。如果英语单词和汉语单词同时出现,则借助于双向联想便易于再认。

第四节 记 忆 理 论

一、长时记忆的理论模型

为了说明长时记忆中信息是如何表征、如何提取的,心理学家们提出了多种理论模型。

(一)网络模型

网络模型主要有层次网络模型、激活扩散模型、联想记忆模型和综合记忆模型等,现以层次网络模型为例加以介绍。

层次网络模型由奎林(Quillian, M. R.)等于1968年提出,因其具有层次网络结构而被称为层次网络模型。在这个模型中,语义记忆的基本单元是概念,每个概念具有一定的特征,概念按逻辑的上下级关系组织起来,构成一个有层次的网络系统。见图5-4-1,图中圆点为结点,代表一个概念,带箭头的连线表示概念之间的从属关系。例如,"鸟"的上级概念为"动物",下级概念为"金丝雀"和"鸵鸟"。连线还表示概念与特征的关系,指明各级概念分别具有的特征。如"鸟"所具有的特征是"有翅膀"、"能飞"、"有羽毛"。连线把代表各级概念的结点联系起来,并将概念与特征联系起来,构成一个复杂的层次网络。

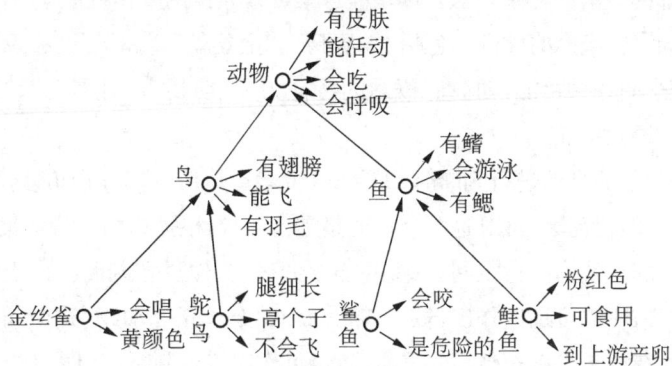

图5-4-1 层次网络模型片断

(资料来源:王甦等.认知心理学.北京大学出版社,1992:176)

在层次网络模型中,概念的特征被分级储存。在每一级概念的水平上,只储存该级概念独有的特征,而同一级各概念所具有的共同特征则储存在上一级概念的水平上。如与"金丝雀"一起储存的是它与其他"鸟"区分开来的"会唱"、"黄颜色"等特征,"金丝雀"和其他"鸟"所具有的共同特征"有翅膀"、"能飞"、"有羽毛"则储存在其上级"鸟"概念的水平上,而不与"金丝雀"或其他任何一种"鸟"一起储存。"金丝雀"水平虽不储存"鸟"的那些特征,但有连线与之相通,仍可得到"鸟"的特征。由于上级概念的特征在该模型中只出现一次,无需在其所有的下级概念中再储存,因此,这样的分级储存可以节省储存空间,体现了"认知经济"原则。

在这个模型中,一个概念的意义决定于某种连线的模式,即一个概念的意义由该概念与其他概念和特征的关系来决定。例如,"鸟"概念的意义决定于此结点与其上级概念"动物"结点的联系,决定于与"有翅膀"、"能飞"、"有羽毛"等特征的联系,决定于与其下级概念结点的联系。当要提取信息时,就可以通过连线在网络中进行搜索。例如,当要判断"金丝雀是动物"这个句子的真伪时,就可以从"金丝雀"结点搜索到"鸟"结点再到"动物"结点。一旦发现语义记忆中的"金丝雀"与"动物"两个概念的关系与句子中两个概念的关系相匹配,就可以作出肯定判断。而对"金丝雀是鱼"这个句子,经过搜索则可作出否定判断。

柯林斯(Collins, A. M.)等人用范畴大小效应证明了层次网络模型的假设。所谓范畴大小效应是指人们在判断一个简单的陈述句时,当谓语的范畴变大,判断句子所需的时间也增加的一种现象。例如,对"金丝雀是鸟"(范畴小)句子的判断的反应时间短,对"金丝雀是动物"(范畴变大)句子的判断的反应时间就长。层次网络模型对语义记忆模型的研究产生了较大的影响,但该模型没有把概念间其他种类的关系如横向联系包括进来,例如,在图 5-4-1 中,鸟与鱼、金丝雀与鸵鸟、鲨鱼与鲑鱼等之间的联系,在层次网络模型中没有说明,并且分级储存在节省空间的同时增加了信息提取的时间。对计算机模拟来说,节省储存空间可能是重要的;但对人来说,人的长时记忆容量可以说是无限的,而提取信息的速度也许更为重要。

(二) 特征模型

特征模型主要有集理论模型和特征比较模型等,现以集理论模型为例加以介绍。

集理论模型由梅耶(Meyer, D. E.)于 1970 年提出,该模型将语义记忆看做是由许多集构成的,每个概念都由一集信息来表征。这些信息集可分为样例集和特征集,样例集是指一个概念的一些样例,如"鸟"概念的样例集包括"知更鸟"、"金丝雀"、"鸽子"、"夜莺"、"鹦鹉"等。特征集是指一个概念的各种特征,如"鸟"概念的特征为"是动物"、"有羽毛"、"有翅膀"、"会飞"等,这些特征称作语义特征。

当要对一个句子的真伪进行判断时,如判断"金丝雀是鸟"这个句子的真伪,就可以分别搜索"金丝雀"和"鸟"的特征集,再对这两个特征集进行比较,根据这两个特征集的重叠程度作出判断。重叠程度高时,就作出肯定判断;重叠程度低时,就作否定判断。由于"金丝雀"与"鸟"的特征集高度重叠,所以可迅速作出肯定判断。而对"金丝雀是动物"这个句子的判断,因"金丝雀"与"动物"的特征集也有相当高的重叠,故也可作出肯定判断。但由于"金丝雀"与"动物"的特征集的重叠程度低于"金丝雀"与"鸟"的特征集的重叠程度,因而,作出"金丝雀是动物"的判断就比作出"金丝雀是鸟"的判断要慢些。

集理论模型能用两个概念的特征集的重叠程度来解释范畴大小效应,但却无法解释熟悉效应和典型性效应。熟悉效应是指人们对较熟悉的句子判断较快的现象。例如,判断"狗是动物"要快于判断"狗是哺乳动物"。这是因为人们经常将狗与动物联系在一起,而较少将狗与哺乳动物联系在一起。典型性效应是指对一个范畴或概念的典型成员的判断要快于对非典型成员的判断。例如,对"鸽子是鸟"的判断要快于对"企鹅是鸟"的判断,因为在"鸟"范畴中,鸽子比企鹅更具典型性。

二、元记忆理论的新发展

元记忆是指人对自己记忆系统的认知,它包括对记忆系统的内容、功能的认识和评价,以及对记忆过程的监控。元记忆这一概念一经提出,就引起心理学家的关注。近年来,元记忆理论的发展趋势主要集中在以下两个方面。

(一)元记忆的关键性特征

耐尔森(Nelson,D.L.)等人在1990年把人类认知过程区分为两个各具特点而又相互联系的水平,即客体水平和元水平。对人的记忆过程来说,则相应区分为客体记忆和元记忆。客体记忆是指通常所研究的对客体信息编码、储存和提取的信息加工过程。元记忆是指人对自己客体记忆的认识、评价和监控。

依据客体记忆和元记忆之间信息流方向的不同,记忆信息加工过程存在着两种主要的作用,分别称为监测作用和控制作用。它们是由两种记忆之间的信息流方向来定义的,两者之间的关系类似于接电话和打电话。如果信息流方向是从客体记忆流向元记忆,则为监测作用,类似于接电话;如果信息流方向是从元记忆流向客体记忆,则为控制作用,类似于打电话。

监测作用的基本特点是元记忆从客体记忆获得信息,从而改变元记忆的状态。元记忆依据从客体记忆获得的信息,形成对客体记忆的各种类型的主观判断或评价。在总体上可把监测分为两大类:一类是回溯监测,例如,对再认、回忆得到的答案作正确与否的自信判断。另一类是前瞻监测,具体表现为预见性判断。例如,在识记之前,对所要识记项目的难易程度作出的预见性判断,称为EOL(ease of learning);对当前已识记过的项目,在以后测验中成绩的预见性判断,称为JOL(judgement of learning);对当前回忆不出来,但又有"知晓感"的项目,在以后测验中成绩的预见性判断,称为FOK(feeling of knowing)。

控制作用的基本特点是元记忆控制客体记忆,从而改变客体记忆的加工状态。研究表明,控制作用在记忆加工过程中可体现为以下几种具体形式:①确定识记的目标和计划;②确定识记时间的分配;③选定信息加工的类型;④选择加工策略;⑤发动、维持或终止识记或者提取过程。

(二)记忆过程中的监测与控制

记忆的信息加工过程包括识记、保持以及提取等阶段。元记忆的监测和控制,在记忆过程的每个阶段都起一定的作用。

识记阶段元记忆的作用,可从识记之前和识记过程中来说明。在识记之前,监测作用表现为 EOL 判断,控制作用表现为预先选定加工类型。在识记过程中,监测作用表现为 JOL 与 FOK 判断,控制作用表现在分配识记时间(指由学习者自我进行的识记)、选择适当的加工策略和确定何时终止识记过程上。

保持阶段元记忆的作用,主要表现在维持前面已识记过的内容上。在这一阶段,监测作用表现为个体对遗忘的揣度和对不能回忆出项目的 FOK 判断上。控制作用表现为根据学习标准中规定的掌握程度,决定对在保持测验中回忆不出的项目还应再学习的程度,进而确定合适的重复学习。

提取阶段元记忆的作用,主要表现为控制作用。控制作用首先表现在对提取的快速开始和终止方面,个体在基于非常快速的 FOK 判断的基础上,对需要提取的项目很快作出开始搜寻的决定。如果个体对要求回忆的答案一点熟悉感都没有,就会迅速作出不能回忆的决定,那么提取过程将会快速终止。其次表现在搜寻过程中,当个体搜寻某一项目的过程开始后,可能搜寻成功,也可能搜寻失败。如果搜寻失败,个体要对搜寻不出的项目作出是继续搜寻还是终止的决定,这个决定与 FOK 有关。如果此时对所要提取项目的 FOK 判断仍有一定的强度,将继续搜寻。如果此时 FOK 强度降低到维持搜寻所要求的阈限以下时,将终止搜寻,并作出不知答案的输出。

元记忆监测和控制的影响是相互的,监测是控制的基础,而控制的进行有助于实现更为有效的监测。

记忆研究怎样助你考试

读者在学完了有关记忆研究的内容之后,询问最多的问题是:怎样运用这些知识帮助我们准备下一次考试? 让我们看看以下建议:

编码特异性。编码特异性原则是指提取的背景应该匹配编码的背景。在学校的环境里,"背景"通常是指"其他信息的背景"。如果你总是在相同的背景下学习知识,你可能会发现在一个不同的背景下提取它很困难,所以,如果一位教授以一种稍微不寻常的方式来谈论一个话题,你可能会完全困惑。作为补救的办法,即使在学习的时候你也应该变换背景,重新组织你的笔记的顺序,问自己一些混在一起的不同课程的问题,构造你自己的新异组合。但是,如果你在参加一次考试时遇到障碍的话,试着产生尽可能多的提取线索来帮助恢复最初的背景。

系列位置。在一般情况下,呈现在"中间"的信息记忆最差。在听课的时候,你应该提醒自己要特别注意中间那段时间。学习的时候,你应该投入更多的时间和努力在要学习的材料上,以确保每次不是以相同的顺序学习这一材料。

精细复述和记忆术。有时当你准备考试的时候,你会感觉像在设法获得"无组织的信息"。例如,你可能被要求记住大脑不同部分的功能。这种情况,你需要自己设法提供结构。设法以创造性的方式使用概念形成视觉表象或构造句子或故事。精细复述使你可以利用已经知道的东西使新材料更容易记忆。

元记忆。关于元记忆的研究认为人们通常对自己知道什么和不知道什么有很好的直觉。如果你处在一个有时间限制的考试情景下,就应该让直觉来指导你怎样分配时间。例如,你可以快速地把所有测验题读一遍,看看哪些题目给你最强的知道感。如果你正在参加一个考试,在这个考试中你会因为给错答案而被扣分,你应该特别注意你的元记忆直觉,这样就可以避免回答那些你感觉很可能错的问题。

(资料来源:[美]理查德·格里格,菲利普·津巴多. 心理学与生活. 王垒等译. 人民邮电出版社,2003:212)

思考题

1. 根据记忆规律如何有效地组织复习?
2. 怎样培养良好的记忆的品质?
3. 如何在学习过程中锻炼元记忆?
4. 在互联网上搜索记忆方法,并进行交流。

第六章　思维与想象

本章教学要求

教师讲解的内容

- ■ 思维的特征
- ■ 思维过程
- ■ 思维的种类
- ■ 想象的概念及种类
- ■ 概念形成的理论
- ■ 问题解决

学生自学的内容

- ◆ 思维的形式
- ◆ 思维的品质

教学重点

- ▲ 思维的特征
- ▲ 概念形成的理论
- ▲ 问题解决

教学难点

- ▼ 概念形成的理论
- ▼ 问题解决

学习目标:通过本章学习,应能够

- ★ 了解思维的特征和种类
- ★ 了解思维过程和思维形式
- ★ 了解想象的种类
- ★ 掌握概念形成的理论
- ★ 应用问题解决知识解释有关现象

福尔摩斯和华生打算去野营。星空下,他们支起帐篷,进入梦乡。午夜时分,福尔摩斯叫醒了华生。

福尔摩斯:"华生,抬头看看天上的星星,然后告诉我你能推论出什么。"

华生:"我看见了数百万颗星星;甚至有些还有行星围绕,有些行星很可能像地球一样;如果外太空真有像地球一样的行星,很可能存在着生命。福尔摩斯,那你又得出了什么样的推论呢?"

福尔摩斯:"华生,你这个白痴,我们的帐篷被偷了!"①

第一节　思维的概述

一、思维及其特征

人类的体力超不过牛,奔跑速度赶不上马,视力不及雄鹰,嗅觉不如狗。但是,在地球上人

---

① 资料来源:[美]戴维·迈尔斯著. 心理学(第七版). 黄希庭等译. 人民邮电出版社,2006:330

基础心理学(第2版)

类却是主宰者。这一现象产生的最根本原因就是人类有高度发达的思维能力。人通过自己的思维活动,能创造出各种各样的工具,使自己的体力、运动速度、视力、听力等得到扩展,超出其他动物。

思维是指人脑对客观现实概括的、间接的反映过程,它主要表现在人们解决问题的过程中。思维有概括性和间接性两个主要特征。

思维的概括性主要指人在大量感性材料的基础上,把一类事物的共同特征和规律抽取出来,加以概括。例如,许多事物是以数量来表示其存在的形式的,如 2 只小狗,2 张桌子,2 台电脑等等,虽然这些事物的形态不同,但它们有一个共同的数量特征"2",这属于对事物量的属性方面的概括;另外,在把各种鸟的共同属性联合起来后,认识到"鸟是有羽毛的卵生动物",这属于对事物质的属性方面的概括。概括性可以使人们的认识活动摆脱具体事物的局限和对事物的直接依赖关系,从而扩大认识范围,揭示事物的本质和规律,加深对事物的认识。

思维的间接性主要指人能借助一定的媒介和知识经验对客观事物进行反映。例如,医生根据病人的体温、脉搏可以推断病人的病情和病因;勘探人员通过分析放炮时地下的震动波,来探知矿藏。可见,由于思维的间接性,人们才有可能认识那些没有直接作用于人的各种事物或者事物的属性,预见事物发展变化的进程。

二、思维过程

思维的过程主要有分析和综合、比较和分类、抽象和概括、系统化和具体化。

(一) 分析和综合

分析与综合是思维的基本过程。

分析是指在头脑中把事物的整体分解为部分,或者从整体中把个别特性、个别方面区分出来的过程。**综合**是指在头脑中把事物的各个部分、各种特性结合起来,了解它们的关系的过程。例如,把英语中的复合句分解成若干个简单句来理解,就是分析;而把这些简单句联合起来从整体上来把握复合句的含义,就是综合。在知觉中就有分析与综合,这是整体与部分的分析与综合;而思维中的分析与综合则是对事物的各个方面进行的分析与综合。

分析和综合是辩证统一的两个方面。只有分析没有综合,就是只见树木不见森林,无法把握事物的整体;只有综合而没有分析,对事物整体的认识可能是笼统、空洞的。恩格斯曾说:"思维既把相互联系的要素联合为一个统一体,同样也把意识的对象分解为它们的要素。没有分析就没有综合。"[①]

由于个体心理发展状况及问题性质的差异,分析、综合常常在不同的水平上进行。就个体的心理发展状况来说,儿童往往需要在知觉、表象水平上进行;而成人则可以在词语水平上进行。但就问题的性质而言,一个成人机械师在工作时,常常也需要借助于知觉水平上的分析、综合;一个艺术家在创作时,则需要借助于表象水平上的分析、综合;一个科学家除大多数情况下是在词语水平上进行分析、综合外,其一部分工作也需要在知觉或表象水平上进行分析、综

---

① 恩格斯. 反杜林论. 人民出版社,1970:39

合。正是由于思维所解决的问题常常很复杂,因此这几种水平上的分析、综合都需要。但总体来看,当一个人思维时,在头脑中进行分析综合的材料,主要是词语。

(二) 比较和分类

比较是指在头脑中把事物或事物的各个部分或个别特性加以对比,确定它们的异同及其关系的过程。比较是以分析为前提的,只有在思想上把不同对象的各个部分或个别特征区别开来,才能进行比较。同时,比较还要确定事物之间的关系,所以比较亦有综合的成分。

分类是指在头脑中根据对象的共同点和不同点,把它们区分为不同种类的过程。分类是在比较的基础上进行的。通过比较,人们了解了事物的异同,为进一步分类提供了基础。例如,我们学习了各种词汇,知道有些词指示实物和事件,有些词标明动作或状态,有些词起着修饰作用……比较了词的这些特点之后,就可将词划分为名词、动词、形容词、副词等词类。

(三) 抽象和概括

抽象是指在头脑中把对象的共同属性抽取出来的过程。例如,对各种鱼进行比较后,抽取出"生活在水中"、"用鳃呼吸"、"有鳍"、"脊椎动物"等共同属性,这就是抽象。**概括**是指在头脑中将抽象出来的对象的共同属性联合起来的过程。如果将鱼的上述共同属性联合起来,从而形成"鱼是生活在水中,用鳃呼吸,用鳍辅助身体的平衡与运动的变温脊椎动物"的认识,这就是概括。据此可以判断,鲸鱼虽然外貌、体形像鱼,但由于是用肺呼吸的,所以鲸鱼不属于鱼类,而是哺乳动物。概括有初级概括与高级概括之分。初级概括是指在感觉、知觉、表象水平上的概括,这种概括水平相对较低。高级概括是指根据事物的内在联系和本质特征进行的概括。例如,定理、概念等都是高级概括的产物。

经过抽象和概括,人才能逐步地掌握事物的本质属性。抽象和概括,其实质是在比较的基础上所进行的更为高级的分析和综合。因为抽象实际上是把本质属性和非本质属性区分开来的过程,而概括则是把本质属性联合起来的过程。

(四) 系统化和具体化

系统化是指在头脑中把已有的知识分门别类地构成一个层次分明的系统。当对某一事物的认识达到系统化后,才算是真正地掌握了。

具体化是指把已概括化了的知识用于具体的、个别的场合,也就是说能够将所学的原理应用于具体的情境之中去解决问题。例如,学习了记忆的规律,将它们应用于自己日常的学习之中,提高自己的记忆效果。

在解决问题的思维活动中,分析和综合、比较和分类、抽象和概括、系统化和具体化等思维过程,是相互联系、相互制约的。借助于这些过程的不同组合,人们才能不断地认识世界,提出和解决生活实践中的各种问题。

三、思维形式

思维的基本形式是:概念、判断和推理。

(一) 概念

把感知到的一类事物的共同本质属性(即这一类事物所必有,而另一类事物所必无的属性)抽出来加以概括,就成为概念。**概念**是人脑反映事物本质属性的一种思维形式,是思维的最基本单位。每个概念都有内涵和外延。概念的内涵是指概念所包括的事物的本质特征。概念的外延是指属于这一概念的一切事物。概念的内涵和概念的外延是成反比关系的。概念的内涵越多,概念的外延就越小;反之,概念的内涵越少,概念的外延就越大。

概念和词是密切联系着的。词是概念的语言形式,概念一般是通过词来表达的。但是词与概念并不是完全相等的。一个词可以代表不同的概念,例如:"花朵"一词,既可以指植物的一部分,也可以喻指儿童。"杜鹃"一词,既可以指一种植物,也可以指一种鸟。不同的词也可以代表相同的概念,例如:"头"和"脑袋"所表示的就是同一个概念。

(二) 判断

判断是肯定或否定某事物具有某种属性的一种思维形式。例如,"今天是晴天","他是一名好学生",这两句是肯定判断;"这辆车的性能不可靠","今天天气不好",这两句是否定判断。

任何判断都是人们对事物的一种认识,都是对事物之间关系的反映。思维过程要借助于判断进行,思维的结果也是通过判断的形式表现出来的。判断的种类有肯定判断和否定判断、直接判断和间接判断等。心理学的任务不在于研究判断的逻辑学法则,而在于研究个体掌握判断的心理过程和特点。

(三) 推理

推理是根据已知判断推出新判断的思维形式。例如,"一切金属受热会膨胀,铁是金属,所以铁受热也会膨胀"就是一个推理。

每一个推理都由前提和结论两部分组成。在进行推理时,所根据的已知判断,叫做前提,如上句中的"一切金属受热会膨胀"和"铁是金属"。从前提中推出的新判断,叫做结论,如"铁受热也会膨胀"。形式正确的推理叫逻辑推理,形式不正确的推理叫不合逻辑的推理。正确推理的前提必须是真实的。

四、思维的品质

思维的品质是衡量一个人思维发展水平的重要指标。思维的品质主要包括:思维的广阔性、思维的批判性、思维的深刻性、思维的灵活性、思维的敏捷性、思维的逻辑性。

(一) 思维的广阔性

思维的广阔性,是指能全面而细致地考虑问题的思维品质。具有广阔思维的人,不仅考虑问题的整体,还要考虑问题的细节;不但考虑问题的本身,而且考虑和问题有关的其他条件。思维的广阔性以丰富的知识为基础。只有具备大量的知识,才能从事物的不同方面和各种联系上去考虑问题,从而避免片面性和狭隘性。

(二) 思维的批判性

思维的批判性,是指能使自己的思维经受已知客观事物充分检验的思维品质。具有批判性思维的人,在处理问题时,能够客观地考虑正反两个方面的意见,虚心地进行自我检查,坚持正确的观点,放弃错误的想法。这是一种既善于从实际出发,又敢于批评性思考的思维品质。

(三) 思维的深刻性

思维的深刻性,是指能深入到事物的本质中去考虑问题的思维品质。具有深刻性思维的人善于钻研问题,不被表面现象所迷惑,能够抓住事物的本质与核心,并作出正确的预测。他们能从别人看来很简单而普通的现象中,发现重大的问题。

(四) 思维的灵活性

思维的灵活性,是指能根据客观情况的发展变化机智地解决问题的思维品质。即能够根据所发现的新事实,及时修改不切实际的设想和方案,实事求是地解决不同的问题。平时说一个人"机智",即指其思维的灵活性而言。

(五) 思维的敏捷性

思维的敏捷性,是指能够迅速地发现问题并及时地解决问题的思维品质。这种思维品质对于从事军事、司法、医务、政工、驾驶等工作的人尤为重要。思维的敏捷性是优良思维品质的集中表现。

(六) 思维的逻辑性

思维的逻辑性,是指提出问题明确而不含糊,思考问题连贯而不跳跃,论证有条理而不混乱,表述清晰而不矛盾的思维品质。

第二节 思维的种类

思维可以从不同的角度进行分类。

一、直觉行动思维、具体形象思维与抽象逻辑思维

这主要是根据思维任务的性质和解决问题的方式来划分的思维种类。

直觉行动思维是指思维的任务具有直觉的性质,解决问题的方式依赖于实际动作的思维。例如,自行车出了毛病,修车师傅往往借助于一些实际的动作检查自行车的车胎、链条、轮子以及其他的部件,来确定是哪儿坏了,以便排除故障。这种通过实际操作解决具体问题的思维活动,就是直觉行动思维。

具体形象思维是指利用事物的具体形象,或者头脑中的表象来解决问题的思维。例如,在布置房间时,人们总是先在头脑里有一个草图,然后对其不断调整,最后得到比较完善的蓝图,这样的思维就是具体形象思维。

抽象逻辑思维是指面对着理论性质的任务,运用概念进行判断和推理来解决问题的思维。它是人类思维的核心形态,也是人与动物思维水平的根本差异之处。学生学习各种科学知识,科学工作者进行推理、判断大多要运用这种思维。由于这种思维是借助于语词、符号来进行的,因此也称之为语词逻辑思维。

在正常成年人身上,上述三种思维形式都存在,而且是互相联系、相互渗透的。只单独地使用一种思维来解决问题是极为罕见的。从个体发展的角度来看,儿童的直觉行动思维和具体形象思维先发展起来,抽象逻辑思维出现较晚。但是,成人中哪一种思维占优势却不表明思维发展水平上的差异。

二、求同思维与求异思维

这主要是根据思维过程的指向性不同来划分的思维种类。

求同思维也称辐合思维,是指人们解决问题的思路朝一个方向聚敛前进,从而形成唯一的、确定的答案。概括就是求同的过程。

过去的学校教育总的来说具有求同趋势,即让学生掌握一些规律性的知识,希望他们能在遇到的新情境中看到与所掌握的这些规律相同的东西,以便如法处理新情境。学生在解决问题时,总是利用自己的已有知识来决定下一步干什么。而这些决定将依赖于所要解决的问题与记忆中所储存的相应知识的匹配。在有些情况下这种匹配比较确切,例如当他们具有与特定作业(即所要解决的问题)相应的知识的时候。在另一些情况下,学生由于缺乏与特定作业相应的知识,这时,他们就只能依赖其过去所取得的较为一般的知识。以上这些都是求同。求同思维的价值很大,也很重要。我们要善于从不同的东西中找出其共同点来。

求异思维也称发散思维,是指人们解决问题的思路不拘泥于一个途径、一种方法,而是从各种可能设想出发,求得多种正确的答案。例如一题多解、一物多用。从多维度去概括就是求异。

教育上要鼓励学生进行求异思维,使他们在解决问题时能选择最优策略。

对求异思维水平的考察主要有以下三个指标:①流畅性(单位时间内由一个项目联想到同种类的其他项目的数量);②变通性(由一类项目联想到的其他种类的项目的多少);③独创性(由一类项目联想到的其他种类的罕见项目的多少)。

思维的性质是概括,求同思维与求异思维都是概括,其区别只是在不同维度上的概括,即求同思维是单维度概括,求异思维是多维度概括。也可以说它们是在不同维度上求同,即求同思维是在单维度上求同,求异思维是在多维度上求同。那种把求同思维与求异思维完全对立的观点是错误的。

三、常规思维与创造性思维

这主要是根据思维的创新程度来划分的思维种类。

常规思维是指人们运用已经获得的知识经验,按照现成的方案直接解决问题的思维。例如,学生运用已掌握的某一数学公式来解答同一类型习题时的思维。

创造性思维是指产生独特、创新产品的思维。例如,瓦特发明蒸汽机的思维就是创造性思维。

以往的观点认为,创造性思维是完全区别于其他类型的思维,或者认为具有创造性的人非常少。现在,许多研究者认为,创造性是普遍存在的,人能够产生超越自己旧知识和经验的新思想,尽管这种新思想相对于他人的背景来说,不一定重要或不一定创新,但相对于自己来说仍具有创造意义。

创造性思维训练

创造性思维训练主要包括：

1. 发散思维的训练

根据吉尔福特的智力理论,发散思维是创造力的重要成分。目前许多创造力的培养主要是通过发散思维的训练来实现的,例如:

(1) 大脑激荡法(brainstorming,头脑风暴法)。这一方法是指以集思广益的方式,在一定时间内采用极迅速的联想作用,大量产生各种主意。因而它通常被定义为:"一组人员运用开会的方式将所有与会人员对某一问题的主意聚积起来以解决问题。"由于大脑激荡法是团体训练方式,个体的创造力在小组的竞争状态下更易被激发,才智更能充分发挥。

(2) 类别变动法。这种方法是用来克服定势和功能固着的影响,以提高思维的变通性。例如:给出"盒子"概念,让受训练者首先想到它的一个特殊用途,如装水果,然后归纳为"容器类",继而在"容器类"中,细想它可能有的特殊用途,如装鸡蛋、装纽扣、装衣服等;接着换一种类别,再细想它的各种特殊用途。通过这种方法,使受训练者对事物的用途有了变通性的认识,培养了创造力。

(3) 创造性的问题解决。该方法具体有四步:①界定问题,即在解决问题之前彻底理解所要解决的问题,弄清已知与未知;②开放头脑,考虑可能的解决办法,类似于大脑激荡法中的畅所欲言直至穷思竭虑;③确定最佳构想,在上一步的各种方法中选择最优的解决办法;④付诸实施。

2. 直觉思维的训练

创造性思维常以直觉思维的形式表现出来。训练直觉思维的方法有:鼓励学生大胆猜测和假设;展开合理想象,即兴回答问题;教师进行直觉思维示范,提高学生对直觉的敏感性;教给学生捕捉直觉的方法,如即时记下一些偶然出现的新异念头;让学生尽可能多地获得一些解决问题的经验,等等。

3. 形象思维能力的训练

爱因斯坦曾自称,他提出狭义、广义相对论时,思维的样式不是语言,不是数学符号,而是图像。所以,训练形象思维能力除了结合不同的学科特点外,还要到大自然中去接触各种各样的事物,接受大自然对视、听、嗅、触觉等方面的陶冶,发展表象系统,提高对事物的敏感性,从而促进形象思维能力的发展。

(资料来源:俞国良.创造力心理学.浙江人民出版社,1996:328-330)

四、我向性思维与现实性思维

这主要是根据思维的意识性来划分的思维种类。

我向性思维是指只受自我意向和情绪操纵,不按逻辑规则,光凭想象(主要是幻想或白日梦)所进行的无批判的、不受客观现实调节而以自我为中心的思维。我向性思维是幼儿、文化不发达的人以及某些精神病患者的思维特征。例如,幼儿说"月亮跟我走"、"我还没有午睡,所以还不是下午"等话就是我向性思维的表现。

现实性思维是指在思考问题时,从客观现实出发,以客观事实为依据,严格按照客观事物的逻辑关系进行的思维。它是与我向性思维相反的一种思维形式。

人工智能思维模拟

人工智能(artificial intelligence,AI)是通过设计计算机系统来模拟人类思维进行"智能"活动的一门科学。AI系统需要依靠大量的信息和信息检索的规则。作为认知心理学和计算机科学交叉产生的新兴学科,人工智能的学科意义包括两个层面:一是实践,二是理论。

AI的实践方面:包括我们研制出的能"感知"环境的工业机器人,能进行化学分析、提供税收方案、天气预报和帮助内科医生诊断疾病的"专家系统",能挑战并击败世界级大师的国际象棋程序。2002年7月,一架俄罗斯航班在瑞士上空快要接近DHL公司的一架货机时,机上的AI人工智能系统向飞行员发出了"飞机升高"的指令。然而,与此同时,由于瑞士机场空中交通控制系统瘫痪,机场的地勤人员做出了相反的判断,向该机发出了"飞机下降"的指令。面对这两种截然相悖的建议,飞行员的直觉反应是宁愿相信人的直觉。不幸的是,两架飞机在空中相撞,所有人员丧生。

AI理论的先驱是心理学家赫伯特·西蒙。该理论研究的内容就是通过对能够模仿或匹敌于人类思维过程的计算机系统的设计,在理论上弄清楚人是如何进行思维的。其目的就是建立一套能够处理信息、解决问题、学习经验和储存记忆的"认知的统一理论"。

计算机能模拟人的思维吗? 在人类最感棘手的方面——处理大量的数据、在记忆中搜寻详细的信息、运用特定的规则做出决策——计算机却干得十分出色。的确,计算机在处理这些问题时所表现出的得心应手使得它在银行、图书馆和科研实验室中变得不可或缺。然而,在辨认人的面孔、区分猫和狗、运用常识、体验情感、分辨单词"line"是指"一根绳索"还是"一行诗"或是"一种勾引异性的言行"等诸多方面,即便最精密复杂的计算机,与最一般的普通人的心智能力相比,也会相形见绌,令人啼笑皆非。

把计算机的运行与人脑的工作进行比较,我们可以看到,电流通过计算机微电路的速度比神经冲动通过人的神经系统的速度快数百万倍。然而,大多数计算机是按序列进行信息处理的(尽管从一项任务切换到另一项任务的速度使计算机每次的工作量看似很大,但其运行仍然只能按一次一个程序来进行)。相比之下,人脑实际上一次就能加工并处理大量的信息。在一部分脑区分析语言的同时,其他脑区可以识别图片、觉察气味或者计划行动。大脑的平行加工能力远远胜过传统的进行序列加工的计算机,而计算机在利用其独有的强势——大容量存储能力以及精确的逻辑和检索——来进行任务的加工处理方面,就大大超过了人的思维。然而,计算机却不能复制人脑智能所涉及到的广泛的范围,因为大脑可以在同一时间内支配诸多复杂的心理活动,如:很自然地交谈、识别被漫画化的面孔、使用常识、体验情感以及有意识地反映大脑本身的存在。由于计算机不能掌握我们纷繁复杂的语言,我们还得反过来认认真真地研究计算机的语言。

计算机神经网络(computer neural network)——专门设计来模拟大脑中相互联系的神经元的计算机系统——的出现给人们带来了无比的兴奋和激动。由于大脑拥有数十亿个神经元,每一个神经元又与其他数千个神经元相互联系,因此,计算机的每一个加工单元都得与其他许多单元相互连接。计算机的电子"神经网络"可以通过编程来执行各种模拟人脑神经元联结方式的规则——当用正极(兴奋的)或负极(抑制的)信息来激发计算机的电子"神经网络"时,信号能量就到达某一阈限。如同大脑中的神经一样,计算机的"神经"联结是靠编程而从经验中获取力量,其系统中错综复杂的交互作用令人惊讶不已,但这套系统的设计原理和基础却相当简单。

人工神经网络的可喜特征就在于它具有从经验中学习的能力,这一点可以由人工神经网络中一些联络增强而另一些联络减弱来得以证实。人工神经网络的这种经验学习,与其平行加工能力一道,使神经网络计算机能够学会导航,踢足球,模仿他人的腔调,识别特定的形状、声音和气味等。

由于计算机软件能够模仿我们奇妙的大脑,总有一天会出现能学习的机器人,或在电话系统中能理解并翻译对话的机器人,我们会从中受益。例如,未来的电话系统可以在没有翻译人员的情况下,让一个讲英语的人直接和一个讲西班牙语的人对话。

(资料来源:[美]戴维·迈尔斯.心理学(第七版).黄希庭等译.人民邮电出版社,2006:340 - 342)

第三节 想　　象

一、想象的概述

(一) 想象的概念

想象是对头脑中原有的表象加工改造形成新形象的过程。例如,唐代诗人张继的《枫桥夜泊》写道:"月落乌啼霜满天,江枫渔火对愁眠。姑苏城外寒山寺,夜半钟声到客船。"当读此诗时,虽然读者没有到过苏州的寒山寺,或者即使到过,也无法经历与诗人张继相同的情境。但是,在读者头脑中曾储存有"月落"、"乌啼"、"满天星斗"、"渔船上灯影闪动"、"钟声"、"寺庙"等记忆表象,现在借助于这些表象的重新组合,读者头脑中就会展现出一幅诗人深夜坐船借宿寒山寺的情景。

想象不仅可以创造人们未曾知觉过的事物的形象,还可以创造现实生活中不存在的或不可能存在的形象,如神话故事里的三头六臂、牛头马面以及妖魔鬼怪等。尽管这些形象离奇古怪,有时甚至荒诞无稽,但它们仍来自对人脑中记忆表象的加工,想象中的形象成分在现实生活中都能找到其原型。

(二) 想象的功能

首先,想象具有预见的功能。它能预见活动的结果,指导人们活动进行的方向。许多人小的时候,想象自己长大以后成为科学家、教师,由此激发他们奋发学习,实现自己的理想。

其次,想象具有补充知识经验的功能。在实际生活中,有许多事物是人们不可能直接感知的,但是通过想象可以补充这种知识经验的不足。例如,读者无法直接感知《红楼梦》中王熙凤的形象,但当读到"一双丹凤三角眼,两弯柳叶吊梢眉,粉面含春威不露,丹唇未启笑先闻"的人物描写时,人们通过头脑中已有的"丹凤"、"三角眼"、"柳叶"、"粉面"、"丹唇"等表象的作用,就能在头脑中想象出王熙凤的形象。

第三,想象还有代替功能。当人们的某些需要不能得到实际满足时,可以利用想象的方式得到满足或实现。例如,幼儿想当一名汽车司机,但由于他们的能力所限而不能实现,于是他们就在游戏中,把排列起来的小板凳想象成小汽车,手握方向盘开起了小汽车。人们在精神失常时,也能从想象中得到寄托和满足。

二、无意想象和有意想象

根据进行想象时有无目的性,可以将想象分为无意想象和有意想象。

(一)无意想象

无意想象是指没有预定目的且不自觉产生的想象。例如,当你抬头看天上的云,时而会把它想象成像棉花、时而想象成像猛虎、时而想象成像群马等,这就是无意想象。梦是无意想象的极端情况。

(二)有意想象

有意想象指有预定目的且自觉产生的想象。例如,语文教师通过语言的描述让学生想象出新形象,作家头脑中构思的新形象等就属于有意想象。

在有意想象中,由于想象的新颖程度、创造水平和形成方式不同,又可分成再造想象、创造想象等几种形式。

1. 再造想象

再造想象是指根据语词、符号或图样的描述,在头脑中形成相应新形象的过程。例如,学生通过阅读历史课本,可以在头脑中再现几百年前发生的事情;建筑工人可以根据建筑蓝图想象出建筑物的形象。再造想象是一种创造性水平较低的有意想象。

2. 创造想象

创造想象是指不依据现成的描述,而在大脑中独立地创造出新形象的过程。创造想象是有意想象最高水平的表现。

创造想象有开创性、独立性和新颖性的特点。作家笔下的典型艺术形象虽然源于现实,但却高于现实;发明家的新机器图样虽然是综合了许多机器的特点,但却是开创性的。创造想象是各种创造活动的必要组成部分。因此,创造想象要比再造想象更为复杂和困难。

幻想是一种与个人生活愿望相结合并指向未来的想象。它是创造想象的特殊形式。幻想不一定立即体现在人们的实际活动中,而是带有向往的性质,幻想的形象是人们希望寄托的东西。

根据幻想能否实现,又可分为理想和空想。如果幻想比较接近实际,符合客观规律,并且实现的可能性较大,就是理想。如果幻想不切合实际,不符合客观规律,并且实现的可能性不大或几乎不可能,就是空想。

第四节 思 维 理 论

一、概念形成的理论

(一) 假设检验说

布鲁纳等(Bruner, J. S., Goodnow, J. J., Austin, G. A.)以一套81张图片为实验材料,研究了概念形成的过程。实验中所用的81张图片,如图6-4-1所示。

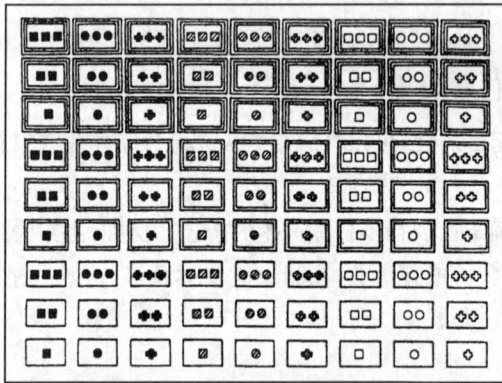

图6-4-1 布鲁纳的人工概念实验材料

(资料来源:张述祖,沈德立. 基础心理学. 教育科学出版社,1987:488)

图片的属性可分为四类:①形状:包括圆形、方形、十字形三种。②数量:每张图片上图形的数量分别为一个、两个或三个。③颜色:包括红色(用斜条纹表示)、绿色(用空白表示)和黑色三种。④边线数:每张图片的边线数目分别为一条、两条和三条等。

实验开始时,主试事先想出一个人工概念(如"红色方形"),但并不将此人工概念告诉被试。主试告诉被试：本实验有一个特定的概念，这个概念是由某些属性构成的，要求被试通过实验过程发现这个概念。然后，主试首先呈现一个例片（如，"两边、三个、红色、方形"），并明确告知被试这是肯定实例。被试要从余下的 80 张图片中选出属于这个概念的所有肯定实例。被试一次选一张，每次选取之后，主试都要给予反馈，指出他选得对或错。这样，直至被试能完全正确地按主试心目中所想的概念去选出所有肯定例片，并能说出这个概念是什么为止（如被试说出："你心中的概念是'红色方形'。"），这时被试的概念就算形成了。这就是所谓的"人工概念"的实验。在实验中，被试可能采取了两种策略。一种叫做聚焦策略，即每次改变一个认为无关的因素；另一种叫做扫描策略，即每次假设一个认为有关的因素，但这种策略效果相对较差。聚焦策略之所以效果好，是因为它不会遗漏有关特征。

布鲁纳等人根据上述的研究，提出了概念形成的假设检验说：概念形成的过程是不断提出假设、验证假设的过程。被试根据对实验材料的分析、综合及主试提供的反馈，提出了对概念的种种假设，当某种假设被证明是正确的，概念也就形成了。

"人工概念"的实验虽然不能完全说明在人类历史发展过程中真实概念的产生和发展的规律，但是这方面的研究对于探索个体学习概念的特点和规律，了解概念的结构，并将其研究成果应用于人工智能具有重要意义。

（二）内隐学习说

内隐学习说认为，一些抽象概念的复杂结构是在无意识的内隐学习中获得的。

里伯等人（Reber, A. S., et al.）的实验为上述观点提供了证据。在实验中，他们设计了一种"人工语法"，用这种语法可以组成一个个字符串。实验中被试分成两组，一组被试的任务是"努力记住字符串"（该组为"内隐学习组"），另一组被试的任务是"找出字符串排列的规则"（该组为"外显学习组"）。经过一段时间的学习，最后让被试判断一些新的字符串是否符合语法。结果发现，那些要求记住字符串的被试（"内隐学习组"），其成绩显著高于要求找出规则的被试（"外显学习组"）。这说明，原先没有意识到字符串里有什么规则的被试，反而较好地学到了里伯的"人工语法"。

里伯等人的实验说明，当刺激结构高度复杂时，采用比较被动的、无意识的学习方式可能更有效。里伯认为，一些抽象概念的复杂结构就是在这种无意识的内隐学习中获得的。

二、如何帮助学生掌握概念

通过教学活动可以使个体快速形成和掌握人类已经积累起来的概念。教师帮助学生掌握概念应该做到以下几点。

1. 以大量的感性材料为基础

感性材料是概念形成的基础。学生获得的感性材料越丰富、越全面，学生形成的概念就越准确。因此，教师在学生概念形成过程中，要给学生提供必要的感性材料，例如充分利用各种直观教具。

2. 合理地利用过去的经验

学生过去的经验，对于其概念的形成既有积极作用，也有消极作用。因此，教师在教学中，要引导学生合理地利用过去的经验。例如,日常生活中的"对称"现象,有利于学生理解"对称"这个概念。但是,日常生活中所说的"气质"(比如说"这个人很有气质"),同心理学上所讲的"气质"含义完全不同,所以教师在教学中要注意让学生对此加以严格区分。

3. 充分利用概念的变式

变式是从不同角度和方面来组织感性材料,使概念的本质特征突出,让学生不被概念的非本质特征所迷惑。例如,几何课中的"垂直"这个概念是"自线外一点向直线作垂线"。一般只出示"⊥"的实例,容易让学生形成"垂直"就是自上而下的。如果变换两条线的方向,而不改变两线相交成 $90°$,这时就突出了"垂直"概念的本质。

4. 用正确的语言固定概念

所有的概念,必须用词来标志,用语言加以描述,即下定义。这样就能使学生形成的概念固定下来,并使学生形成的概念更为科学。

5. 形成概念的体系,并运用于实践之中

只有让学生掌握了概念之间的相互关系,才能使其真正准确地掌握概念的本质。概念的体系是多种多样的,有些是相邻的概念,如根、茎、叶、花;有些是相反的概念,如大、小;有些是并列的概念,如中国人、美国人;有些是从属的概念,如人,男人和女人、大人和孩子。只有当概念形成一定的体系时,才能使所学的知识系统化。

学生形成的概念,只有在实践中才能加深理解,并检验自己对概念掌握的程度和水平。概念运用于实践有不同层次,比较低级的运用是模仿,再高级的运用是说明概念的本质,最高级的运用就是利用概念解决各种问题。

三、问题解决

(一) 什么是问题和问题解决

1. 问题

心理学认为,能直接用已有的知识来处理事物的情况,属于记忆,不算解决问题。例如,问"你吃过早饭吗",其答案只需要你从记忆中提取出信息即可,这在心理学中不称为问题。如果用已有知识拐了多少个弯也处理不了的情境,也不叫问题。那些不能直接用已有的知识处理,但可以间接用已有知识处理的情境才在心理学中叫做问题。像"早饭吃什么最有利于身体健康"? 对此,你的记忆中未必有现成的答案,所以,这可以称为问题,而在你设法去寻求答案的过程中,就产生了解决问题的思维活动。

心理学上所指的问题一般含有三个基本成分:①条件,一组已知的关于问题条件的描述,即问题的起始状态;②目标,关于构成问题结论的描述,即问题要求的答案或目标状态;③障碍,正确的解决方法不是直接的、显而易见的,必须间接通过一定的思维活动才能找到答案,达到目标状态。

2. 问题解决

问题解决是指通过一系列有目的指向的认知操作活动,使问题得以解决的过程。美国心理学家安德森提出问题解决具有三个基本特征:有目的指向性;有操作序列;有认知操作。

（二）有关问题解决的学说

1. 试误说

这是由美国心理学家桑代克提出的。他认为人类解决问题的过程和动物一样，是通过多次尝试错误，最后找到问题答案的。

桑代克的这一观点是根据动物解决问题的实验结果提出的。他在实验中，将一只饥饿的猫放在一个自制的箱子里，箱子外面放着食物。桑代克称他的实验箱为"迷笼"，因为桑代克在箱子中安装了一个机关。猫不能直接从箱子里跑出来，获得箱子外面的食物。饥饿的猫通过一系列的尝试错误，终于找到了解决问题的正确动作，即按笼中的机关。随着猫被放入箱子次数的增加，其解决问题的速度也逐渐提高。

桑代克的理论能够说明动物和人类解决问题的一些现象。但人类在解决问题的过程中并不总是盲目地尝试错误，人类在解决问题过程中还常能产生顿悟，并很快地找到解决问题的方法。

2. 顿悟说

德国的格式塔学派心理学家苛勒提出了顿悟说。他认为问题解决的过程不是尝试错误，而是在问题解决的过程中，"突然"地找到了答案，即对问题的整个情境产生了理解。

苛勒的顿悟说是根据他对猩猩解决问题的实验观察提出的。在实验中，研究者将一串香蕉挂在猩猩够不到的房顶上。房内的地上有几只箱子。猩猩一开始试图跳起来抓香蕉，但是没够着，它便不再跳了，而是停顿一会儿，突然把一只箱子摞在另一只箱子上，并站在上面，把挂在房顶上的香蕉抓到。在这个过程中，猩猩不是通过尝试错误的方法来解决问题，而是突然学会解决问题的，苛勒把这种方法叫做"顿悟"。

格式塔学派的观点更能说明人类解决问题时智慧参与的程度。但是，人类如果在解决问题的过程中，完全没有尝试错误，单凭顿悟，问题也不会很快地得到解决。

四、影响问题解决的因素

（一）问题解决的有效策略

1. 尝试法

这种策略主要是通过不断地尝试每一种可能的方法，并不断地改正错误，最后发现解决问题的正确方法。

2. 爬山法

这种策略的名称是一个形象的比喻。即在问题解决的过程中，假定的目标是山顶。人们不可能一下子爬到山顶，而是先确定较低处的山为目标，爬上这个目标后，再确定比较高处的山为目标，如此多次，最终达到山顶。这种策略给人一种成功感，激励人们进一步地解决问题。

3. 手段—目的分析法

这种策略主要是把总目标分成若干子目标，然后采用已有的手段逐步解决各个子目标，最终达到总目标。它的基本步骤是：①比较初始状态和目标状态，提出第一个子目标；②找出完成第一个子目标的方法，实现子目标；③提出新的子目标。如此循环往复，直至问题的解决。

"河内塔"问题是运用手段—目的分析法解决问题的典型例子,如图 6-4-2 所示。在柱 1 上有自上而下大小渐增的三个圆盘 A、B、C(初始状态)。要求被试将圆盘移到柱 3 上,且仍保持原来放置的大小顺序(目标状态)。移动的条件是每次只能移动一个圆盘,大盘不能放在小盘上,在移动时可利用柱 2。

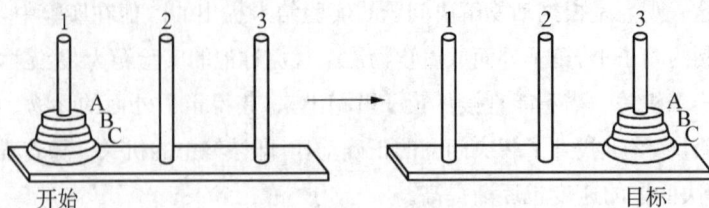

图 6-4-2 河内塔问题

在上图的问题中,可以发现起始状态与目标状态的一个最重要差异是圆盘 C 不在柱 3 上,于是建立了消除这个差异的一个子目标——把圆盘 C 移动到柱 3 上。但根据规定,只有当圆盘 C 上没有其他圆盘时才可移动,现在圆盘 C 上有圆盘 B 和圆盘 A,所以又出现了一个新的子目标——先移动圆盘 B。但圆盘 B 之上有圆盘 A,要先将圆盘 A 移开才行,这又是一个子目标。现在,移动圆盘 A 的条件可得到满足。于是将圆盘 A 移动到柱 3 上,然后就可将圆盘 B 移动到柱 2 上,再将圆盘 A 移动到圆盘 B 上。这样就可将圆盘 C 移动到柱 3 上。这时又发现当前状态与目标状态的一个重要差异就是圆盘 B 不在柱 3 的圆盘 C 上,而要消除这个差异是另一个子目标,需要先将圆盘 A 移动到柱 1 上,然后方可将圆盘 B 移动到柱 3 的圆盘 C 上。剩下的只需将圆盘 A 移动到柱 3 上。至此,完全达到了问题的目标状态(即总目标),按规定将三个圆盘移动到柱 3 上。

4. 反推法

这种策略就是从目标出发向初始状态推导。当从目标状态返回到初始状态的途径较少时,用反推法相对容易些。

例如,"已知长方形 $ABDC$,求证对角线 $AD = BC$"。运用反推法解决这一问题的思路是:要证明 $AD = BC$,必须首先证明 $\triangle ACD \cong \triangle BDC$;要证明两个三角形为全等三角形,必须证明 $\angle ACD = \angle BDC$,$AC = BD$,$CD = DC$。由于已知 $ABDC$ 为长方形,这些条件都满足,所以 $AD = BC$,如图 6-4-3 所示。

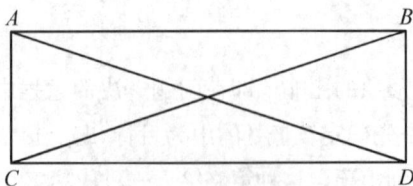

图 6-4-3 证明:$AD = BC$

(二) 专门知识

具有专门知识的专家,比新手或者专门知识较少的人,解决相应的问题要容易得多。这除了他们之间知识的数量不同以外,最主要的是他们对知识的组织方式有差异。研究表明,新手

基础心理学(第 2 版)

往往根据问题的表面结构进行分类;而专家则根据问题的深层结构进行分类,专家的知识是按层次结构的方式组织起来的。

(三) 问题情境

问题情境就是指问题呈现的知觉方式。问题呈现的知觉方式与人们已有的知识经验越接近,问题就越容易解决;相反,问题呈现的知觉方式与人们已有的知识经验相差越远,问题就越难解决。

有这样一个问题:"已知一个圆的半径是 2 厘米,问与圆形外切的正方形的面积是多少?"这个问题的知觉呈现方式有两种,具体如图 6-4-4a 和图 6-4-4b 所示。

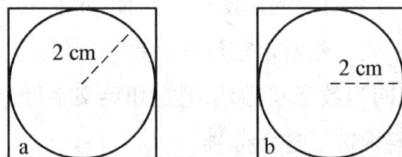

图 6-4-4 两种圆形外切正方形的图

结果发现:被试在解决图 6-4-4a 问题时出错多,而在解决图 6-4-4b 问题时出错少。主要原因是问题情境不同所引起的。

(四) 功能固着

每个物体都具有某种常见的功能,例如,椅子是用来供人坐的,粉笔是用来写字的,等等。时间久了,人们就倾向于把某种功能赋予某个物体。在人们解决问题的过程中,常需要改变事物固有的功能以适应新的问题情境的需要。例如,有一个实验,要求儿童把栅栏缝中的硬币取出来。在实验时又发给每个儿童被试一块口香糖吃。解决这个问题的关键,就是儿童要克服功能固着,能想到用口香糖把硬币粘出来。

(五) 定势

定势是指由一定的心理活动所形成的倾向性准备状态,它决定同类后继心理活动的趋势。

卢钦斯(Luchins, A.)的实验很能说明定势对问题解决的影响。卢钦斯的问题是:有三个量杯 A、B、C 分别装有不同数量的水。要求被试利用所给出的量杯量出所要求的水。具体问题见表 6-4-1 所示。

表 6-4-1 卢钦斯实验的问题

题号	三个量杯装的水量(克)			要求量出的水量(克)
	A	B	C	
1	21	127	3	100
2	14	163	25	99
3	18	43	10	5
4	9	42	6	21
5	20	59	4	31
6	23	49	3	20
7	15	39	3	18

被试分为实验组和控制组。要求实验组的被试从第一题开始做起,把七道题都做完。要求控制组的被试只做第六题和第七题。

实验组的被试在完成第一题后,发现要想得到数量100克的水,可以采取 B－A－2C。完成第二题,也是 B－A－2C。第三题也是如此。之后,他们就利用此公式解决余下的问题。但是,第六题和第七题有更为简单的解法:A±C,实验组中的大多数被试却不采用此方法。控制组的被试在解第六题和第七题时,除个别人采用 B－A－2C,大部分被试采用A±C公式。实验结果的差异就在于实验组被试受定势影响较大,控制组被试没有受定势的影响。

上述例子表明,定势有时可能阻碍问题解决。然而,定势有时也能促进问题解决。例如,单独一个符号"0",我们往往不能立刻断定它是什么符号。但是,如果把它和数字"1、2、3"摆在一起,我们就可以很快把它认同为数字零;如果把它和英文字母"a、b、c"摆在一起,我们就会把它看成字母"o",定势帮助我们识别了这个符号。

(六) 证实偏见

证实偏见是指在问题解决中倾向于搜集可以证实自己观点的信息,而不是反驳这些观点的信息的现象。

有个实验证明了人们不愿意去寻找可能推翻自己观点的信息资料。实验方法是:给被试由三个数组成的序列"2,4,6",要求被试去猜想主试设计这一数列所采用的规则(规则很简单:任意三个按升序排列的数)。在提交答案之前,被试要给出他们自己生成的 3 个数的数列,并且,每次主试都会告知他们给出的数列是否与规则相符合。被试一旦确信已经找到了规则,就把它公布出来。结果表明,正确的很少。开始时,大多数被试都会猜"每项 + 2","1×,2×,3×"。但是他们只是生成证明其的三数序列,而不生成否定其所猜规则的三数序列,以检验其所猜规则正确与否。其实,随便给一组升序排列的数,如"3,15,317"就能证明这些被试所猜的规则是错误的。

(七) 动机和情绪

人在解决问题的过程中,总是有一定的动机,并伴随着一定情绪情感的产生。研究发现,适中的动机水平和积极的情绪状态有利于问题解决,过高或过低的动机水平和消极的情绪状态不利于问题的解决。因为,动机太强,使人的心情过于紧张,不易发现解决问题的重要线索,从而限制人的正常思维水平的发挥。动机太弱,容易被无关的因素引到问题之外。

(八) 性格特征

不同的性格特征也影响问题的解决。与问题解决有密切关系的性格特征主要是认知方式。例如,研究发现,场独立认知方式的人更擅长于解决自然科学的问题,而场依存认知方式的人更擅长于解决社会科学的问题("场独立性场"、"场依存性场"参见第十四章"场性理论"部分)。

(九) 人际关系

人处在一个复杂的社会中,解决问题不仅受个人心理因素的影响,也要受人们之间相互关系的影响。例如,人在解决问题时,往往求得与周围的人方式一致。团体内的相互协作和互相帮助,是使问题得以迅速解决的积极因素。相反,互不信任、人际关系紧张则会妨碍问题的解决。

思考题

1. 怎样帮助学生掌握概念?
2. 怎样培养创造力?
3. 举例说明影响问题解决的心理因素。

第七章 言 语

本章教学要求

教师讲解的内容

  ■ 言语与语言的联系和区别

  ■ 言语的种类

  ■ 言语的理解

  ■ 言语产生的理论

学生自学的内容

  ◆ 言语的知觉

教学重点

  ▲ 言语的种类

  ▲ 言语产生的理论

教学难点

  ▼ 言语产生的理论

学习目标:通过本章学习,应能够

  ★ 了解言语的生理机制

  ★ 掌握言语和语言的联系与区别

  ★ 掌握言语的种类

  ★ 评价言语产生的理论

  一个普通的中学毕业生知道的单词大约有 80000 个(Miller & Gildea,1987)。平均下来(1 岁后)每年学会近 5000 个单词,或平均每天学会 13 个单词! 这一点他是怎样做到的呢? 到目前为止,他每年学会的这 5000 个单词,是如何超过学校老师每年有意识传授给他的那200 个左右的单词的呢? 这就是人类的伟大奇迹之一了。

  大多数父母很难把句法规则讲清楚,然而,他们的孩子在能够做 2 + 2 的运算之前,就已经开始用自己原创的合乎语法规则的句子说话了;而且,这种对语言的理解和说话的本事在启蒙读书之前就早已被他们运用自如了;这样一来,他们这种在短时间内就能熟练运用语言的才能,就使得那些为学外语而煞费苦心的大学生们羞愧难言,也使得那些为了在计算机上模拟人类语言而绞尽脑汁的科学家们无地自容了。

  但是,大学生在语言学习上也具有令人惊叹的才能。他们能以惊人的效率,选择性地从储存在记忆中的数以万计的词汇中提取所需的词汇,然后用近乎于完美的句法毫不费力地将它们迅速组合起来,并以每秒 3 个单词的速度滔滔不绝地表达自己的思想(Vigliocco & Hartsuiker,2002)。

  人类的语言能力是怎样被开发和显露出来的呢? 我们又该怎样来解释这一切呢?①

---

① 资料来源:[美]戴维·迈尔斯著. 心理学(第七版). 黄希庭等译. 人民邮电出版社,2006:345. 本书略有改动

基础心理学(第 2 版)

第一节　言语的概述

一、语言和言语

语言是由词汇按一定的语法所构成的复杂的符号系统,它包括语音系统、词汇系统和语法系统。语言是人类所特有的交际工具,随着人类社会而产生和发展。

人类在漫长的社会生产和共同劳动过程中,为了生存和交流的需要而创造出了语言这种交际工具。恩格斯曾经指出:"一句话,这些正在形成中的人,已经到了彼此间有些什么非说不可的地步了。需要产生了自己的器官:猿类不发达的喉头,由于音调的抑扬顿挫的不断加多,缓慢地然而肯定地得到改造,而口部的器官也逐渐学会了发出一个个清晰的音节。"①

言语是人们在交际活动中运用语言的过程。人们日常进行的交谈、讲演、作报告等都是言语活动。

语言和言语是有一定区别的,表现在以下三个方面:

第一,语言和言语属于不同学科研究的对象。一般来说,研究表达心理的符号系统的形成、演变规律和内部结构规律是语言学的任务。而研究表达心理的符号系统是如何被个体掌握和运用则为心理语言学的任务。通俗地说,语言学研究"话",心理语言学则研究"说"。"话"有中国话、英国话、印度话等等,各种话都有其形成、演变规律和内部结构规律,这些规律就是语言学的研究对象。至于中国人如何掌握和运用中国话来"说",英国人如何掌握和运用英国话来"说",这些就是心理语言学所研究的问题。为了有效地区分,心理学家往往把语言学的研究对象叫做语言,把心理语言学的研究对象叫做言语。

第二,语言是社会现象,而言语是心理现象。语言的语音系统、词汇系统和语法系统是从全社会成员的言语交际中抽象出来的,因而具有很大的稳定性。言语则具有个体性,不仅每个人都具有自己的言语风格,而且同一个人在不同的场合,其言语表达方式也会不同。

第三,语言是交际和思维的工具,言语则是对工具的运用。

同时,语言和言语又是密切联系的。例如,语言离不开言语,因为任何一种语言都必须通过人们的言语活动才能发挥其交际工具的作用。一旦某种语言不再被人们用来进行交际,它就要从社会上消失掉。总之,语言和言语既有区别又密切联系。

二、言语和思维

言语和思维的关系非常密切,但不能把它们混为一谈。

首先,言语和思维是紧密相联的。人在进行思维活动时,总是借助语词来实现。即使在独自沉思的时候,也往往伴随着自言自语。同样,言语也离不开思维的作用。一个人在与他人进行交际的过程中,时刻需要对他人的话进行理解和推测,这样才能理解他人的思想,推测他人的意图等等。而理解和推测,则是思维的作用。

---

① 马克思恩格斯选集·第三卷. 人民出版社,1972:511

其次,言语和思维是不同的。思维是人认识事物的本质特征和事物之间内在联系的过程;而言语却是使用某种语言来表述思维活动内容和交流思维活动结果的过程。学生在解代数方程时,头脑中进行的分析综合活动和各种演算,是思维过程。当他把解方程的方法、步骤和结果表达出来时,就是言语过程。

想(思维活动)可能领先于说(言语)

　　①人们在讲话中往往有后面的音或词闯入前面的情况,表明在说前面的音或词时已想及后面的音或词。②词的首尾变化就句子的词序来说正确,而就词根的次序来说则有先后倒置(即语法没错,词错了)。例如,有人误说:"He has already trunked two packs."(其正确的说法应该是:He has already packed two trunks)句中的谓语(pack)与宾语(trunk)易位,而词尾 ed 和 s 则保持其在句中的应有位置。词首、词尾变化属于语法问题,可见讲话时关于句子的语法框架准备,领先于词的安排而完成。③在讲话时词先后串位(倒置)的距离往往大于音先后串位(倒置)的距离。表明用词的准备,领先于发音的准备,即思想已经跑到说话用词的前面了。

　　(资料来源:张述祖,沈德立. 基础心理学增编. 教育科学出版社,1995:199-200)

第二节　言语的种类

在心理学研究中,一般把人类的言语活动分为外部言语和内部言语两类。

一、外部言语

外部言语是指表现为外显的语音或文字符号的交际性言语。外部言语主要有口头言语和书面言语两种形式。

(一) 口头言语

口头言语是指一个人凭借自己的发音器官发出语音以表达思想和情感的言语。口头言语可分为对话言语和独白言语两种类型。

1. 对话言语

对话言语是指两个人或两个以上的人直接进行交际时的言语活动。常见的形式有聊天、座谈、讨论等。对话言语是一种最基本的言语形式,其他形式的口头言语和书面言语都是在对话言语的基础上发展起来的。

对话言语有以下特点:

第一,对话言语是一种情境性的言语。脱离一定的情境,对话也就无法进行。

第二,对话言语是一种简略性的言语。对话言语所使用的句子都是很简单的,有时可能只是一些字词。这时,言语的语法结构和逻辑关系可能不完善、不严谨,但这不会妨碍进行正确的交际。

第三,对话言语是对话双方直接进行的交际。也就是说,对话言语需要对话双方互相支

基础心理学(第2版)

持。参加对话的人既是说话者,又是听众。在这一过程中,双方必须能够相互理解对方所说话的意思,并作出恰当的反应,这样对话才能进行下去。

第四,对话言语常常是一种反应性的言语。也就是说,对话言语是由某种情境所引起的,这就导致了对话言语内容的计划性很差,而且交谈的双方需要随时根据对方的谈话来调整自己的谈话。

2. 独白言语

独白言语是一个人独自进行的、与叙述思想或情感相联系的、较长的连贯性言语。常见的独白言语的形式有做报告、讲课等等。话剧演员在舞台上的独白也属于一种独白言语。

独白言语有以下特点:

第一,独白言语是说话者独自进行的言语活动。独白言语的支持物是自己谈话的主题和自己所说的词句。独白言语也受到听众的支持,但是这种支持主要是来自于听众的表情和当时环境的气氛。如教师在讲课过程中,常通过学生的表情、课堂气氛,就能判断自己的讲课内容是否被学生所接受。

第二,独白言语是一种展开的言语。由于独白言语不像对话言语那样由对话双方互相支持,而是一个人独自进行的,因此,独白言语不是简略的,而是展开的,说话者必须使自己的言语具有连贯性、系统性。进行独白言语时,不仅要求言语符合语法规范,而且在遣词造句方面也必须讲究。同时,独白言语的速度、发音还必须加以控制,速度太快或太慢,发音不清晰,都影响他人明白其意思。为了让听众明白其言语,有时独白者需要适当的面部表情、手势和体语,以促进听众对其所说意思的理解。

第三,独白言语是一种有计划、有目的、有准备的言语。由于独白言语缺少听众直接的言语支持,听众理解水平也存在差异,这就对独白言语提出了更高的要求,即事先必须有讲话提纲,明确讲话目的,先讲什么和后讲什么也必须清楚。对于教师来说,独白言语能力的高低,直接影响其教学水平。

(二) 书面言语

书面言语是指一个人借助于文字来表达自己的思想或借助于阅读来了解别人的言语。书面言语一般通过视觉、发音器官和手部运动三者的协调活动来实现。

对于整个人类以及个体发展来说,书面言语是所有言语中发展最晚的。因此,有人提出,口头言语的发展是与人类发展同步的,而书面言语的发展则开始于文字出现以后。

书面言语有以下特点:

第一,随意性。这主要表现在书面言语的内容可以进行反复斟酌、反复修改,直到完全准确地表达出当事人的全部意思为止。在阅读别人写出的东西时,它允许反复阅读难懂的地方,直到弄懂为止。这些是其他言语形式所无法做到的。

第二,计划性。书面言语和独白言语一样,也是一种计划性言语。这种计划性表现为,在书面表达以前,人们就有了腹稿、提纲等。因为有了计划性这个特点,所以,书面言语常需要很长时间的酝酿。

第三,展开性。一般来说,对话言语具有简略性的特点,独白言语较展开,书面言语的展开性更加突出。因为书面言语不能借助表情和手势,没有任何情境因素的帮助,只能凭借有效地运用文章的结构向读者提供语境线索,用展开的形式表达自己的思想情感。所以,书面言语要求逻辑严谨、语法规范、选词恰当。

二、内部言语

内部言语是指不出声的自言自语。

内部言语有以下两个特点:

第一,发音器官活动的隐蔽性。人在进行内部言语时可记录到发音器官的肌电活动,但没有外显的语音。

第二,言语结构具有不定型性。即内部言语高度简缩,主要是谓语性的,省略了其他成分。

苏联心理学家维果斯基(Выготски, Л. С.)最先用内部言语这一术语来描述这种言语现象。他认为内部言语的发生是由外部言语的逐渐压缩和内化而产生的,它是个体把内部的思想转化成扩展的言语结构,因此,它既不同于思想,也不同于外部言语。

第三节 言语的知觉与理解

一、言语的知觉

(一) 语音知觉

语音知觉是指人们对语音的识别过程。语音是口头言语的物质外壳,正确地知觉语音,才能更好地接受其所代表的意义。

1. 汉语语音的知觉

汉语普通话单音节的接受阈限为 27 分贝,声压达到这个强度时,句子听觉的清晰度为100%。如果将声压降低 4 分贝,句子听觉的清晰度降低为 85%。和英语单音节的接受阈限33 分贝相比,汉语的较低。

同时,汉语语音辨认受语音延续时间长短的影响明显。在汉语语音辨认中,切短辅音可引起音变,例如,ma 音节中辅音(m)长度为 27 毫秒,如果切短 14 毫秒,就会导致误听为 ba。但是切短元音(a)则无此影响。在各个音节中,都是元音比辅音长,而不论元音和辅音都有时间阈限,低于阈限即不能辨别。元音的阈限值随声调而不同:一声最短,四声次之,二声又次之,三声最长。

2. 噪音对语音辨认的影响

如果要在有噪音情况下去清楚地感知语音,那么,当噪音强度为 20 分贝时,语音就得提高10 分贝;当噪音强度为 40 分贝时,语音就得提高 19 分贝;当噪音强度为 60 分贝时,语音就得提高 30 分贝。而要抗拒 100 分贝大的噪音时,语音就必须提高 72 分贝。

(二) 汉字字形的知觉

有人研究把汉字上半部挡住去看下半部,或者把下半部挡住去看上半部,以便确定在汉字辨认中,究竟是上半部的作用大,还是下半部的作用大。结果发现,根据上半部进行辨认的效果更好一些,即在汉字辨认中,上半部的作用更大些。

汉字辨认的难易,与字形结构有很大的关系。对称的字比不对称的汉字易认;由横竖笔画组成的字比斜笔画组成的字易认。不同结构汉字的正确再认率从高到低依次是:对称、左右结构、半包围。在左右结构的汉字中,被试首先看清其右下角。而对半包围结构的汉字,被试则首先看清的是其左上角。而汉字笔画的多少,对于汉字辨认难易度没有多大关系,即不一定笔画多就难认,笔画少就容易认。

二、言语的理解

言语的理解就是根据语音或字形来建立意义的过程。

言语理解可以分为三级水平。对单个字词的理解是初级水平,对短语和句子的理解是次级水平,高级水平是对说话人的意图或动机的理解。

(一) 对字词的理解

对于一个字或词义的理解,更多的是取决于这个词与别的词的联系。也就是说,一个词与其他词之间的联系越多,学习起来越容易。

汉字是由形、音、义三者构成的。汉字的字形与字义的联系是直接的,不必经过字音的中介;而字音与字义之间的联系是间接的,需要以字形为中介。

字词理解存在词优效应,即识别单个汉字的速度比识别汉语词组的某一汉字的速度慢,正确率低。上下文的语境也影响字词的理解。理解单个字词的成绩比理解字词在句子中的成绩差。

(二) 对句子的理解

影响对句子意思理解的主要因素有:①句子含义的真假。当句子的含义是真时,理解起来比较容易,理解的速度也比较快;当句子的含义是假时,理解起来较困难,理解的速度也较慢。②句子的表达方式。当句子用主动的方式表达时,理解的成绩较高;当句子用被动的方式来表达时,理解的成绩则较低。

(三) 对说话者动机和意图的理解

这是言语理解的最高级水平。它是在理解字词、句子等基础上,运用推理、整合等方式揭示说话者所说话语整体意义的过程。对说话者动机和意图的理解效果既有赖于正确理解其话语中的词汇和句子,又受到推理、语境和图式等因素的影响。

一是推理。推理可以在说话者话语已有信息的基础上增加信息,或者在话语的不同成分间建立联结。例如,"……自从石油危机以来,商业变得呆滞了,好像没有人再需要那些高级的东西了。突然,门开了,一个衣着讲究的人走进了汽车展览室。约翰带着他的真诚、友好的表情朝这个人走去……"这段话,虽然是话语的一个片断,但人们读完后可能会作出一系列的推理:约翰是个商人,当时商业正处于不景气的状态,他可能卖高级轿车,一个人想买轿车,约翰想做这笔买卖,等等。这些推理弥补了话语中未出现的信息,使人更完整地理解了上面这段话。

二是语境。语境能使读者头脑中已有的知识和当前话语的信息很好地整合起来,促进对话语的理解。语境既包括文字形式，也包括图画等其他形式。布朗斯佛尔德等人（Bransford, J. D. et al.）在一个实验中，让两组被试阅读同一段文字，其中一组被试事先看了图画（见图 7-3-1），另一组则没看。课文的内容是：

"如果气球炸裂了，那么声音便不能带去。因为一切距离那层楼太远了。关闭的窗户也能阻止声音传进，因为多数建筑物都有很好的隔音。由于整个操作都依赖于稳定的电流，因此，电线中断也会引起问题。当然，小伙子可以喊叫，但人声的强度不足以传那么远。另外一个问题是乐器上的弦可能会断。如果断了，就不能伴奏了。显然，最好的情形是距离短。这样，潜在的问题就少一些。如果能面对面接触，则问题最少。"

实验发现，在没有图画提供语境时，上段课文很难理解；相反，如果被试事先看了图画，有了语境的帮助，再理解课文就很容易了。

三是**图式**。图式是指知识的心理组织形式。它表明了一组信息在头脑中最一般的排列或可以预期

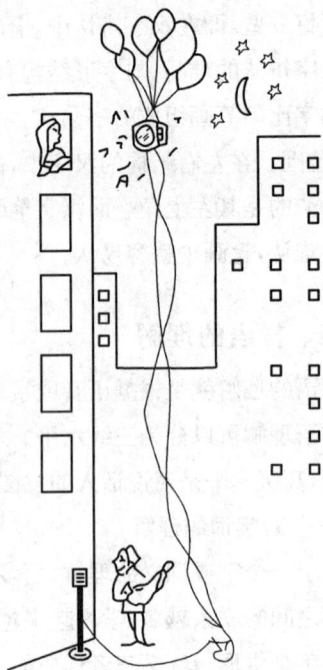

图 7-3-1　语境对课文理解的作用

（资料来源：彭聃龄. 普通心理学. 北京师范大学出版社，2001：312）

的排列方式。图式在话语理解的过程中有着非常重要的作用。例如，我们平时所听到或看到的故事，都是按照人们习惯的心理图式组织起来的。它一般包括事件发生的背景、主题、情节和结局等内容。研究表明，当故事按这一心理图式组成时，人们就容易理解；相反，如果将故事的图式打乱，例如，故事的主题不是出现在情节前而是出现在情节后，被试只有读完故事的情节和结局，才能得知故事的主题，这时他们对故事的理解就困难一些。因此，当语言材料的结构与故事的心理图式一致时，故事图式能提高理解语言的速度与质量。

第四节　言语产生的理论

一、模仿说

这种理论强调模仿在儿童获得言语中的作用。布朗等人（Brown, R. et al.）用实验证明，儿童是通过与成人，特别是母亲的交往过程而模仿着说话的。这表现为：一方面儿童以减缩的方式模仿成人的说话。例如，母亲说，"爸爸的皮包"，孩子则模仿着用简略的方式说"爸爸皮包"。另一方面，成人将儿童的言语加以扩展，为儿童提供了模仿的榜样。例如孩子说"宝宝板凳"，母亲把它扩展为"宝宝要坐小板凳"，从而帮助儿童模仿成人的言语。

模仿在儿童言语学习中有一定作用，但不是习得言语的唯一途径。如果儿童只依靠模仿来学习言语，那么儿童只会说成人说过的话，只会用成人用过的句子。而事实上，在儿童经常

使用的语句中,有许多是成人根本没有使用过的。例如,在一些说英语的国家中,有些孩子不说"He went out",而说"He goed out";不说"He did",而说"He doed"。这些用法在成人的言语中没有出现过。看来,仅仅用模仿来解释儿童言语的获得是不全面的。

二、强化说

新行为主义者斯金纳用操作性条件反射来解释人类的言语行为。1957年,他的《言语行为》一书出版。他在书中严格按照行为主义的刺激—反应的模式来解释儿童言语的获得。斯金纳认为,言语行为像其他大多数行为一样,是一种操作行为,它是通过各种强化手段来获得的。例如,某种语言环境中他人言语的声音、手势、表情、动作等,都能成为言语行为的强化手段。如果孩子发出一种符合成人的发音规律的语音,说出一句符合成人的句法规则的话,那么他会得到成人以下的反应:如点头、微笑或说"对了"等等。这些反应将提高孩子再次发出这种语音或说出这种语句的可能性,这是积极的强化。在强化作用的影响下,儿童学习了成人的言语模式,从而正确地使用语言。

但是,强化理论也不能完全解释儿童言语的获得。首先,在儿童与成人的言语交往中,成人往往只关心儿童说话的内容,而不大注意儿童的发音以及他们的话语是否符合语法的要求。例如,当一个孩子为说明他的母亲过去是个女孩时,若说出这样的话,"He a girl"(注:正确的说法应是 She was a girl),尽管句子不符合语法的要求,但他讲的是事实,因此,母亲的回答为"对了"。相反,当孩子说"Mary 是星期二来的(Mary came on Tuesday)"时,这句话从语法上讲完全正确。但实际上,Mary 不是星期二来的,母亲的回答便是"不对"。可见,父母所给予的直接言语强化,所针对的不是语法的完好程度,而是言语内容的真实性。这一事实和强化理论所预期的完全不同。

其次,为什么孩子能在出生后的一个较短暂的时间内,学会如此复杂的人类语言? 强化理论很难解释。美国心理学家米勒(Miller,G. A.)曾经保守地估计,英语中有 10^{20} 个由 20 个单词组成的句子。很明显,无论通过模仿或强化,都不可能在一生几十年的时间内学会数量如此巨大的语句。

三、生成语法说

20 世纪 50 年代末以来,乔姆斯基(Chomsky,N.)在其一系列著作中,对行为主义的言语获得理论进行了猛烈的抨击。乔姆斯基指出,用操作性条件反射的形成不能解释我们能够说出和理解我们从来没有经验过的那些新句子。为此,他提出了语言的"生成语法说"。

乔姆斯基提出了语言的深层结构和表层结构的观点。深层结构是认识的内容,表层结构则是认识内容的表述。如茶杯打碎了这件事,可以用两种句式来表述这一事实。一种说法是"茶杯打碎了",另一种说法是"打碎茶杯了"。前一种说法是被动句式,后一种说法是主动句式。句式虽不同,但表达的认识内容是一回事。根据乔姆斯基的理论,茶杯打碎了这一事实,就是语言的深层结构;而表述这件事实的两个句式,则是表层结构。同样的深层结构可用不同的表层结构来表述;不同的深层结构,有时也可用相同的表层结构来表述。例如"张三走了"这句话,可以表述几个意思。表示疑问:"张三走了吗?"表示肯定:"张三走了。"表示讨厌:"我早就想让张三走。"还可表示同情、惋惜、气愤等等。

乔姆斯基认为不同民族的人,表述同样的事实,就语言的深层结构来说是一样的。表层结构则服从于这个民族共同使用的那种语言的规律。不同民族的人怎样才能把深层结构转化成表层结构?这个转化怎样实现?乔姆斯基认为并非通过学习,而是人先天就具备这种转化本领。按照他的观点,语言的掌握既不能靠一个句式一个句式地学习,更不能靠一个句子一个句子地学习,因为那样用一生也学不完。所以,他认为儿童一出生就有一种独特的、具体的能力,使他们能够学习语言,这种能力被他叫做"语言获得装置"(LAD)。通过"语言获得装置",儿童便能在从周围听到的为数不多的素材基础上,用较短的时间建立起该种语言的语法规则。儿童学习语言的这种内在潜力,在青春期之后,就迅速丧失了。

乔姆斯基的"语言获得装置"的思想体现了转换生成语法的理论基点:第一,语言反映了心理;第二,语言能力中包含天赋成分。乔姆斯基认为心理最终是大脑中的表现(由于大脑是物质),所以心理依赖于物质。他认为人的语言中有天生的成分,但并不认为人的语言知识全部是天生的。语言知识中有一部分是后天获得的,如词汇。他认为世界上任何人从遗传获得的语言能力可以看做是相同的,这部分能力是进化的结果。然而,各人非遗传获得语言的能力则是不同的,这是由于不同的环境和经验作用造成的。遗传是获得语言能力的内部条件,环境和经验是获得语言能力的外部条件。没有内部条件不可能获得语言,因此动物不会说话;没有外部条件也不可能获得语言,例如狼孩刚被发现时亦不会说话。

乔姆斯基的理论在认识论上受到笛卡儿的"天赋观念"学说的影响,他强调言语能力的先天预成性,而对社会生活条件的作用有所忽视。但是,他强调认知表征在言语获得中的重要作用,这对研究言语过程的心理机制,促进心理语言学和认知心理学的发展,起了巨大的作用。

野孩的语言习得

珍妮(Genie)出生于1957年4月,是在最为可怜的条件下长大的;20个月大,珍妮就被关在一个小屋里……如果她发出任何声音,她父亲便对她进行体罚。多数时间里她被捆在一个婴儿便盆上,或者被装在一个睡袋里,放在一个铁丝网罩起来的床上。

珍妮由她眼瞎的母亲每天定时喂饭,她们之间几乎没有交谈。她父亲和哥哥显然从不和她说话。当人们发现她时,她已快14岁了,完全不能说话。从此,研究者们以极大的兴趣注意着她的语言习得进程。他们很快发现,珍妮的语言发展在很多方面都比其他儿童慢得多,例如,正常儿童开始是在已形成的话语前加"不"字来表达否定意思("No want go");珍妮也这样用。但正常儿童通常很快就经过这一阶段;而珍妮却整整花了2年时间。正常儿童在大约2岁时开始问"Wh—"疑问句("Where mommy?");而珍妮却一直没能获得这一能力,她的疑问句是不符合语法的。她在词汇掌握上进步较快,虽然她的整个语言能力大约只有3岁孩子的水平,但她的词汇却比一个普通3岁孩子的词汇多得多。

卡提斯(Curtiss, 1977)后来写了一个珍妮18岁时的追踪报告。卡提斯注意到珍妮说的语句很短,语法结构极简单原始,但她的话语知识,如英语词序的知识好像并不差。虽然她说出的句法正确的句子数是有限的(卡提斯显然相信这些影响是终身的),但珍妮的理解力却并没有因多年的语境剥夺而受到什么影响。

显然,有些天生的语言能力并不因创伤和受剥夺的成长经历而消失。但另一些专门的能力,如那些使人获得句法知识的能力,如果没有充分的机会使用它们,就会受到破坏。

(资料来源:John B. Best. 认知心理学. 黄希庭主译. 中国轻工业出版社,2000:237-238)

思考题

1. 言语有哪几种? 它们各有什么特点?
2. 言语产生的理论有哪些? 怎样评价它们?
3. 讨论言语与思维的关系。

第八章 技 能

本章教学要求

教师讲解的内容

■ 技能形成的标志

■ 技能的生理机制

■ 技能的种类

■ 练习曲线和提高练习

效率的条件

■ 技能的迁移

学生自学的内容

◆ 熟练与习惯

◆ 技能的保持

教学重点

▲ 练习进程的一般规律

▲ 提高练习效率的条件

教学难点

▼ 技能的生理机制

▼ 技能的迁移

学习目标：通过本章学习，应能够

★ 了解技能形成的标志

★ 了解技能形成的阶段

★ 掌握练习进程的一般规律

★ 掌握提高练习效率的条件

★ 应用技能形成的规律提高练习效率

在 2008 年北京奥运会上，美国著名游泳运动员菲尔普斯在"水立方"游泳馆夺得 8 枚金牌，成为奥运历史上个人单届和累计获得奥运金牌最多的运动员，震惊世界泳坛。此前，菲尔普斯在包括雅典奥运会在内的一系列重大赛事上已多次摘金夺银，并被一些人视为游泳运动历史上最伟大的全能运动员。菲尔普斯的成功，一方面是由于他有着过人的游泳天赋，更多的则要归功于其刻苦的训练。他每天的训练时间在 8 小时以上，游泳距离多达 12 英里，菲尔普斯说："我知道没有人比我训练更刻苦。"

游泳是一种运动技能，它是由一系列的基本动作组成的动作体系。技能不同于知识，知识可以通过语言文字的形式传授，而技能必须通过练习才能掌握其中的技巧。所以一个人如果不下水练习，背诵再多的理论知识也是学不会游泳的。不仅是游泳，骑自行车、打乒乓球、修理汽车等技能都是如此。广义的技能还包括在头脑中进行的认知操作，例如解某种类型的数学题便是一种智力技能。本章中，我们首先会介绍技能的相关概念、技能形成的标志和技能的种类；接着分析技能的形成过程，重点是练习曲线和提高练习效率的条件；最后介绍技能的迁移及其相关理论。

基础心理学（第 2 版）

第一节 技能的概述

一、什么是技能

在日常生活中,人们经常使用技能这一术语,如动作技能、阅读技能、解题技能等。那么究竟什么是技能呢? 所谓**技能**,是指通过练习形成的若干动作的组织体系。这里所说的动作,不仅指肢体动作,还包括在头脑中进行的认知操作。一般说来,在实践中起作用的动作都需要达到技能的水平,如写字、骑自行车、修理电视机等。拿写字来说,包括执笔、运笔等一系列动作,如果一个人的这些动作没有达到技能水平,那么他就写不出美观的字。一个人所具有的技能不是天生的,而是通过后天不断练习而形成的。

技能有两个基本特点。首先,技能是在后天的系统练习或学习中,通过动作经验的不断内化形成的,它不同于先天的本能行为。其次,技能是合乎法则的活动方式,技能中各动作的构成要素、执行顺序和执行要求都体现了活动内在规律的要求,因而它区别于一般的随意行为。

个体技能的形成和发展,受其生活的社会发展水平制约。远古时代,没有今天所使用的汽车、电视、移动电话,因此,古人没有修理和操作这些东西的技能。此外,个体的技能还受其现实生活环境的影响,这一点在不同民族中表现得非常明显。例如,生活在草原上的民族,骑射技能比较娴熟;生活在海边或湖边的民族,游泳和潜水技能发展较好。

二、熟练与习惯

(一)熟练

技能发展的高级阶段,就是**熟练**。它是由自动化了的动作系统构成的。运动技能达到熟练阶段,意识对动作的调节作用就会降到很低的程度。例如,初学太极拳的人,练拳时打打停停,一拳一脚都很生硬,而且动作也不规范。通过不断练习,打拳的动作逐渐变得连贯、流畅。而高水平的武术家在打太极拳时,就只专注于意境而不再考虑具体的拳术动作。因为打拳的动作已经自动化了。可见,动作由不会到会,由会到熟练,有一个逐渐发展的过程。促进这种发展的基本条件就是练习。

运动技能达到熟练后,当始动刺激一出现,人就按一定的程序作出一系列的自动化反应。例如一个能熟练骑自行车的人,当他跨上自行车后,用不着去考虑手脚的具体动作,其整个骑车的动作就会自然、连贯地进行。熟练动作的进行一般是无意识的,如果在行动过程中出现新的情况,即动作的某一环节遇到障碍,人就会马上意识到这种变化,并意识到行动效果将与预定的目的不相符合。这时,他就会集中注意于行动过程本身,有意识地调整动作,排除障碍,力图完成尚未执行完的那一部分动作。例如骑自行车的人突然发现前方出现障碍物时,就会主动刹车或转向。也就是说,熟练的自动化动作虽然是在无意识中进行的,但意识会在必要时参与调节,以保证动作的正常进行。

(二)习惯

习惯是指人在一定情境下自动化地进行某种动作的需要或倾向性。例如,有些人有早起的习惯;有些人有午睡的习惯;有些人有饭前洗手的习惯。

虽然习惯和熟练都是自动化的动作方式,但是习惯与熟练有明显的区别。第一,习惯往往与人的需要相联系,如果这种需要得不到满足,就会引起不愉快的情绪;熟练则不一定同人的需要相联系。第二,习惯是在无意之中,通过简单的多次重复而形成的,是被动的;熟练则是通过有目的的,并以一定方式组织起来的练习而形成的,是主动的。第三,习惯可能是好的,也可能是坏的;熟练则一般只能分为高水平或低水平,本身没有好坏之分。

虽然技能和习惯在学习、工作和生活中都很重要,但从某种意义上说,养成好习惯比形成好技能更重要。因为有些好习惯对于一个人是必不可少的,如讲卫生的习惯;而一些坏的习惯则对人有很大的负面影响,如说脏话。技能则不同,一个人不会打球还可以唱歌,不会弹琴还可以写作。也就是说,对个体发展而言,不同的技能可以相互补偿。

三、技能形成的标志

技能形成的标志主要有四点。

第一,动作的速度和准确性提高。运动技能形成后,完成动作越来越熟练,动作速度加快,准确性也提高。速度之所以加快,主要是靠外部感知的省略。例如,用计算机输入汉字,要想提高输入速度,就必须学习盲打键盘。也就是必须把看键盘的视觉(外部感知)给省略掉,只凭动觉来调节自己的动作。有人比较了不同职业训练对动作准确性的影响。作业是要求被试用手或脚来控制一个小灯,使其追踪一个做不规则弯曲运动的轨迹。成绩以小灯在一定时间内不离开轨道的时间来衡量。具体结果如表8-1-1所示。

表8-1-1　不同职业者的视觉—动作控制比较(单位:秒)

控制方式	职　业				
	民航飞行员	滑翔运动员	汽车司机	篮球运动员	科学工作者
用手	46.44	37.98	31.87	20.70	18.79
用脚	33.39	36.70	24.70	16.27	16.96
合计	79.83	74.68	56.57	36.97	35.75

(资料来源:张述祖,沈德立. 基础心理学. 教育科学出版社,1987:594)

从表中可以看出,不同职业对动作准确性的要求是不同的。民航飞行员和滑翔运动员的视觉—动作控制的准确性比汽车司机和篮球运动员的要高,这是在职业性质的要求下不断练习的结果。科学工作者因其职业对视觉—动作控制的准确性要求较低,所以他们这方面动作的准确性最差。

第二,动作的自动化。在技能形成初期,练习者的各个动作都受意识调节,注意力紧张而集中。这时,如果意识的调控有所减弱,动作就会出现错误或停顿。随着练习的进程,动作逐渐熟练,意识的控制逐渐降低,动作趋于自动化。在此过程中,动作的调控方法也在发生着变化,即由技能形成初期,学习者主要依赖于外部反馈,特别是视觉反馈来控制行为,逐渐发展为视觉反馈的作用减弱,动觉反馈作用不断加强。在技能形成后期,即技能完善期,先行动作成为后续动作的线索(信号),整个动作系统按照头脑中的运动程序自动化地执行。这时人们在完成一系列动作时,就不再考虑如何去执行具体的动作,而只考虑如何完成当前任务。

第三,多余动作的减省。这是动作准确性的表现,也是运动技能高的表现。例如,小孩在刚刚学习写字时,常"咬牙切齿",全身用力,等到他们学会写字并且比较熟练了以后,这些与写字无关的动作就减少了。对此,巴甫洛夫的高级神经活动学说的解释是:有用动作因受练习强化而保留下来,多余动作因得不到强化而消退。有一些多余动作是由于技能结构的不合理,把无用甚至有害的动作组织进去。如何查明这些多余动作并通过训练予以消除,是工业心理学中提高效率的一个重要问题。

第四,动作的灵活性增强。运动技能一旦形成后,在实际应用过程中,不是固定不变的,不是一个动作和另一个动作的固定衔接,而是具有一定的灵活性。比如,技能熟练的乒乓球运动员在打球时,虽然来球的路线、速度及旋转情况变化多端,但他们仍然能够从容应对。

四、技能的生理机制

技能中有些动作虽然是先天就会的,但作为技能的整套动作体系则是通过后天学习建立起来的。技能是如何学会的呢? 巴甫洛夫根据其条件反射学说,提出了解释。其要点是:通过条件反射,先行动作和后续动作之间建立起稳固的暂时性神经联系,从而使先行动作变成了后续动作的信号。如打拳,当技能尚未形成时,总是看着教练的动作去学,教练的第一个动作是学员的第一个动作的刺激,教练的第二个动作是学员的第二个动作的刺激……而在技能形成以后,只要教练做出第一个动作,学员就可以接着做下去了。这是因为先行动作的动觉,成了后续动作的条件刺激。后续动作的刺激本来是视觉刺激,当先行动作反馈回去的动觉刺激和后续动作的视觉刺激在大脑皮层上引起的兴奋形成暂时神经联系后,前者就成了后者的信号,这就使动作一个连一个地做下去。到最后,第一个先行动作也不需要,只要有命令和任务就可以了。如唱歌,一说出歌名,就可以唱出来,因为歌名成了唱第一个音的信号。这种解释就是巴甫洛夫的动力定型说,它容易理解,也似乎说得通。

后来有一些实验研究,对上述观点提出了异议。其中托尔曼做过一个实验,是让白鼠学习一个简单的十字形迷宫(见图 8-1-1)。将白鼠分为两组:甲组为反应学习组,从 S_1 点出发,经过交叉点 C 向右转,到达 F_1 点得到食物。从 S_2 点出发,经过交叉点 C 也是向右转,到达点

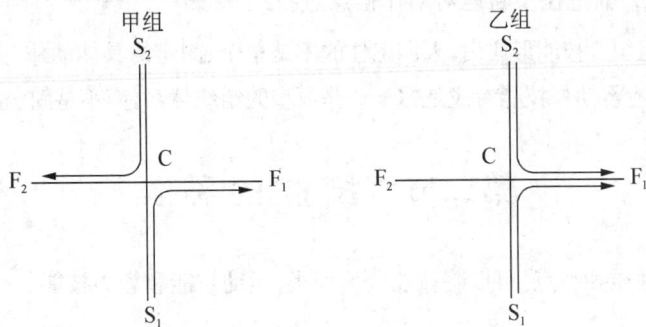

图 8-1-1 白鼠的位置学习所用迷宫

(资料来源:张述祖,沈德立.基础心理学.教育科学出版社,1987:602)

F_2 得到食物。乙组为位置学习组，在实验中，食物总是放在 F_1 点，白鼠从 S_1 点出发，经交叉点 C 向右转得到食物；但如从 S_2 点出发，则经交叉点 C 须向左转才得到食物。向右转和向左转所用的肌肉收缩情况是正好相反的，如果白鼠通过学习形成的是一串确定的肌肉收缩，则乙组学习要比甲组困难得多。但实验结果却恰恰相反：乙组 8 只老鼠平均用 8 次就学会了，而甲组的 8 只老鼠中没有一只学得这样快，有 5 只甚至在学习 72 次后也未能达到乙组的熟练标准。

再试想，让一般人用脚写字，大体也可以写出来，而脚并没有练过写字。这表明技能是很灵活的，也说明动力定型说并没有把技能形成的机制完全解释清楚。

信息加工理论问世后，提出了所谓非言语抽象的问题。就是说动作里面也有概括，也有抽象。索尔索等人（Solso, R. L. et al.）曾做过一个这方面的实验，分为两阶段进行。在学习阶段，牵着被试的手（将被试的眼蒙着），使他按由三条直线组成的一些简单图形来画。在测验阶段，将被试学习阶段刚画过的一些图形和另一些没画过的图形混在一起，再牵着被试的手来画（仍然排除视觉）。画完后问被试，在测试阶段所画的各个图形中，哪些在学习阶段画过？哪些没有画过？并询问被试的自信程度。以数字 1 到 5 表示由低到高的认为画过的自信度水平；以数字 -1 到 -5 表示由低到高的认为没有画过的自信度水平；0 表示拿不准。实验结果表明，被试大体上能够做出正确的判断。但最值得注意的是，在测试图形中混入的"原型"图形（这个"原型"的三条直线的方向，包括所画过的各个图形所分别具备的三条直线的方向），虽然本身并没有被画过，但被试判断为画过的自信度水平却最高。而且，被试对其余测试图形判定的自信度，也与该图形和"原型"的相似程度呈显著的正相关，如图 8-1-2 所示。

为什么一个本来没有画过的"原型"图形，却被认为是最有把握画过的呢？这表明，动作中也有抽象概括，这是一种非言语抽象。也就是说，在动作技能形成的过程中，人脑也在不断地对动作信息进行

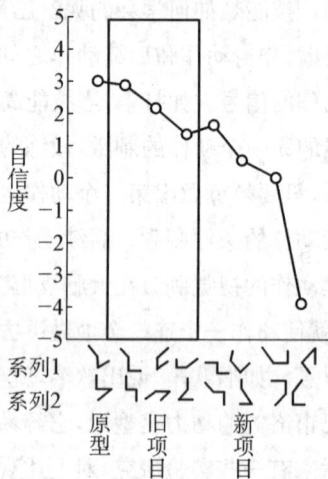

图 8-1-2　动作原型的自信度

（资料来源：张述祖，沈德立. 基础心理学. 教育科学出版社，1987：604）

着主动的加工和组织。技能形成后，人们记住的不是单个、固定的具体动作，而是具有代表性的动作原型。因此，应将动作技能看成是若干动作原型的组织体系，而不是固定动作的组织体系。

第二节　技能的种类

依据技能的性质和特点，可以将技能分为两类：运动技能和智力技能。

一、运动技能

运动技能是指由外部动作构成的技能。它主要凭借骨骼、肌肉和相应的神经过程来实现。

在日常生活中,跑步、骑自行车、使用生产工具等等,都属于运动技能。人类通过运动技能,对周围世界产生影响,创造日益丰富的物质财富和精神财富。

运动技能的形成,一般要经过以下三个阶段。

(一) 动作的认知阶段

在运动技能形成的初期,练习者或通过别人的指导或通过观察别人的动作,再经过一些初步的尝试,了解动作的基本要求和步骤,并在头脑中形成动作表象。但是,这一阶段练习者的动作是在意识控制下进行的,动作不连贯,动作细节也不准确,动作的稳定性和协调性差,多余动作较多,而且常常发生错误。练习者自身的注意力和肌肉也都比较紧张。

(二) 动作的联系阶段

通过练习,练习者头脑中的动作表象逐渐完善,局部动作趋于熟练并能初步连贯起来。但各个动作的结合仍不紧密,在动作环节转换时还会出现短暂的停顿。在此阶段,练习者的注意和记忆的负担逐渐减轻,动作紧张度逐渐降低,动作之间的相互干扰减小,多余动作和错误动作趋于消失。此阶段的主要特点是局部动作趋于连贯,形成完整的动作体系,同时意识的调节作用有所降低。

(三) 动作的协调完善阶段

运动技能形成的最后阶段是各个局部动作被综合成一个有机的整体,形成稳固而连贯的动作体系。意识调节降到最低,多余动作和紧张状态消失,动作体系趋于自动化,动作的稳定性、协调性、连贯性和灵活性达到最好。这一阶段是运动技能的成熟完善阶段。

技能训练中的时间动作分析

本世纪初泰勒(Taylor, F. W.)就提出了时间动作分析法,用以研究提高工人操作效率的问题。其目的就是要查明操作中包含的各个动作环节,并测定各个环节所用的时间,尽可能排除无关动作,使操作中的动作环节减到最少。后来心理学工作者为此设计出各种动作分析技术。其基本原理是利用现代化的录像设备,把操作人员在一定时间内身体各部分的运动轨迹,在三维空间内精确地描记出来。然后比较技能熟练、工作效率高的操作人员与一般操作人员的动作方式差别。而动作方式的微小差别,就可能会使效率产生显著差异。有人对冲压工操作方法进行了现场观察,发现不同工人用不同方法送料,在操作时间上有很大差别。例如有一位工人是直接把冲压料由零件箱放到冲模内,每冲一件需时2.78秒;而另一位工人则先从零件箱取料放至冲床台面上(需时1.4秒),然后由冲床台面移入冲模内(需时2.39秒),共需时3.79秒。第二位工人由于多了一个无用动作,就使他与第一位工人的效率相差约四分之一。可见,运用时间动作分析法帮助人们改进运动技能,对于提高作业效率有很大的实际应用价值。根据同样的原理,时间动作分析法还被运用于体育运动员的动作训练中,也取得了很好的效果。

(资料来源:张述祖,沈德立.基础心理学.教育科学出版社,1987:598)

二、智力技能

智力技能是指以词的形式在头脑里完成的认知操作。包括前面所说过的感知、记忆、想象和思维等认识活动,其中最为主要的是思维活动的操作。心理学对技能的研究,早期主要集中于运动技能,现在,对复杂的智力技能的研究,也受到越来越多的重视。

智力技能的高低常通过人们解决问题时的思维策略来体现。围棋高手和围棋新手的区别就在于:前者在下一步棋之前,能考虑此后要走的很多步棋;而后者则只能考虑一步或很少几步。

苏联心理学家加里培林(Галъперин, П. Я.)提出,智力技能的形成是由外部物质动作向内部心理活动转化的结果。其转化过程一般要经历五个基本阶段[1]:

第一阶段,动作定向阶段。即预先熟悉任务,了解动作的原样,建立起关于动作本身和动作结果的表象,以动作本身和结果定向。

第二阶段,物质或物质化动作阶段。即借助实物、模像或图表等进行智力动作的阶段。所有的操作都是通过肢体运动来完成的,是外显的。

第三阶段,出声的外部言语阶段。即智力动作不直接依赖于实物而借助于出声的外部言语来进行。这是动作由外部形式转化为内部形式的开始。

第四阶段,不出声的外部言语阶段。即以词的声音表象、动觉表象为支柱而进行智力动作的阶段。

第五阶段,内部言语动作阶段。即智力动作简化、自动化和自己难以觉察的阶段。

运动技能和智力技能既有区别又有联系。二者的区别在于:运动技能主要表现为外显的骨骼肌肉的操作活动;而智力技能主要表现为内隐的思维操作活动。例如,下围棋主要依赖于头脑中的智力操作,手动是为了执行头脑中的决策,所以被视为智力技能;而游泳活动虽然其动作也受动作概念的调节与控制,但主要依赖于骨骼肌的运动,所以被视为运动技能。二者的联系在于:智力技能是运动技能的调节者和必要的组成部分;运动技能是智力技能的最初依据,也是智力活动的表现者。人在完成复杂的活动时,总是手脑并用的,即智力技能和运动技能同时发挥作用。

第三节　运动技能的形成过程

一、练习曲线

技能是通过练习而形成的。所谓**练习**,是指为了掌握一定的动作体系而反复进行的动作操作过程。心理学上通常用练习曲线来说明技能的形成过程。**练习曲线**又称学习曲线,是指以图解形式表示出的练习进程与练习效果之间的函数关系。练习曲线反映了练习进程的一般趋势。

(一) 练习曲线及其种类

练习曲线有三种形式。

---

[1] 资料来源:冯忠良. 教育心理学. 人民教育出版社,2000:402

第一种形式的练习曲线表示的是练习次数与完成动作所需时间的关系。随着练习次数的增加,完成动作所需要的时间逐渐减少,故练习曲线是逐渐下降的。图8-3-1所表示的是对着镜子写字技能的形成过程。

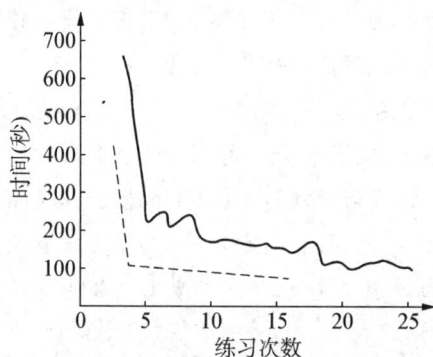

图8-3-1 第一种练习曲线图示

(资料来源:阴国恩等.普通心理学.南开大学出版社,1998:245)

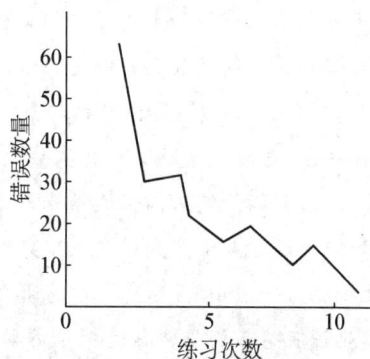

图8-3-2 第二种练习曲线图示

(资料来源:阴国恩等.普通心理学.南开大学出版社,1998:246)

第二种形式的练习曲线表示的是练习次数与错误量的关系。随着练习次数的增加,完成动作的错误量逐渐下降,所以练习曲线也是逐渐下降的。图8-3-2所表示的是驾驶摩托车的技能形成过程。

第三种形式的练习曲线表示的是练习次数与单位时间内完成工作量的关系。随着练习次数的增加,完成的工作量是逐渐增加的,所以练习曲线是逐渐上升的。图8-3-3所表示的也是驾驶摩托车的技能形成过程。

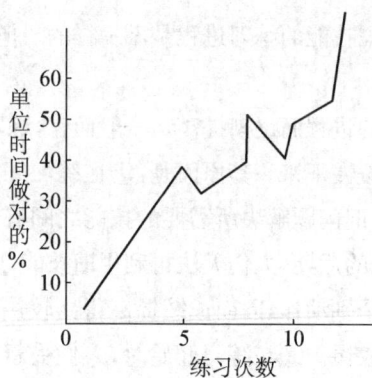

图8-3-3 第三种练习曲线图示

(资料来源:阴国恩等.普通心理学.南开大学出版社,1998:246)

运动技能的体能基础

体能是指人在环境适应过程中所表现出来的身体运动方面的综合能力,体能是个体学习动作技能不可缺少的条件或基础。美国心理学家弗莱希曼(Fleishmen,E.A.)经过长

时期的研究之后,认为有五类14种体能与人体的运动技能有关,这些体能分别是:

1. 力量,包括静态力量、动态力量和弹跳力量。静态力量,是指由身体支撑重量持久不动的能力,可由举重测定;动态力量,是指移动重物或支持自己身体连续活动的能力,此种能力可由单杠引体向上或攀杆等动作测定;弹跳力量是指不依靠工具,用单一动作使自己身体移动到最远或最高的能力,此种能力可由立定跳高和跳远测定。

2. 灵活性与速度,具体包括伸展性、柔韧性、快速变向、跑行速度、四肢运动速度等方面。伸展性,是指能使腹肌与背肌最大伸展的能力,此种能力多由身体的前屈后仰幅度测定;柔韧性,是指能使肌肉快速紧张而复原的能力,多由蹲踞起立测量;快速变向,是指在行进或奔跑中迅速改变方向的能力,多由躲避赛跑等动作测量;跑行速度,指快速奔跑的能力,此种能力一般由50米或100米赛跑测定;四肢运动速度,是指两臂与两腿迅速运动的能力,此种能力多由手脚迅速换位运动测定。

3. 平衡性,包括静态平衡、动态平衡和托物平衡。静态平衡,是指支持身体定位的能力,多由单足站立测量;动态平衡,指在运动中保持身体平衡的能力,可由踩球定位测定;托物平衡,是指手托物体很快找到重心并维持不坠的能力,此种能力可由手背托球测定。

4. 协调性,包括手脚协调和全身协调。手脚协调,是指双手或双脚同时配合运动,或是一手一脚同时配合运动的能力,可由双手操作测量;全身协调,是指能自己控制全身各部位适当配合运动的能力,此种能力可由跳绳动作测量。

5. 耐力,是指能连续进行活动的能力,此种能力多由俯卧撑等动作测量。

(资料来源:叶奕乾,何存道,梁宁建等.普通心理学.华东师范大学出版社,2004:287)

(二) 练习进程的一般规律

在技能形成的过程中,不同技能的练习进程是不一样的。但是,它们之间存在一些普遍的规律。

第一,练习成绩随着练习的进程而逐渐提高。一般而言,练习开始时,成绩提高较快、较明显,以后运动技能的进步逐渐缓慢下来。其原因是:①在练习开始时,人们利用生活中已经学会的技能来解决问题,由于新、旧问题解决所需要的技能之间有共同的成分,导致学习新技能的成绩明显提高。在练习进程的后期,人们无法再利用旧技能,所以练习成绩提高较慢。②在练习开始时,人们重点是掌握个别动作,因而成绩提高得比较快。以后,需要将个别动作加以协调和转换,所以成绩提高比较慢。③在练习开始时,人们受新鲜感和好奇心的支配,投入精力较多,所以成绩提高快。以后,人们的新鲜感和好奇心消失,投入精力减少,所以成绩提高慢。

但在个别技能的学习中,也有先慢后快的。这是指绝对生疏的技能而言。这种技能掌握起来往往是先慢后快的,因为先要掌握最基本的动作。有了最基本的动作可以利用后,进步就快了。但是在现实生活中,这种与过去的旧动作完全无关的技能很少见。

第二,练习进程中存在高原现象。所谓高原现象,是指在复杂技能形成过程中,在练习的一定阶段出现练习成绩暂时停顿的现象。例如,学习用计算机输入汉字。前期的输入速度逐渐提高,但提高到一定程度时,输入速度就不再提高了。这就是练习进程中的高原现象。但是,如果继续练习,输入速度还可能会有提高。

为什么练习进程中会出现高原现象呢? 其主要原因有:①长时间集中练习,使练习者身体疲劳,兴趣减弱,注意集中程度降低,导致练习成绩暂时停滞。②技能的形成是要建立完善、灵活的动作体系,而不是动作的简单累积和动作间联系的简单加强。这就需要不断地改组动作的组织体系,使其发生质变。在此过程中,当旧的动作组织体系的效率已达到最高点,而新的动作组织体系尚未建立起来,就会出现一个新旧衔接的效率停滞时期,即出现高原现象。

第三,练习成绩的起伏现象。从练习曲线中可以看出,练习曲线中会出现一些小的起伏,有时甚至会出现一些退步。这就是人们通常所说的波浪式前进。产生这种现象的原因,一是练习者心理状态的影响。例如,注意是否集中,态度是否积极,情绪有无波动。二是客观条件的变化。例如,练习环境、练习工具和指导者指导方式的改变等。

第四,练习进程存在个别差异。每个人的生理特点和心理特点不一样,就导致了他们的练习进程也不一样。有的人可能在练习初期成绩提高比较快;有的人可能在练习中期成绩提高比较快;有的人可能在练习后期成绩提高比较快;还有的人可能在练习的全过程中,成绩提高都比较快。因此,教练者在对练习者进行指导时,要把技能形成的一般规律和每个人的具体情况结合起来,以利于他们技能的顺利形成。

那么,通过练习形成的技能是否有极限呢? 从理论上讲,个体的运动技能练到最后,总有一个难以再进步的时候,称为技能的生理极限。但在实际生活中,真正达到生理极限的情况很少。人们常常可以看到生产能手、运动员不断刷新纪录的报告。这表明人的技能提高的潜力极大,也说明技能的生理极限是不能轻易达到的。他们的经验也告诉我们,只要通过科学和勤奋的练习,不断总结经验教训,技能就会不断完善。当然,生理极限也不可否认,如跑步的方法再改进,运动员跑完百米的时间恐怕也不会少于 5 秒。但是,在达到人的生理极限以前,技能的水平还是取决于练习的努力程度以及练习的方法是否得当。

二、提高练习效率的条件

要想提高练习的效率,需要注意以下几个条件。

(一)明确练习的目的和要求

动作的练习区别于简单的动作重复,它是有目的、有要求、有组织的学习活动。练习者只有理解了技能的性质和特点,明确了练习的目的和要求,才能有的放矢地组织自己的练习活动。如果只是一味地重复一种动作,就很难使动作方式有所改进。在日常生活中,有的人虽然天天写字,但字却依然写得很难看,就是因为他们的这种活动只是一种简单机械的重复,没能按照特定的目的和要求去进行练习。

(二)掌握相关的理论知识

知识不等于技能,但技能的学习却需要理论知识的支持。学习和掌握与技能操作相关的理论知识,可以加速技能的获得,并减少技能学习过程中的错误。如果不懂原理,不理解动作的意义和目的,只一味机械模仿练习,就如同鹦鹉学舌一般,练习的效果也不会好。考克斯(Cox,J.W.)对电气装配工人的研究证实了这种作用。他将一些初始技术水平相近的工人随机地分为两组,一组是对照组,只进行机械地、重复地练习;另一组是实验组,实验组在练习的过程中还讲解操作的技术原理。结果实验组的成绩远远超过对照组。这说明要想掌握技能,必须将理论知识的学习和充分的练习紧密结合起来。知识越丰富,练习才能有目标,掌握技能也就越快。

(三) 准确的讲解和示范

运动技能的学习需要有经验者的指导。对所学的动作进行准确的分析讲解,就能加快运动技能的形成。指导的一项重要内容就是示范,即由指导者做动作给练习者看。动作示范可以是连续式的,也可以是分解进行的。人们在日常生活中学习一些技能,都是通过他人实际示范或者通过看电影、电视、幻灯等进行的。通过观察真人或录像,观察幻灯中的具体动作示范,并形成动作概念和动作表象,就会大幅度地提高技能学习的效率。

在指导练习者形成运动技能时,把对动作的口头讲解和实际示范结合起来,往往能收到较好的效果。

(四) 及时有效的反馈

在技能形成的过程中,如果提供反馈,技能形成的速度就比较快;如果不提供反馈,技能形成的速度就比较慢。因为只有通过反馈,人们才能知道自己的动作是否合乎要求。没有反馈,动作就失去了强化的机会。只有使合理的动作受到强化,不合理的动作不给予强化,才会使一个人认识到哪些动作是正确的,哪些动作是不正确的。

反馈对练习成绩的影响已经被很多研究所证实。拜洛丁等人(Bilodean et al.)曾做过一个实验,其中被试的任务是操纵一个杠杆的位置,每次操纵的结果只能通过主试的反馈获得。实验有四种条件:A. 没有反馈;B. 两次试验后取消反馈;C. 六次试验后取消反馈;D. 每次均给予反馈。结果如图 8 - 3 - 4 所示。在 D 条件(即每次均给予反馈)下,练习曲线一直表现出进

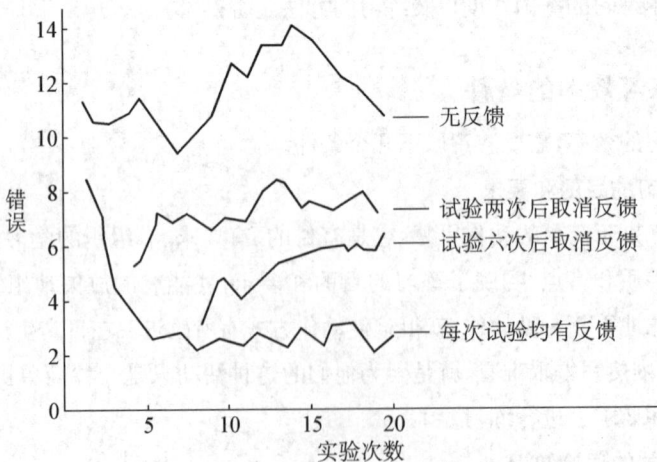

图 8 - 3 - 4　反馈对作业成绩的影响

(资料来源:张述祖,沈德立. 基础心理学. 教育科学出版社,1987:614)

步；在 A 条件（即没有任何反馈）下，练习曲线始终没有表现出进步；在 B 与 C 条件下，只要反馈中止，练习曲线的进步也随之停止。

反馈的性质对技能的形成也有显著影响。格林斯彭和弗曼（Greenspoon，J. & Foreman，S.）考察了反馈的延迟时间对练习效率的影响。结果发现，知道练习结果越快（即反馈时间延迟越短），练习成绩越好。特拉布里奇和卡森（Trowbridge，M. & Cason，H.）的研究发现，给予的反馈越详细，练习成绩的提高就越快。由此可以看出，指导者及时、详细地让练习者了解练习的结果，会显著地提高练习效率。

（五）合理分配练习时间

学习一种技能时，如果在一段时间内反复进行练习，称为集中练习；如果在练习中间有间歇或休息，则称为分散练习。研究表明，练习过程中有间歇的分散练习比没有间歇的集中练习效果要好。为什么分散练习的效果会优于集中练习呢？原因主要有两个：①长时间的集中练习容易造成身心疲劳，使效率下降；②集中练习可能产生抑制现象。首先是神经组织连续兴奋可能产生保护性抑制；其次是外抑制，即在技能未形成前，合乎要求的动作与不合乎要求的动作相互牵制，使后者对前者产生负诱导。集中练习容易造成抑制的累积，因而会妨碍练习成绩的提高。而通过间歇休息，就可以在一定程度上解除抑制的影响。

曹日昌的一个实验具体证明了有间歇的分散练习的效果更好，其情况如图 8-3-5 所示。

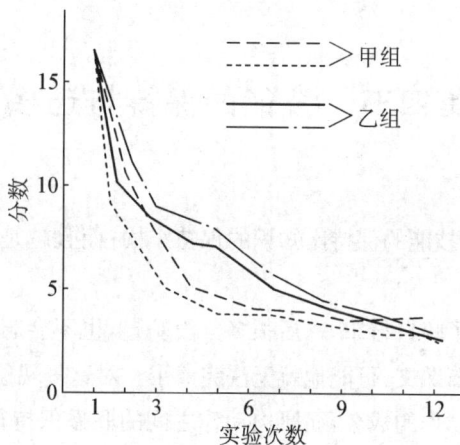

图 8-3-5　集中练习与分散练习的效果

（注：分数高表示所用时间长）

（资料来源：张述祖，沈德立. 基础心理学. 教育科学出版社，1987：617）

图中甲组的第 1—6 次练习，每次练习之间有一分钟的间歇休息，结果练习成绩提高较快，表现为学习时间迅速减少，曲线下降较快；而第 7—12 次练习期间没有间歇休息，结果后 6 次练习成绩提高就慢一些，表现为学习用时大致不变，曲线趋于平稳。乙组的情况同甲组正好相反，即前 6 次练习之间无休息，后 6 次练习之间有休息，结果前 6 次的练习成绩比甲组差，而后 6 次的练习成绩提高很快，接近了甲组的水平。

仿真技术在技能训练中的应用

技能迁移在某些特殊技能训练中具有重要意义。因为有些技能如果没有达到一定的水平就去实际应用，则有可能造成重大的、甚至无可挽回的损失。例如精密仪器与设备的制造、加工，如果由技能水平不够的人去承担，就可能造成重大的经济损失。还有一些工作，如航空、航海，由技能水平不够的人去承担，就有可能造成很多人的生命危险。因此在正式操作前，需要进行模拟训练。但是有些活动的模拟练习情境与真实操作的情境，总还是有差异的，所以就要求模拟训练的情境与真实的操作情境应尽可能的接近。

现代计算机技术和仿真技术的发展，大大缩小了练习情境和实际操作情境的差别，为特殊技能的训练提供了极大便利。现在很多航空飞行员的训练，都在仿真的驾驶舱中进行。飞行员在其中的感受与在真实的空中飞行几乎没有什么区别。而且训练人员还能利用仿真驾驶舱，给接受训练的飞行员创设各种飞行中可能遇到的难题，以锻炼他们的应变能力。此外，仿真技术也应用到一些大型成套设备的操作训练中，比如核电站、军事指挥中心等。这些地方的机器大多是高科技的精密设备，操作稍有失误往往就会造成极其严重的后果。而仿真电站等设备的应用，既能为训练操作人员提供近乎真实的情境，又避免了在技能不熟练阶段直接操作真实设备可能引发的危险。

（资料来源：张述祖，沈德立. 基础心理学. 教育科学出版社，1987：629）

第四节　技能的保持与迁移

一、技能的保持

技能保持总的特点是：技能的保持比知识的保持牢固；而且越是复杂的技能，保持的时间越长。

一个人在中学时学会了骑自行车，以后很多年没骑过，也不会忘记骑车的技能；但如果让他去回忆中学时学过的一篇课文，可能他就无法完成了。对这一现象，主要有两种解释。第一种观点认为技能包括肌肉动作的成分，而肌肉动作之间的联系保持得较牢靠。第二种观点认为技能的学习一般是过度学习，前后动作之间建立起的联系比较牢固；而知识的保持则只是建立概念之间的联系，因为有大量的多余信息可资凭借，无需那么巩固。

复杂的技能，其保持时间又要比简单技能的保持时间长。这一特点可以通过以下两个实验结果得到证实。有人让被试掌握一个非常复杂的动作，通过 50 次练习，错误减少到非常低的水平。间隔 9 个月后，让被试再完成先前所学的动作。结果发现只经过两次练习，被试的错误就减少到 9 个月前的水平。间隔 2 年，再让被试完成所学习过的动作，结果仍然如此。还有一项研究，是让被试掌握一个非常简单的动作，通过 63 次练习，被试能作出完全正确的反应。间隔 2 天后，让被试再现这一动作，开始成绩很差，但通过练习，恢复很快。间隔 7 周后，被试需要经过 30 次练习才能恢复到先前水平。1 年后，被试需要经过 36 次练习才能恢复到先前水平。

这说明虽然技能一般比知识保持得好，但还要看是什么技能。简单技能在保持时间上的优势就不那么明显了。生活中的很多技能，如骑自行车、游泳等，由于比较复杂，几乎一辈子也不会忘。

二、技能的迁移

所谓**迁移**，是指已经获得的知识、技能，对学习新知识、新技能所产生的影响。在日常生活中，人们常有这样的体会：学会解决某种问题之后，再遇到相关的问题，就会解决得更快，这就是一种迁移。在人的学习、记忆、思维等心理活动中，普遍存在着迁移现象。

已经掌握的技能对正在形成的新技能产生的影响，叫做技能的迁移。技能的迁移有两种类型，一种是正迁移，另一种是负迁移。

（一）正迁移

技能的正迁移是指已经掌握的技能对正在形成的技能产生了积极的影响。这就是人们通常所说的"举一反三"。具体来说，假设要学会一种新的技能 B，必须通过 30 次练习才能掌握。但是，如果在学习技能 B 之前，先学习了技能 A，结果使学习技能 B 的练习次数减少到 10 次。这时我们就说，技能 A 对技能 B 产生了正迁移的作用。例如，学会了骑自行车的人，再去学习骑摩托车就比较容易；学会了用英文打字机的人，如果去学习用电脑输入汉字，其输入速度就会比没有用过英文打字机的人快。

在技能的正迁移中，其中运动技能的迁移大致有三种类型：

第一是动作—动作迁移。即已经学会的一种动作对学习和掌握另一种动作起了积极的促进作用。例如，会熟练使用步枪射击，对使用手枪射击有积极的促进作用。

第二是语言—动作迁移。即练习前的语言指导对掌握运动技能有积极作用。比如在练习游泳时，那些事先听过游泳动作要领讲解的练习者，其练习效果要比事先没听过的人好。

第三是两侧性迁移。即由身体一侧学会的技能迁移到身体的另一侧。研究发现，两侧性迁移在身体的对称部位（右手—左手，右脚—左脚）表现得最为明显；在同侧部位（右手—右脚，左手—左脚）表现相对差一些；而位于对角线上的部位（左手—右脚，右手—左脚）表现得最差。

其实，人在学习任何一种新的技能时，都会利用旧经验或已经掌握的技能。这样学习起来比较容易，而且速度也比较快。那么如何利用已有的经验促进正迁移呢？关键是要分析新学习的技能与过去已有的技能之间有没有共同之处，因为新旧技能之间存在的共同成分越多，相似性越大，越容易产生正迁移。因此，对新旧技能的本质有一个清楚的认识，能够准确概括出它们之间的共同成分或特征，有利于技能的迁移。而且认识和概括得越全面、越深刻，正迁移的作用就越大。

（二）负迁移

技能的负迁移是指已经掌握的技能对正在形成的技能产生了消极的影响或干扰作用。举例来说，假设要学会一种新的技能 B，必须通过 30 次练习才能掌握。如果在学习技能 B 之前先学习了技能 A，结果使学习技能 B 的练习次数增加到 60 次。这时就可以说，技能 A 对技能 B 的形成产生了负迁移的作用。例如，会骑自行车的人，如果再去学骑三轮车，反而会比那些原来不会骑自行车的人学得慢。这是因为学会骑自行车对学习骑三轮车产生了负迁移。

当两种技能在结构上很相似，但是在实际操作过程中，某些成分却要求完全相反的操作时，就会发生负迁移。在此情况下，旧的动作方式越巩固、越熟练，新技能的形成就越困难。前面提到的已经学会骑自行车的人，再去学习骑三轮车时，常常感到把握不住方向。这是因为虽然两种骑车的运动技能在结构上很相似，但是骑三轮车时的某些动作的要领与骑自行车时的恰好相反，因此产生了负迁移。如果两种技能缺乏共同成分，差别很大，则不大会相互影响。譬如游泳与跳舞，滑冰与写字等等。

要克服技能之间的干扰，关键要明了新旧技能的差别所在。在练习时，要对新旧技能在目的、要求、条件、练习方法等方面的异同加以细致的剖析。分析和辨别得越透彻，就越能克服干扰。

（三）技能迁移的理论

关于技能的迁移主要有三种理论解释。一是共同要素说，最早是由心理学家桑代克和武德沃斯（Woodworth, R. S.）提出的。该学说认为两种活动中存在共同要素或共同成分，就会有迁移。迁移发生的程度依赖于两种技能之间所具有的共同要素的程度。比如弹钢琴和打字，会因为有类似的手指动作而产生正迁移。二是共同原理说，它是由心理学家贾德（Judd, C. H.）提出的，又称概括化理论。该理论认为，学习者将从先前学习中概括出的原理和经验运用于新的刺激场合，是迁移发生的根本原因，而与两种技能之间是否具有相同的要素没有多大关系。三是关系顿悟说。格式塔学派的心理学家认为对情境中关系的顿悟是迁移产生的真正原因。假如学习者通过顿悟一个问题情境中各刺激物之间的关系，解决了该问题，那么当他再次遇到含有类似关系的问题情境时，先前习得的关系就会有助于他对新问题的解决。

迁移在教育教学实践中非常重要。"教是为了不教"，教育的目标之一就是教会学生把学到的知识、技能运用于新的情境，运用于实践。如果学习以后不能迁移，比如在考试中得了高分，却不能对工作和生活有所帮助，那么学习就失去了意义。这样的教育就是失败的教育，因为它只能培养出书呆子。现在教育上讲要培养学生的能力，其中就包括了迁移的能力，即把所学的智力技能和运动技能运用到进一步的学习、工作和生活中去的能力。学校能让学生把课堂上学到的知识、技能迁移到别的学习和工作中去，这才算是成功的教育。迁移的范围和幅度越大，说明学生的能力越强。

思考题

1. 在教学实践中怎样促进智力技能的迁移？

2. 如何运用技能的有关知识提高练习效率？

第九章 注　　意

本章教学要求

教师讲解的内容

  ■ 注意的基本特征和功能

  ■ 注意的种类

  ■ 注意的品质

  ■ 注意理论

学生自学的内容

  ◆ 注意的外部表现

  ◆ 注意的生理机制

教学重点

  ▲ 引起注意的主客观因素

  ▲ 注意的品质

教学难点

  ▼ 无意注意

  ▼ 注意理论

学习目标:通过本章学习,应能够

  ★ 了解注意的基本特征和功能

  ★ 了解有意注意和无意注意的特点

  ★ 掌握引起和维持注意的各种因素

  ★ 掌握注意的品质

  ★ 应用注意规律组织教学

　　我国古代教育家荀子指出:"君子壹教,弟子壹学,亟成。"①壹,就是专一,就是集中注意、专心致志。意思是说,教师专心地教,学生专心地学,学业很快就能够有所成就。俄国著名教育家乌申斯基(Ушинский,К.Д.)也曾经把注意比喻为通向心灵的一扇窗户,而"知识的阳光正是通过这扇窗户照射进来的"。可见,古今中外的教育家,很多都强调集中注意对于学习效果的重要影响。很多研究证实,采取积极的学习态度、集中注意的学习者同随便看看、不集中注意的学习者相比,效果好得多。而有些孩子学习成绩差,并不是智力较差,而是由于缺乏良好的注意品质,上课时不专心,东张西望,心不在焉。在这种心理状态下,就不可能很好地掌握所学的知识。因此,重视组织学生的注意,是教师保证教学成功的一个重要条件。

第一节　注意的概述

一、什么是注意

　　注意是心理活动对一定对象的指向和集中。指向性和集中性是注意的两个基本特征。

　　注意的指向性表现出人的心理活动具有选择性。这种选择性不仅表现为选取某种活动

---

①《荀子》

和对象,而且表现为心理活动对这些活动和对象的比较长时间的保持。注意的对象既可以是外部世界的客体或现象,也可以是自身的思想和行为。有人曾进行过这样一个实验:通过耳机同时给左右两耳播放两种不同的内容,左耳播放一篇民间故事,要求被试倾听并大声复述所听到的内容,右耳播放一则新闻报道。在左右耳播放完之后,让被试说出右耳听到的内容,结果被试对右耳播放的新闻报道几乎是一无所知。可见,当注意的选择指向一定对象时,对这一对象的反映就清晰,而对其他事物的反映则模糊、暗淡。

注意的集中性不仅指离开一切与活动对象无关的东西,还包括对干扰活动对象的刺激进行抑制,以保证注意的对象能得到比较鲜明和清晰的反映。例如,学生在听课时,总是比较长久地把心理活动保持在教师的讲述上,而对周围发生的事物视而不见,听而不闻。所以,一个人在注意某些对象时,同时便离开了其他的对象,集中注意的对象总是处于注意的中心,其余的对象有的处于"注意的边缘",多数处于注意范围之外。

注意是一种大家较为熟悉的心理现象,但注意本身并不是一种独立的心理过程,而是伴随着各种心理过程的一种心理状态。人们通常说"注意灯光、注意铃声",好像注意本身反映灯光、铃声一样,其实这里把"注意看灯光、注意听铃声"中的"看"和"听"省略了,这时的注意是感知活动中的注意。当说到"注意这个事情"或"注意这个现象"时,则又是思维活动中的注意了。可见,注意没有特定的反映内容,而是伴随着各种心理过程始终的一种心理状态。

二、注意的功能

注意作为一种复杂的心理活动和积极的心理状态,它主要有以下两种功能。

(一) 选择功能

注意的基本功能是对信息进行选择。客观世界中存在着大量的刺激,注意使心理活动选取有意义的、符合当前需要的刺激,排除或抑制不重要的、无关的刺激。注意的选择功能使心理活动具有一定的方向性。从这个意义上说,注意为人的认识活动设置了一道过滤机制,使人们能在纷繁复杂的刺激面前作出有意义的选择,为人们更好地适应和改造环境提供了条件。

(二) 维持功能

大量信息输入后,必须经过注意才能使刺激信息在意识中得以保持,否则就会很快消失。注意对象的映象或内容保持在意识中,人的大脑才能对其作进一步的加工,直到任务完成为止。如果注意的对象转瞬即逝,正常的心理活动也就无法进行。

总之,注意虽然不是一种独立的心理过程,但它是信息进入认知系统的门户,是人们获取知识、掌握技能、完成各种智力操作的重要条件。只有在注意状态下人们才能有效地监控和调节自己的行为,从而顺利完成活动,实现预定目的。

注意在学习过程中的重要作用

有一个实验,设法让被试用两种不同的注意集中程度学习 12 个无意义音节。结果发现,注意状态不同,学习效果大不一样(见表 9 - 1 - 1)。表中的数字为完全掌握 12 个无意义音节所需的学习遍数。

学习遍数	学习者		
学习态度		甲	乙
注意学习,希望从速学会		9	12
随便看看,并不注意学习		89	100

表 9-1-1　两种注意条件下学习效果的对比

从上表中可以看到,同样的学习者,同样的学习内容,由于学习时的注意状态不同,学习效果也不一样。采取积极的学习态度,集中注意的学习者同随便看看、不集中注意的学习者相比,学习 12 个无意义音节所用的学习遍数明显不同。

（资料来源:阴国恩等.普通心理学.南开大学出版社,1998:258）

三、注意的外部表现

人在集中注意时,常常伴随着特定的生理变化和某些外部的动作或行为,这些外部的动作或行为称为注意的外部表现。它们可以作为研究注意的客观指标。

注意的外部表现主要有以下几种。

（一）适应性动作

这是注意时最明显的外部表现。人在注意时,有关的感觉器官总是朝向注意的对象,以便得到最清晰的印象。例如侧耳倾听、凝神远望、托颌沉思等等。

（二）无关动作停止

这是紧张注意的一种特征。当人在紧张注意时,除了感觉器官朝向刺激物外,身体肌肉也处于紧张状态,这时多数无关的动作停止下来。例如,学生上课专心听讲时,全神贯注地盯着老师,就不再有交头接耳等小动作。

（三）呼吸运动的变化

人在集中注意时,呼吸变得轻微而缓慢,并且会出现吸气变短、呼气延长。当注意高度集中时,甚至会出现呼吸短暂停止的"屏息"现象。

此外,在紧张注意时,还会出现心跳加速、牙关紧闭、拳头紧握等现象。

人们可以根据一个人的外部表现来推断他的注意状况。但是,有时注意的外部表现可能与内部状态不相符合。比如,通常所说的"心不在焉",就是指注意貌似集中于某一事物,而心理活动实际上指向于另一事物,即注意的指向与感官朝向不一致。

四、注意的生理机制

注意就其产生方式来说,是有机体的一种定向反射。所谓定向反射,是指当新异刺激出现时,有机体将有关感受器转向新异刺激的方向,以便更好地感知这一刺激。定向反射是注意最初级的生理机制。

注意需要机体处于觉醒状态,没有觉醒就不可能产生注意。觉醒状态主要靠网状结构的上行激活系统来维持。网状结构是指从延髓到丘脑之间的弥散性的神经网络,它对于维持大脑的觉醒状态具有重要意义。实验证明,对网状结构施以广泛的电刺激,能迅速地激活大脑皮层,甚至可以使动物从睡眠中唤醒。而这一区域受到损伤的病人,往往会陷入昏睡,无法对外界的各种刺激发生反应。

选择性注意还需要边缘系统和大脑额叶的参与。在额叶和边缘系统中,有一些特殊的神经元,它们能对新旧刺激进行比较,对新的、变化的刺激产生反应,对旧的、习惯化的刺激产生抑制,因而对信息的选择起重要作用。临床观察发现,这些神经元集中的脑区受到破坏后,患者易出现分心的现象,意识的选择性和组织性趋于混乱,无法坚持主动的目的性活动。此外,额叶还能通过下行通路,维持和调节网状结构的紧张度,激活或抑制外周感受器的活动水平。临床观察表明,额叶严重损伤的患者,不能按言语指令集中注意,容易分心,对环境中的新异刺激过分敏感,不能抑制无关刺激的干扰,因而也就无法维持对特定信息的注意。

可见,注意是不同脑区协同活动的结果,既与大脑皮层的活动有关,也与皮层下结构的活动有关。

近年来,事件相关电位(ERP)技术、脑磁图技术(MEG)和功能性磁共振成像技术(FMRI)等神经科学技术逐渐应用于注意研究,取得了许多显著的成就。该领域的研究发现,当注意指向一定的认知目标时,不仅提高了对该目标进行加工的功能性神经结构的激活水平,而且还抑制了对目标周围的分心物进行加工的神经结构的活动。这说明对分心信息的抑制也是选择性注意的重要机制,进一步证实了选择性注意包含了"目标激活"和"分心刺激抑制"两种成分。

第二节 注意的种类

根据注意的产生有无预定目的,以及保持注意时是否需要意志的努力,可以把注意分为无意注意和有意注意两种。

一、无意注意

无意注意又称为不随意注意,指事先没有预定目的,也不需要作意志努力的注意。

无意注意是在新异刺激的直接影响下,个体不由自主地对该刺激物给予的关注。例如,学生正在教室认真听课,门外突然进来一个人,学生就会不由自主地向来人看去;大街上突然出现一声巨响,行人都会禁不住四处张望。

无意注意是注意的一种初级表现形式,动物也有无意注意。在这种注意活动中,人的积极性水平较低。一般认为,容易引起无意注意的因素主要有两个方面。

(一)刺激物的特点

1. 刺激物的新异性

刺激物的新异性是引起无意注意的最重要原因。新颖的、异乎寻常的刺激物很容易成为无意注意的对象;相反,刻板的、单调的刺激物则很难引起人的无意注意。刺激物的新异性可以分为绝对新异性和相对新异性,前者是指人们从未经验过的事物,后者是指各种熟知刺激物的奇特结合。在日常生活中,引起人们无意注意的更多的是刺激物的相对新异性。

2. 刺激物的强度

一般来说,刺激物强度越大,越容易引起人们的无意注意。强烈的刺激,如巨大的声响、耀眼的光线、浓烈的气味,都会引起人们的无意注意。

在无意注意中,刺激物的相对强度往往比刺激物的绝对强度更有意义。比如,在寂静的夜晚,轻微的耳语就能引起人的注意;但在炮火连天的战场,连雷声都很容易被忽略。

3. 刺激物的活动和变化

在静止的背景上,变化着的和活动着的刺激物容易引起人的无意注意。例如,夜空中一闪而过的流星,大街上一明一暗的霓虹灯,都很容易引起人们的注意。

刺激物的活动和变化情况还经常表现为刺激物的突然出现和停止,这种情况更容易引起无意注意。例如,教师在讲课过程中,偶然遇到课堂秩序紊乱,立刻停止讲课,这种刺激的突然停止就能引起学生的无意注意而使课堂秩序得以恢复。

4. 刺激物之间的对比关系

某一种刺激物在强度、距离、大小、形状、颜色、声音等方面与周围的其他事物具有显著差异,形成鲜明的对比,就容易引起无意注意。例如人们通常说的"鹤立鸡群"、"万绿丛中一点红"等。

(二) 主体本身的状态

主体本身的状态也是引起无意注意的重要原因。易于引起无意注意的主体因素有以下两种。

1. 主体的需要和兴趣

凡是能够满足主体需要、符合主体兴趣的事物都会使主体产生期待的心情和积极的态度,从而容易引起无意注意。例如,建筑设计师外出旅游时,由于职业的需要,各式各样的建筑物都会自然而然地引起他们的注意;而有关足球比赛的消息容易引起球迷的无意注意。

2. 主体的情绪状态

无意注意在很大程度上受主体心境的影响。如果一个人心情舒畅、精神饱满,就容易对新鲜事物产生注意,而且注意也容易长久和集中。反之,如果一个人心境忧郁、情绪低落,平时容易引起注意的事物,这时也可能视而不见。

无意注意也与主体的特殊情感有关。凡是对某人或某事有着特殊感情的人,某人或某事的有关情况就容易引起他的注意。如一个热爱孩子的母亲,对于自己孩子的任何细微的成长和变化都会注意到。

综上所述,刺激物的特点和主体本身的状态是引起无意注意的两个重要方面,但在现实生活中,这两个因素并不是孤立地发挥作用,而是常常紧密结合在一起,共同对无意注意的产生起作用。

二、有意注意

有意注意又称为随意注意,指有预定的目的,必要时需要作出一定意志努力的注意。

有意注意是一种主动服从于一定的活动目的的注意，它受人的意识的调节和支配。有意注意的对象有时是不容易吸引人们的注意，但又必须去注意的事物。因此，要使注意集中和保持在这样的事物上，就需要一定的意志努力。例如，有的学生对数学不感兴趣，但是为了掌握一定的科学文化知识，就需要克服困难，认真地做好数学作业，这时他的注意状态就是有意注意。

引起和保持有意注意的方法有以下三种。

（一）明确活动目的

有意注意是一种有预定目的的注意，活动的目的越明确、越具体，对活动的意义理解越清楚、越深刻，有意注意就越容易引起和保持。

（二）培养间接兴趣

间接兴趣是对活动目标和结果的兴趣，它在引起有意注意中起重要作用。间接兴趣越稳定，就越能对活动的对象保持有意注意。例如开始学习外语时，背单词，记语法，常常会感到枯燥乏味。但认识到学习和掌握外语的重要意义后，就能够克服各种困难，刻苦攻读，专心致志地学习。

（三）同干扰作斗争

有意注意具有意志性特征，良好的意志品质是保持有意注意的重要条件。人在完成活动和任务时，常常会遇到一些干扰。这些干扰可能是外界的刺激物，也可能是机体的某些状态（如饥饿、疲劳、疾病等），还可能是一些无关的思想和情绪等等。这时要顺利完成活动，就需要用坚强的意志同干扰作斗争，维持有意注意。实验表明，在有刺耳噪音（如汽车的喇叭声、工厂的切削声）的场合下，依靠坚强的意志努力，同样能把一项比较复杂的工作做好。

小学生注意的发展

一般认为，小学儿童的无意注意还占有很重要的地位，有意注意正在发展，但还没有完善。有人用不连续图形为刺激材料，研究了小学生无意注意和有意注意的发展。其图形分别为被5条白横道分成6部分的"K"字母图和6条不连续黑线条组成的"狗"的轮廓图（见图9-2-1）。被试为小学二年级和小学五年级的儿童。对无意注意组的儿童，在材料呈现前要求其辨认图形的内容，材料呈现后却要求其报告看到的线条数；对有意注意组的儿童，则明确要求其观察图形中的线条数。研究发现：

图9-2-1 实验材料

1. 小学二年级无意注意和有意注意的正确判断率大致相当，而小学五年级有意注意的估计正确率比无意注意的高出很多，且差异显著。这就表明小学二年级的有意注意发展水平还比较低，与无意注意相接近；而小学五年级的有意注意已经有了长足的发展，并已在认识活动中占据主导地位。

2. 在无意注意条件下，对狗轮廓图中线条数的估计正确率，小学五年级明显高于小学二年级；而对K字母上白横道的估计正确率，小学二年级和小学五年级很接近。这可能与知觉这两种材料的加工性质不同有关。因为要想看出狗的轮廓,必须要把黑线条组织起来,这样黑线条就成了"组织材料";而要想认清字母 K,则必须排除白横道的影响,这样白横道就成了"排除材料"。这说明对"排除材料"的无意注意,小学二年级已有较好发展;而对"组织材料"的无意注意,小学二年级的发展水平较低,到五年级时有明显提高。

3. 各年级男、女学生的正确判断率无显著差异,表明男、女学生的注意发展水平是一致的。

(资料来源:阴国恩等.关于中小学生无意注意发展的研究.心理科学通讯,1990,(5))

第三节　注意的品质

一、注意的广度

注意的广度又称为注意的范围,是指同一时间内能清楚地把握对象的数量。它是注意在空间上的特性。

注意的广度很早就受到心理学家的重视并对它进行实验研究。有关注意广度的一个古老的实验是往白盘子里撒黑豆子。若是撒 3 粒或 4 粒豆子,通常一眼就能看出来,即正确估计的百分率是 100%;当撒上 5 粒黑豆时,被试的估计开始产生误差;撒的黑豆超过 8—9 粒时,错误估计次数占 50% 以上。

后来有人用速示器做实验,其结果和撒豆子实验差不多。在 0.1 秒时间内,成人一般能注意到 7 个左右的黑点(见图 9-3-1)或 4—6 个没有联系的外文字母或 3—4 个几何图形。

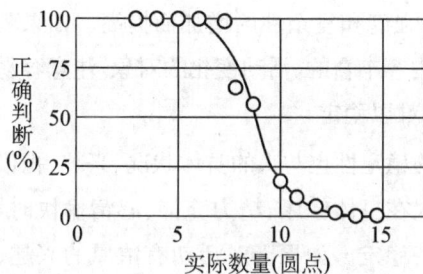

注意对象的特点是影响人的注意广度的重要因素。注意的对象集中,排列得有规律,彼此间整体性强,注意的广度就大;反之,注意的对象分散,排列得没有规律,注意的广度就小。研究表明:对颜色相同的字母要比颜色不同的字母的注意广度大;对排列成行的字母要比分散的字母的注意广度大;对大小相同的字母要比大小不同的字母的注意广度大;对组成词的字母要比孤立的字母的注意广度大。

图 9-3-1　呈现刺激量与正确判断的关系(修匀后的曲线)

(资料来源:张述祖,沈德立.基础心理学.教育科学出版社,1987:225)

注意的广度还受个体知识经验的影响。一个人在某一方面的知识经验越丰富,他对这一方面的注意广度就越大。比如,初学语文的小学生,只能逐字地阅读课文;而熟练掌握汉语的人,就能以词和短句为单位进行阅读。同初学语文的小学生相比,他们对汉字的注意广度大得多,阅读速度也快得多。

人的注意广度还存在着个体差异和年龄差异。不同人的注意广度是不同的;注意广度随着个体年龄增长而增大。

二、注意的稳定性

注意的稳定性又称为注意的持久性,是指注意在同一对象或活动上所能维持的时间。它是注意在时间上的特性。

人的注意不可能长时间地保持不变,一般说来总处于起伏状态。例如,把一个带有一些黑点的白色圆盘装在混色轮上快速转动(见图9-3-2),盘上就会出现一圈一圈的灰色。由于靠近圆心的黑点在其相应的圆圈中所占的黑色比例较大,所以靠近圆心的圈灰色要深一些,靠近边缘的圈灰色相应浅一些。最靠边的圈灰色太淡,因此有时能看见,有时又看不见。这样,人看到的圆盘上的黑圈一会儿为9个,一会儿为6个,一会儿又为4个……这种所看到的灰色圈的数量不断变化的情况,反映出注意的起伏。

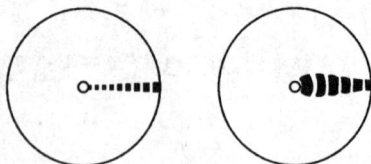

图9-3-2 混色轮上的麦森(Masson)盘

(资料来源:张述祖,沈德立.基础心理学.教育科学出版社,1987:229)

研究表明,注意平均每稳定8—10秒钟就会发生动摇。对于不同的刺激,注意起伏的周期又是不同的。声音刺激的注意起伏周期最长,其次是视觉刺激,触觉刺激的注意起伏周期最短。注意周期性的起伏,人们主观上一般意识不到,对人们的大多数活动也没什么影响,但对某些特殊活动则有重要意义。譬如百米赛跑的预备信号与起跑信号之间相隔时间太长,那么运动员会由于注意起伏而使起跑受到明显影响。如果预备信号与起跑信号之间只隔2秒钟左右,则可以避免这种不良后果。

注意的稳定性与注意对象的特点和主体的状态有关。

在一定范围内,注意的稳定性程度随注意对象的强度和复杂性的增加而提高。如果刺激的强度较大,持续时间较长,注意就容易稳定。对于内容丰富的、活动变化的对象,注意容易保持稳定;而对于内容单调的、静止不变的对象,注意则难以稳定。

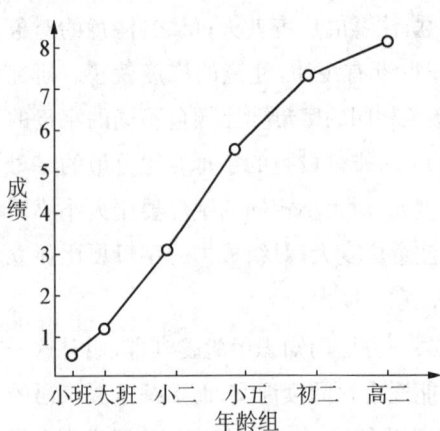

图9-3-3 儿童注意稳定性发展曲线

(资料来源:阴国恩等.普通心理学.南开大学出版社,1998:272)

注意的稳定性也与人的身体状况、兴趣、积极性等有关。人在身体健康、精力充沛、心情愉快时,注意容易保持稳定。如果人对活动有浓厚的兴趣、对活动的意义理解深刻,抱着积极的态度,注意的稳定性会明显提高。

此外,人的注意稳定性还存在着个体差异和年龄差异。注意稳定性的个体差异与其神经活动特点有关,神经活动强的人即使有干扰刺激时,注意也不容易分散。而神经活动弱的人,则注意容易分散。注意稳定性随着个体年龄增长而提高。我国心理学工作者研究表明,从幼儿园小班到高中二年级,注意稳定性一直在发展,但其发展速度不尽相同。幼儿阶段和中学阶段发展速度慢,小学阶段发展速度则很快(见图9-3-3)。

基础心理学(第2版)

同注意的稳定相对立的是分心。**分心**是指注意离开了当前应指向的对象或活动,而指向与当前任务无关的内容。分心又称为注意的分散。

在日常生活中,造成分心的原因很多。如无关刺激的干扰,单调刺激的长时间作用,情绪因素的影响等等。无关刺激对注意的干扰作用取决于这些刺激本身的特点以及它们与注意对象的关系。与注意对象相似的刺激,比不相似的刺激干扰作用大。新颖的、使人产生兴趣的刺激或强烈影响情绪的刺激,容易引起分心。此外,在身体过分疲劳,或神经系统出现某些病理性变化时,也容易产生分心现象。

克服分心现象,保持注意的稳定性,对于学习和其他实践活动都具有重要意义。

三、注意的分配

注意的分配指在同一时间内,把注意指向两种或多种不同的对象或活动。

俗话说"一心不能二用",好像是说注意不能分配。但是,学习、工作和生活中经常要求人们必须得"眼观六路、耳听八方",这就是要进行注意的分配。如教师一边讲课,一边观察学生听讲的情况;汽车司机在双手操作方向盘的同时,脚要踩着离合器,两眼还要注意道路上的行人、车辆、障碍物和信号灯等。那么,注意的分配有哪些条件呢?

首先,同时进行的几种活动,除一种之外,其余几种必须达到熟练和自动化的程度。也就是说,这些活动中至多只能有一种是不熟练的。由于人们对熟练的活动不需更多的注意,因此,可以把注意资源较多地集中到比较生疏的活动上。当同时到达的多个任务没有超出人脑的加工容量时,人就能对它们同时反应,从而使注意的分配成为可能。研究表明,控制双手调节器的动作非常熟练后,被试就可以一边进行操作,一边进行心算。

其次,同时进行的几种活动的性质和关系也很重要。把注意分配在几种动作上比较容易,而把注意同时分配在几种智力活动上就比较困难。如果同时进行的几种活动之间毫无联系,那么要同时进行这些活动就很困难;但如果在几种活动之间已经形成了固定的系统联系,同时进行这些活动就比较容易。例如,自弹自唱,边歌边舞,是在弹和唱、歌和舞之间形成了系统联系后,才能够实现注意的分配的。

严格地说注意的分配并非发生在同一时间内。使用复合器做的实验可以说明这一点。复合器(见图9-3-4)的表面是一个印有100个刻度的刻度盘,有一根指针可以在刻度盘上迅速转动,当指针经过某一刻度时,同时响起铃声。要求被试在听到铃声的同时,说出指针指向的刻度数。实验结果表明,谁也说不准铃响时指针在刻度盘上的准确度数,被试不是把铃响说在这个度数之前,就是说在这个度数之后。这说明既要看指针的位置,又要听铃响这两件事不能同时进行,即人不能同时注意两件事。

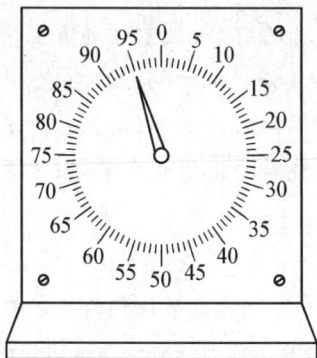

图9-3-4 复合器

(资料来源:张述祖,沈德立. 基础心理学. 教育科学出版社,1987:233)

四、注意的转移

注意的转移是指人根据新任务的需要主动地把注意从一个对象转向另一个对象，或从一种活动转到另一种活动。例如，第一节是数学，第二节是语文，那么学生就要根据新任务的需要主动地把注意从学习数学转移到学习语文上，这就是注意的转移。

注意的转移和注意的分散都是注意对象的更换，但它们是两个根本不同的概念。注意的转移是在活动需要的时候，有意识地把注意从一个对象转向另一个对象；而注意的分散是在需要注意稳定时，注意中心离开了需要注意的对象。

注意转移的快慢和难易主要依赖于先前注意的紧张度。先前注意的紧张度高，注意的转移就困难和缓慢；反之，先前注意的紧张度低，注意的转移就容易和迅速。

新的注意对象的特点也是影响注意转移的重要因素。新的注意对象越符合于人的需要和兴趣，注意的转移就越容易和迅速；反之，注意的转移就越困难和缓慢。

个体的个性特点也影响注意的转移。高级神经活动灵活性高的人，注意转移容易和迅速；反之，高级神经活动灵活性低的人，注意转移就困难和缓慢。

注意的转移对于人的各种活动都很重要。当一项新的活动开始后，注意就应及时地从旧的活动转向这一新的活动，否则就会影响新活动的顺利进行。比如，飞行员在飞机起飞和降落的数分钟内，注意的转移达200多次，如果注意不及时转移，其后果将不堪设想。

课堂上学生注意力的组织

小学生注意的稳定性虽有一定发展，但抗干扰性差，容易分心，一些学生在课堂上不能集中注意学习。为了克服分心，教师不仅应当根据具体情况，从根本上消除学生注意力涣散的原因；还应该灵活运用注意规律来组织教学，使学生集中注意于教学活动。可供参考的做法有：

1. 善于运用无意注意的规律

在教学过程中，教师要善于利用有关刺激物的特点来组织学生的注意，一方面要尽量消除分散学生注意听课的因素，如保持教室周围环境的安静，教室内的布置要简朴等；另一方面则要尽量创造条件使学生注意去听课，如教师讲课时要突出重点，内容重要处要加强语气、适当重复，语言要抑扬顿挫，采用多样化的教法等；而且教师还应了解学生的实际情况，适当考虑学生的需要、兴趣、知识经验和情绪状态等，激发其学习兴趣。

2. 着重培养学生的有意注意

为了搞好学习，不仅要保护和发扬学生对学习的直接兴趣，还要发展他们的有意注意，激发学生学习的自觉性和克服困难的意志。例如，在开始讲授一门新课时说明这门课的目的、任务和意义；在一个新单元开始时明确提出需要解决的问题、任务和要求，在教材比较难懂的地方预先说明问题的复杂性和重要性等。此外，教师还应该根据具体情况，采取不同方法促使学生注意听讲,例如当学生注意开始分散时,教师可以通过暗示或信号(如眼神、语调、走动等)加以制止;教师还可以要求注意分散的学生回答课堂问题,来提醒他;对那些认真听讲的学生给予表扬和鼓励,激发其听课的积极性;对于那些严重违反课堂纪律的学生,应提醒他们遵守课堂纪律,并在课下加以批评,指出其不注意听讲的可能后果。

3. 善于运用两种注意相互转换的规律

在教学中,过分要求学生依靠有意注意,容易引起疲劳和注意涣散;但如果只让学生依靠无意注意来学习,则不利于他们的主动性和意志品质的发展,难于完成学习任务。因此,在教学过程中,教师应当考虑使学生的有意和无意注意有节奏地交替轮换。上课之初,教师需要组织教学引起学生对课程的有意注意,以使学生的注意能迅速转移到课堂上来;接着通过教学方式的改变,如适当运用直观材料或趣味性的谈话,让学生对新课发生兴趣,产生无意注意;当逐步进入教材的重点和难点时,又应当设法使学生加强有意注意,认真思考与理解……当然,使学生的注意作节奏性的变化,并没有固定的模式,这需要教师围绕教学的中心任务,依据教学内容的难度、学生注意力的发展水平与表现情况巧妙安排,并培养学生良好的注意品质。

(资料来源:章志光. 心理学. 人民教育出版社,2002:113)

第四节　注　意　理　论

一、过滤器理论

过滤器理论认为,在信息加工过程中存在着过滤器,它以某种方式对外界刺激信息进行选择。一些信息能通过过滤器被识别和进一步加工,其余的信息则被阻挡在人的认知系统之外。然而对于过滤器的具体位置,不同心理学家各自有不同的理解,从而出现了代表各自观点的不同模型。主要有布鲁德本特(Broadbent,D. E.)的早期选择模型,特瑞斯曼(Treisman,A. M.)的中期选择模型,以及德尤奇和诺曼(Deutsch,F. A.,Norman,D. A.)的晚期选择模型。过滤器理论主要解释注意的选择性问题,因此也被称为注意的选择性理论。

(一)早期选择模型

布鲁德本特最早提出了注意的过滤器理论。过滤器理论认为,从外界进入感觉通道的信息是大量的,但大脑加工信息的能力却是有限的。为了避免阻塞,就需要有一个过滤器对输入信息进行选择,使其中的一部分信息进入高级分析阶段,被识别、储存和加工,而其余的信息则迅速消退。

布鲁德本特设想的过滤器位于语意分析之前,外界信息经感觉器官到达短时贮存器中进行暂存,然后经过选择性过滤,将无用的信息"滤掉",进入知觉系统的仅是要进行认知分析的信息。输入的信息是否能通过过滤器,完全是由刺激的物理属性决定的,知识经验对信息筛选不起作用。这种观点被称为过滤器理论的早期选择模型。

（二）中期选择模型

在双耳分听实验中，事先规定被试只对一只耳（追随耳）输入的信息进行追踪，而忽略从另一耳（非追随耳）输入的信息。通常被试能较好地记住追随耳输入的信息，而对非追随耳输入的信息无法识别。但假若非追随耳输入的信息对个体有特殊意义（如被试的名字），却往往能被觉察到。这是早期选择模型无法解释的。

据此，特瑞斯曼提出：过滤器不是按"全或无"的方式工作，而是按衰减的方式工作的。过滤器有两种，一种位于语意分析之前，称为外周过滤器，它根据刺激信息的特点而对它们给予不同程度的衰减；另一种在语意分析之后，称为中枢过滤器，它是根据语意特征来选择信息的。从追随耳输入的信息受到的衰减很少，能顺利激活长时记忆中的有关项目而被识别；非追随耳输入的信息经过过滤器被衰减，不能与长时记忆中的信息取得联系，因而难以识别。但有的信息（如个体的名字）激活阈值很低，所以即使从非追随耳输入，也能被识别。因此，信息的选择不仅依赖于感觉特征（由刺激的物理属性决定），而且依赖于语意特征（由知识经验决定）。这种理论强调了中枢过滤器的语意分析作用，被称为中期选择模型。

（三）晚期选择模型

晚期选择模型是由德尤奇和诺曼等人提出的。该模型认为，所有的选择性注意都发生在信息加工的晚期，信息的选择依赖于刺激的知觉强度和意义，因而称为晚期选择模型。它假定所有的信息都到达了长时记忆，并激活了其中的有关项目，然后竞争工作记忆的加工。选择性注意属于中枢控制过程的一部分，它是一种主动的机制，通过它，某些信息被选择出来作进一步的加工。晚期选择模型能较好地解释注意分配现象，因为输入的信息都得到了加工。但这个模型假设所有的信息都进入中枢加工机制，看起来颇不经济，也不能很好地解释早期选择现象。

（四）注意的多阶段选择模型

以上三种关于注意选择性的理论，都假定注意对信息的选择发生在信息加工的特定阶段，这样的选择机制显得较为刻板。目前，很多认知心理学家认为：选择过程可以发生在信息加工的不同阶段，选择发生的阶段依赖于任务的要求；在进行选择之前的加工阶段越多，所需要的认知加工资源越多。这种观点被称为多阶段选择模型。

选择性注意中的抑制机制

以双耳分听实验和过滤器理论为代表的传统的注意研究，都集中于选择性注意的兴奋机制，即强调对目标信息的激活。而近年来的一些研究表明，对分心信息的抑制也是选择性注意的重要机制。有关分心信息抑制的研究主要使用负启动范式。

启动指的是先前刺激的加工会对相继的同一刺激或同类刺激的加工产生一定的影响。正启动是指产生了积极的影响，即先前加工使后继加工得到促进；负启动是指产生了消极的影响，即先前加工使后继加工受到阻滞。研究启动效应一般采用以下的实验模式（见图 9-4-1）。

目标重复条件　　　控制条件　　　忽略重复条件

启动实验：　**B** A　　　　A **C**　　　　A **B**

探测实验：　**B** D

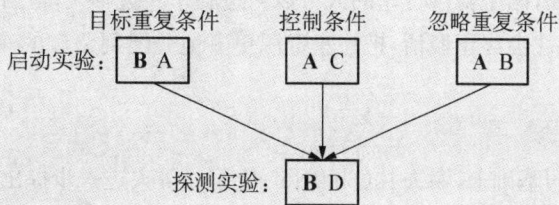

图9-4-1　负启动效应的一般实验模式

(注:粗体字母代表目标,细体字母代表分心物)

实验中首先给被试呈现一对不同的刺激(启动实验),其中一个为目标,另一个为分心物,要求被试辨别目标。实验过程中往往给目标加上明显的颜色或其他线索标志,以便于被试辨别(在本实验中是将目标用粗体字母表示的)。间隔一段时间后呈现另外一对刺激(探测实验),呈现方式同启动实验。启动实验一般包括目标重复、忽略重复①和控制三种实验条件。在目标重复条件下,探测实验中的目标与启动实验中的目标是同一的;在忽略重复条件下,探测实验中的目标是启动实验中的分心物;在控制条件下,启动实验中的字母和探测实验没有任何关系。大量研究表明,在目标重复条件下,被试对探测实验中目标的识别比控制条件下快,显示出正启动效应;在忽略重复条件下,被试对探测实验中目标的识别比控制条件下慢,显示出负启动效应。

负启动效应表明,在启动实验过程中,注意不仅选择和激活了目标信息,同时还抑制了分心信息,导致了随后分心信息成为目标信息时,其提取和加工受到阻滞。这充分说明,抑制机制也是选择性注意的重要成分。

(资料来源:王敬欣.选择性注意中的分心抑制能力发展的实验研究.天津师范大学心理与行为研究中心博士论文,2002)

二、认知资源理论

(一) 资源限制理论

1973年,卡尼曼(Kahneman, D.)在《注意与努力》一书中提出了资源限制理论。与过滤器理论致力于解释注意的选择性机制不同,资源限制理论着重考虑注意如何协调不同的认知任务。

资源限制理论把注意看成是对刺激进行识别和加工的认知资源,其容量或能量是有限的。每一项认知活动都需要占用和消耗一定的认知资源。当人同时进行两种以上的活动时,就会有多项认知任务同时竞争有限的注意资源。因此,只有当这些活动需要的资源之和不超过注意的总资源时,它们才能同时进行。否则,在进行某项活动时,其他活动必然受到阻碍。该理论还认为,注意分配机制是主动而灵活的,它能根据实际需要调整资源的配置,优先加工

---

① 指启动实验中要求被试忽略的分心物,在探测实验中以目标的形式重复出现。

更为重要的任务。例如,两个骑自行车的人可以一边骑车一边聊天,但当他们行驶到交通拥挤的十字路口时,他们往往会终止谈话,把注意资源更多地分配到路口的车辆和行人,以保证自己和他人的安全。

(二) 双重加工理论

在资源限制理论的基础上,谢夫林(Shiffrin, R. M.)等人进一步提出了双重加工理论。该理论认为,人类的信息加工方式有两种:自动加工和控制加工。**自动加工**是由刺激自动引发的无意识的加工过程,不需要有意注意,不受认知资源的限制。自动加工的速度很快,由于不占用系统的加工资源,所以也不影响其他的加工过程。**控制加工**是受意识控制的加工过程,它需要注意的积极参与,要占用系统的加工资源。和自动加工相比,控制加工更为主动和灵活,它可以随客观情况的变化不断调整资源分配的策略。

双重加工理论是对资源限制理论的有益补充,它们共同解释了为什么人们有时能同时做好几件事,如一边做作业一边听音乐,或一边看电视一边聊天等。因为人类认知加工系统的资源是有限的,在同时执行两种以上的加工任务时,往往会发生困难。而如果其中的一项或几项加工已经变得自动化了,不需要占用加工资源,个体就可以将注意更多地集中于其他受意识控制的加工过程之上。

控制加工经过充分的练习之后,有可能转化为自动加工。熟练技能的形成过程,就是动作信息由控制加工向自动加工转化的过程。例如,人在初学骑自行车的时候,注意高度集中于自身,动作僵硬,全身紧张。这时,头脑中对骑车动作的控制属于控制加工。经过充分的练习,骑车技能达到熟练后,头脑中对骑车动作的控制变为自动加工。这时骑车者的部分注意资源就可以分配于其他活动。

思考题

1. 如何利用注意规律组织教学?
2. 通过对个体活动的观察,分析注意品质的个体差异。

第十章 情 绪

本章教学要求

教师讲解的内容

■ 情绪及其功能

■ 情绪的种类

■ 情绪理论

■ 情绪调节

学生自学的内容

◆ 情感的外部表现

◆ 情绪的生理变化

教学重点

▲ 情绪的种类

▲ 情绪理论

教学难点

▼ 情绪的维度与极性

▼ 情绪的认知理论

学习目标:通过本章学习,应能够

★ 掌握情绪的功能

★ 掌握情绪的种类

★ 了解情绪的外部表现

★ 评价各种情绪理论

★ 应用情绪知识调控自己的情绪

俗话说"人非草木,孰能无情"。人们在认识和改造世界的过程中,不可避免地要体验到各种情绪和情感。例如,学习或工作取得了出色的成绩,我们会感到由衷的高兴和喜悦;亲朋好友遇到不幸,我们会感到难过和悲伤;看到有人破坏环境、不守公德,我们会感到气愤和厌恶;当受到不公正的对待,我们可能会感到郁闷和气愤。诸如此类的体验,就是情绪。

在情绪发生时,人们不仅会经历诸如快乐、悲伤、恐惧、愤怒等主观体验,还常常伴随着特定的生理反应模式和行为表现。例如,当人们体验到愤怒情绪的同时,常常血压升高、血流加快、肾上腺素分泌增加;在外部表现上,则可能会面红耳赤、双手紧握、怒目圆睁。情绪是行为动机的重要源泉,例如恐惧的情绪能够促使个体赶紧逃离险境。情绪对于个体适应环境有着重要的意义。

第一节 情 绪 的 概 述

一、什么是情绪

(一) 情绪的定义

情绪是人对客观事物是否符合自己需要所产生的态度体验,是伴随认识活动而产生的一种心理过程。人们在认识客观事物的过程中,不仅可以了解事物的表面特征,揭示事物的本质及其内在联系,同时还会对所反映的事物产生肯定或否定的态度体验。一般来说,当人们遇到能满足自己需要的事物时,便会产生积极、肯定的情绪,如满意、愉快、喜爱、欣赏等;反之,当人们的需要无法得到满足时,就会产生消极、否定的情绪,如苦闷、悲伤、憎恨等。

与认识一样,情绪也是人对客观现实的反映,但情绪过程又不同于认识过程。认识反映的是客观事物本身,而情绪反映的则是客观事物与人的需要之间的关系。

(二) 情绪与情感

除了情绪之外,在心理学中还经常使用情感这一概念。**情感是同人的社会性需要相联系的态度体验**。二者既有区别,又有联系。

情绪与情感的区别主要有三点:①情绪一般与人的生理需要相联系,是人和动物所共有的;情感则主要与人的社会性需要相联系,是在人类社会发展进程中形成的,为人类所特有。②情绪总是与具体的情境相联系,经常随情境的改变而改变,具有较强的情境性;而情感往往与特定的事物相联系,比较稳定和持久。例如,朋友之间有时也会发生争执,并且生气,但事情过后很快又和好了。这是因为生气只是一种短暂的情绪;而友谊则是一种比较稳定的情感。③情绪具有冲动性和外显性,常伴有明显的外部表现,如欣喜若狂、手舞足蹈、怒不可遏、暴跳如雷等;情感则比较内隐和深沉,常常以微妙的方式流露出来,其生理变化也不明显。

人类的情绪和情感虽有区别,但二者又是密不可分的。它们都是对需要是否满足所产生的体验,是同一类型的心理活动。情感的产生会伴有一定的情绪反应,情绪的变化又常常受情感的支配。在一定意义上可以认为:情绪是情感的外部表现,情感是情绪的本质内容。

二、情绪的功能

(一) 情绪的动机功能

人和动物在生存和发展过程中,发展了一系列的应对方式,其中情绪就是有机体适应环境的一种重要方式。情绪能为机体的活动提供能量,即具有动力功能。在情绪发生的过程中,植物性神经系统、循环系统、呼吸系统等相互配合,产生一定的生理唤醒,为机体提供充足的能量,以应付环境中的紧急情况。因此,人在情绪激动的时候,往往可以做出许多平时无法办到的事情。同时,情绪对于生理需要还可以起到信号放大的作用,成为驱使人们行动的动力。例如,人在非常饥饿的情况下会产生进食的生理需要,并伴随着恐慌和急迫的情绪体验,这种情绪体验也是推动个体寻觅食物的动力来源。

研究表明,适度的情绪紧张和兴奋,可以使身心处于活动的最佳状态,进而推动人们有效地完成工作任务,而情绪强度过高或过低都不利于人们顺利地完成任务,反而会降低作业效率。例如,考试时情绪过于紧张,可能会把本来知道的答案也忘了。

(二) 情绪的信号功能

情绪在人际间具有传递信息、沟通思想的信号功能。情绪直接反映着人们的生活境遇,是人们心理活动的晴雨表,如愉悦表示生活状况良好,焦虑表示遇到了困难,抑郁则显示个体遭受了挫折。情绪的信号功能是通过情绪的外部表现,即表情来实现的。

初生的婴儿已经具有了通过察言观色,了解他人情绪的能力;他们还通过情绪表达自己的需要,与成人进行交流,得到成人的关怀和照顾。成年人的表情则更是彼此之间交流思想、愿望、需要和态度等内心活动的有效途径。如微笑表示满意和赞许,而皱眉头则表示否定或疑虑。表情不仅能使言语信息表达得更加全面和明确,而且还能传达出许多言语交流之外的信息。甚至在许多情况下,人们无需使用语言,单凭他人的脸色、手势、动作和语调就能理解相互的意图。

(三)情绪的组织功能

一般来说,积极、正面的情绪对活动有协调、促进作用;消极、负面的情绪对活动起破坏、阻碍作用。日常生活中人们也常有这样的体会:在良好的心境下,思路开阔,思维敏捷,解决问题迅速;而在情绪低落、郁闷时,则思路阻塞,操作迟缓,难有创造。

情绪还能影响人的态度。当人处于积极的情绪状态时,倾向于乐观地看待事物,注意事物的美好方面,对人态度友善;而当人处于消极的情绪状态时,往往用否定的眼光看待事物,悲观失望,态度消极。

鲍尔(Bower,G. H.)的一个实验,具体地反映了情绪性质对认知活动的影响。实验发现,当人心情好时,更容易回忆起那些带有愉快情绪色调的材料;而当人情绪低落时,则容易回忆起那些带有消极情绪色调的材料;如果材料在某种情绪状态下被识记,那么这些材料在同样的情绪状态下更容易被回忆出来。这种现象称为心境—记忆一致性效应。此外,情绪的性质还能影响归因、推理和决策等认知活动。

情绪对活动的影响,归根到底,就是情绪和认识的配合问题。如果配合得当,就会对人的活动起积极作用;如果配合不当,即情绪与不明确、不全面甚至错误的认识相结合,就会产生消极作用。

第二节 情绪的种类

一、情绪的维度与极性

(一)情绪的维度

情绪的维度是指可以从数量上加以衡量的情绪的固有属性。例如,紧张是情绪的一种属性。任何一种情绪产生时,都伴有一定程度的紧张,因此紧张度可以看成是情绪的一个维度。每种情绪在一个特定的维度上都有数量的大小,叫做情绪维度的极性,如强度有"强—弱"两极,紧张度有"紧张—轻松"两极。

早在1896年,冯特就提出了第一个情绪维度理论。他认为情绪可以从愉快—不愉快、兴奋—平静、紧张—松弛等三个维度加以度量。这种说法已经成为历史。现在比较流行的观点是普拉奇克(Plutchik,R.)提出的立体模型(见图10-2-1)。该模型由八个橘瓣体组成,其中每个橘瓣体代表一类基本情绪,如悲伤、愁闷和忧郁就属于同一类情绪。在这八类情绪中,各种最强烈的情绪位于橘瓣体的上部;越往下走情绪强度就越弱。如,悲伤比愁闷强,愁闷比忧郁强。该模型还反映了各种情绪在性质上的关系:互为对顶角的橘瓣体所对应的情绪性质正好相反(如悲伤和狂欢);而空间上邻近的橘瓣体所对应的情绪性质相似(如恐惧和新奇)。

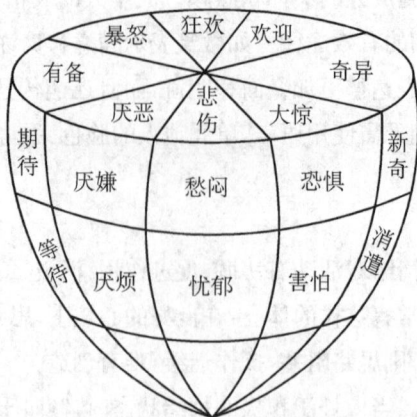

图 10-2-1 普拉奇克的情绪三维模式图

（资料来源：张述祖，沈德立. 基础心理学. 教育科学出版社，1987：123）

（二）情绪极性的具体表现

1. 肯定与否定

几乎每一种情绪，都与人们肯定或否定的内心体验相联系。例如，满意、喜悦、快乐、热爱、崇敬等，是个体对于事物所持的肯定性的体验；而不满、痛苦、忧愁、悲哀、绝望、憎恨等，是个体对于事物所持的否定性的体验。由于客观事物的复杂性，有时个体可能同时体会到肯定和否定的情绪。例如，分别多年的亲人重新团聚是愉快的事，但往往引起对于离别时痛苦的回忆，从而使个体体验到悲欢交集的情绪。

2. 增力和减力

一般说来，积极的情绪（如兴奋、喜悦），对个体的活动起"增力"作用，表现为使个体精神焕发、干劲倍增；消极的情绪（如悲哀、郁闷），对个体的活动起"减力"作用，表现为使个体精神不振、心灰意冷。但在有些情况下，同一情绪，既可以起增力作用，又可以起减力作用。例如，悲痛可以使个体精神不振，但个体也可以"化悲痛为力量"。

3. 紧张和轻松

情绪的紧张度可以分为紧张与轻松两极。例如重要的考试或比赛前后的情绪，就是这种两极性的典型表现。情绪紧张的程度取决于任务的性质，如任务的紧迫性、重要性等；也取决于个体的心理状态，如对自身能力的估计和自我调节能力。一般来说，一定程度的紧张有利于个体集中能量和资源；但过度的紧张有时候也会引起抑制，导致精神疲惫。

4. 激动和平静

情绪激动程度可以分为激动和平静两极。激动情绪常是强烈的、短暂的、爆发式的体验。如激愤、狂喜、绝望等。它们常在事件对个体具有重要意义或出乎意料、超出意志控制的情况下发生。短暂强烈的激动之后，往往出现平静的情绪，以保证人们正常的生活和工作。

5. 简单和复杂

在现实生活中，个体的情绪和情感是很复杂的。比如爱的情感，就包含有柔情、快乐、幸福，甚至嫉妒的成分；而恨的情感，则包含有厌恶、愤怒和恐惧的情绪。有的时候，各种不同性质的情感混在一起,就会令个体百感交集。而也有一些情绪,被认为是很单纯的。在心理学中,快乐、愤怒、悲哀和恐惧被看做是四种单纯的情绪,称为基本情绪。

二、基本情绪的种类

基本情绪是最基本、最原始的情绪类型,每一种都具有独立的神经生理机制、内部体验和外部表现,为人和动物所共有。自上世纪 70 年代开始,美国心理学家伊扎德(Izard, C.)就尝试采用因素分析、跨文化研究等方法探索基本情绪的种类。到目前为止,快乐、悲哀、愤怒、恐惧和厌恶等是多数心理学家所认同的几种基本情绪。

快乐是目标达到之后,或是紧张解除时个体所体验到的心理上的舒适和愉悦。快乐的程度,取决于愿望满足的容易程度和意外程度。个体在满足目标时所付出的努力越多、达到目标越意外,其体验到的快乐就越强烈。

悲哀是个体失去其所盼望、追求或有价值的东西时,引起的情绪体验。悲哀的强度并不取决于所失去事物的实际价值,而是其对个体心理价值的大小。失去的事物对个体的心理价值越大,引起的悲哀感越强烈。

愤怒是目的和愿望不能达到,或一再地受到妨碍,心理的紧张感逐渐积累而形成的情绪体验。如果挫折是由于不合理的原因或被人恶意造成时,容易产生愤怒;而当个体并不知道导致挫折的具体原因时,只会感到沮丧。

恐惧是个体企图摆脱、逃避某种可怕的刺激或情境时所产生的情绪体验。恐惧往往是由于个体缺乏应对或摆脱可怕事物的力量或能力造成的。外界情境突然的、意外的变化,如火灾、地震等都会引起恐惧。恐惧情绪具有很强的感染性,很容易在人群中传播。

三、情绪状态的种类

情绪状态可以分为心境、激情和应激三种。

(一) 心境

心境是一种在一段时间内持续发生影响的、强度较弱的情绪状态。它不是关于某一特定事物的体验,而是具有弥散性特点的体验。心境是人的各种心理活动的情绪背景,当一个人处于某种心境中,往往以这样的情绪状态看待周围的事物,从而使其他事物染上与这一心境相关的"色"调。古语所说的"忧者见之而忧,喜者见之而喜",就是心境作用的体现。

心境可以由对人具有某种意义的心理事件所引起。工作的顺逆,事业的成败,人际关系的好坏,身体健康状况,甚至环境、天气的变化,都可以成为引起和维持某种心境的原因。如有人对天气与心境的关系做了研究,方法是让被试在一个月内,对自己每天的心境按情绪量表进行评定。然后求出这些评定分数与七项天气指标的相关,结果发现:心境状态与天气指标关系密切。比如,焦虑、疑虑和乐观的心境均与日照时间有关。其中,焦虑、疑虑与日照时间呈负相关;乐观心境与日照时间呈正相关。虽然一定的心境总有其产生的原因,但有时人自己并不能清楚地意识到,所以经常可以听到有人这样说:"不知怎么搞的,这几天特别烦。"

除了由当前情境产生暂时的心境外,人还可以有各自独特、稳定的心境,亦称主导心境。

主导心境往往与一个人的性格特征密切相关。如有的人乐观开朗、积极向上,在他的生活中愉快心境便占主导地位;有的人总以消极的眼光看事物,容易抑郁,在他的生活中忧郁的心境便占主导地位。

心境对人的工作、学习、生活有很大影响。积极、良好的心境有助于提高学习和工作的效率,增强克服困难的勇气;消极、不良的心境则使人退缩、消沉。心境虽然由客观事物引起,但它还受人的主观意识所调节和支配。因此,在现实生活中,激发和维持积极的心境,克服消极的心境,是非常重要的。而要做到这一点,关键是要树立正确的世界观、人生观和价值观,同时要注意培养坚强的意志。

(二) 激情

激情是一种强烈、短暂、暴发性的情绪状态,如狂喜、愤怒、绝望等。个体在激情状态下,常常伴有剧烈的动作和明显的表情。比如,愤怒时全身发抖,紧握拳头;恐惧时毛骨悚然,面如土色;狂喜时手舞足蹈,欢呼跳跃。

激情是由强烈刺激所引起的过度兴奋或抑制,事业成功、失恋、被侮辱等生活事件,都容易引起激情。当激情发生时,皮层下中枢的神经活动过于兴奋,大脑皮层的调节和控制作用降低,认识范围缩小,自我控制能力下降,导致"意识狭窄"。这时候人容易冲动,常常做出过激的行为,事过境迁之后又后悔不已。

那么,怎样才能避免激情导致的偏激行为呢?不妨采用下列方法:①转移注意力。当消极的激情将发生时,要尽量把注意从产生这种激情的事物上转移到其他事物上,从而冲淡激情的程度。如想想其他事情,暂时离开等。②心理换位。在激动时要提醒自己:"假如我是他……"这是一种心理换位,因为一个人总是站在自己的立场上看问题,难以互让互谅。如果能从多角度聆听良言,分析事理,气氛就会改善,冲突也会避免。③要用理智和意志去控制情绪,学会制怒。俄国作家屠格涅夫(Тургенев, И. С.)曾劝那些刚愎自用的人,在将要争吵时,先把舌头在嘴里转十圈;林则徐在自己的房里用"制怒"的条幅作为座右铭,类似这样的举措可以起到缓解激情的效果。④合理的释放。心情不快时,可以通过找朋友诉说、谈心来释放怒气。当然,消极激情的控制主要还是要靠加强自我修养。

当然,激情也有积极作用。积极的激情与理智和坚强意志相联系,能激励人们克服艰险,勇往直前。例如,为祖国人民争光的激情,往往成为运动员在国际比赛中战胜对手的力量源泉;胜利完成一项重大任务后的狂欢,可以鼓舞人们继续前进。

(三) 应激

应激是由出乎意料的紧急情况所引发的紧张、急促的情绪状态。人在工作和生活中,往往会遭遇突发事件或危险,这时就要迅速动员机体全部的资源和能量,以应付紧急情况,此时的情绪状态就是应激状态。亲人的猝然病故,工作中的紧急情况,意外的自然灾害等,都会引发应激。

应激状态下的激奋水平比激情状态时更高。在应激状态下,机体会有强烈的生理反应,如肾上腺素分泌增加等,从而使整个身体处于充分动员的状态。但是,如果应激状态持续时间过长,就会导致机体有限的能量消耗过多、过快,降低免疫系统的机能,进而引发全身范围的适应性疾病。

加拿大生理学家塞里（Selye，H.）把应激划分为三个阶段：

一是警觉阶段：机体通过调节自身的生理机能进行适应性的防御。表现为肾上腺素分泌增加、心跳加快、血糖水平和胃酸度暂时性增加。

二是阻抗阶段：身体各个系统的潜能被充分动员起来，以应付危急的情境。这时，全身代谢水平提高，呼吸和心率加快，血压升高，血糖增加。这一阶段持续时间过长，会使体内储存的能量大量消耗。

三是衰竭阶段：表现为体内的各种能量储存几乎耗竭，机体处于危机状态，严重时可导致重病或死亡。

因此，人们应理智地对待生活中的突发事件，尽量降低应激状态的消极影响。同时，还应注意培养思维的敏捷性和意志的果断性，加强应付危急状态技能的训练，提高在意外情况下迅速作出判断和决策的能力。

四、情感的种类

情感是同人的社会性需要相联系的主观体验。主要包括道德感、理智感、美感等。

（一）道德感

道德感是个体根据其道德标准评价自身和他人行为时所产生的情感体验。它是由别人或自己的行为是否符合自己心中的道德信条而引起的。例如，对成就巨大、品行高尚的人的景仰；对忘我工作、献身现代化的人的钦佩；对贪污受贿、腐化堕落的官员的痛恨，都属于道德感的范畴。在不同的时代、不同的社会制度中，道德观念和道德标准是不同的，所以道德感要受社会历史环境的制约。

（二）理智感

理智感是个体追求知识和认知事物过程中产生的情感体验。它与人们的好奇心、求知欲和认识兴趣相联系。个体在认识过程中，当有新的发现时会产生愉快或喜悦；在遇到矛盾的问题时会感到疑惑或惊讶；在作出不太肯定的推测和判断之后会感到不安；在成功地解决了一道难题时会感到兴奋和骄傲，这些都属于理智感。理智感是在认识过程中产生和发展起来的，它反过来又推动着认识的进一步深入，成为个体认识和改造世界的一种动力。

（三）美感

美感是个体根据其审美标准评价事物时所产生的情感体验。美感的成分非常复杂。但从主观体验来看，它具有两个明显的特点：①美感是一种不涉及自身利益的愉悦体验；②美感是一种倾向性的体验。美感的愉悦，表现为个体对美好事物的肯定和爱慕；美感的倾向性，表现为个体愿意接近和欣赏美的事物。审美标准既反映事物的客观属性，又受人的主观意识和社会条件的制约。因此，不同的历史时期、不同的经历和背景的人，对美的感受也会有所不同。

学 业 情 绪

学业情绪（academic emotions）是指在教学或学习过程中，与学生学业活动有关的各种情绪体验，如高兴、厌倦、失望、焦虑、气愤等。学业情绪不仅包括学生在获悉学业成功或失败后所体验到的各种情绪,还包括学生在课堂活动中,或完成作业过程中,以及考试期间的情绪体验等。学业情绪与成就动机、归因和自我效能感有着密切的联系。学业情绪作为一种非智力因素,对学生的成长和发展起着重要的作用,主要表现在以下四个方面:

第一,良好的学业情绪有助于学生认知活动的顺利开展。

良好的学业情绪是学生学习过程中认知活动顺利开展的有力保证。当学生处于愉快等积极的唤醒情绪状态的时候,对学生的注意、记忆、判断、推理等认知活动的促进作用最大。此外,良好的学业情绪可以激发学生的学习动机,还帮助学生克服学习过程中的困难,维持学习活动的顺利进行,保证学习任务的完成。相应地,学习任务的顺利开展,增强了学生的自信心和应对困难的勇气,也有利于学生良好学业情绪的建立。

第二,良好的学业情绪有助于学生形成积极主动的学习态度。

当一个学生处于积极的情绪状态时,他会变得乐于学习、善于学习,就会对学习产生浓厚的兴趣。可以说,良好的学业情绪是提高学生学习兴趣的中介变量。而缺乏学习兴趣,恰恰是影响我国儿童学业发展的"瓶颈"。因此培养学生良好的学业情绪,进而使学生主动对学习产生兴趣更显得重要。

第三,良好的学业情绪有利于建立良好的师生关系。

良好的学业情绪有助于教师与学生之间的良性互动,进而促进良好师生关系的建立。这需要教师给予学生热情的鼓励和建设性的评价,让学生有成功的情绪体验;还要求师生之间进行真诚的、心与心的沟通和交流。可以说,良好的学业情绪与良好的师生关系是相辅相成的。

第四,良好的学业情绪有利于学生的身心健康发展。

良好的学业情绪不仅能够对学业成绩产生积极的作用,还有利于提高学生身心健康发展水平。如果能够给学生营造一个宽松平等的学习环境,让学生形成良好的学业情绪,就会减轻学生的学习压力,增强学生主动学习的动力,进而促进学生形成良好的心理品质和健全的人格。

(资料来源:俞国良,董妍. 学业情绪研究及其对学生发展的意义. 教育研究,2005,(10))

第三节 情绪的表现

一、情绪的外部表现

情绪体验的外部表现称为表情动作,简称表情。人的表情主要有面部表情、言语表情和动作表情。

面部表情是指面部的表情动作,它是情绪表达的主要通道。人类的面部表情可以用额眉部、眼鼻部和口唇部的变化来标志,这三个部分肌肉运动的不同组合,就构成了不同的面部表情,表达着相应的情绪。例如,人在愉快时,额眉部放松,眉毛稍降;眼鼻部眼睛眯小,面额上提;口唇部嘴角后收、上翘等。研究还表明,植物性神经系统的变化也会在面部表情中体现出来,例如人在羞愧时因血管舒张而脸红,恐惧时因血管收缩而苍白。

言语表情是情绪在语言的音调与节奏、速度等方面的表现。同一句话,由于说话者语气、语调的不同,往往能给听话者以完全不同的感受。例如,人在高兴时音调轻快,悲哀时声音低沉缓慢,愤怒时说话大声严厉。很多优秀的演说家就是靠他们的言语表情去打动和说服听众的。

动作表情是情绪在身体姿势和四肢动作方面的表现,以手脚部位的运动为主。在不同的情绪状态下,人们的动作表现往往也会不同。例如,人在欢乐时手舞足蹈,悔恨时捶胸顿足,惧怕时手足无措,悲哀时肃立低头。因此,根据动作也能在一定程度上识别人的情绪。

表情是人与人之间表达态度、交流思想的重要手段之一,它能表达很多语言无法表达或不便于表达的心理内容。语言可以心口不一,察言观色则可以发现真实的心理状态。当然,有时人也可以有意识地控制自己的表情,从而隐藏自己真正的情绪和态度。

关于表情的起源,达尔文(Darwin, C. R.)认为,原始表情的产生是为了适应环境,增加生存机会。例如,愤怒时的咬牙切齿、双拳紧握、怒目而视,是人类祖先作出的准备搏斗的姿态,同时也起到威吓敌人的作用。这些情绪表现通过遗传保留了下来。现在,人类用表情传递非言语的信息,表情成了人类交际的重要手段。那么表情究竟是先天的还是习得的呢?艾克曼等人(Ekman, P. et al.)有一个经典的实验,是让不同地区和民族的人,去看六种不同表情(愉快、厌恶、惊奇、悲哀、愤怒、恐惧)的成人照片。结果发现,不同文化背景中的人,对照片中表情的判断几乎是一致的。这说明表情中有先天成分。当然,后天环境对表情也有影响。例如,先天性盲人,表情一般比较呆滞;如果是后天失明,失明得越晚,其表情就越正常、丰富。另外,西方人表情比较开放,东方人表情则比较含蓄,这也是由后天环境的不同造成的。

二、情绪的生理变化

机体在情绪状态下会出现许多生理反应,它们主要受植物性神经系统和内分泌系统支配,而受人的主观意识影响较小。倘若用特定的仪器把这些反应记录下来,就可以作为情绪活动的客观指标。例如,心率、血压、脉搏、呼吸、心电、脑电、皮肤电等,均可以作为反映情绪变化的生理指标。

个体在不同的情绪状态下,呼吸频率和深度会有所变化。据研究,人在愤怒时,呼吸每分钟可达40—50次(平静时每分钟20次左右);突然惊恐时,呼吸会暂时中断;狂喜或悲痛时,呼吸还会发生痉挛现象。

个体情绪变化时,也会引起循环系统活动的变化,如心跳速度和血压的改变、血液中的化学成分的变化、外周血管的收缩与舒张等。

个体情绪的变化往往还会引起各种内分泌腺(如肾上腺、胰腺)和外分泌腺(如泪腺、消化腺)活动的变化。例如个体在焦虑、悲伤时,消化腺的活动往往受到抑制,使肠胃蠕动减慢,食欲衰退;惊恐、愤怒时,唾液常常停止分泌,使人感到口干舌燥;紧张、激动时,肾上腺素的分泌会增加,使人脸红心跳。

人在惊恐、困惑、紧张时,汗液分泌也会发生变化,而汗液中含有大量的导电离子,进而使皮肤导电性随之改变。在不同情绪状态下,脑电波也会发生变化。通常人在清醒、安静、闭目状态时,脑电呈现 α 波;在紧张焦虑状态下,出现高频率、低振幅的 β 波;熟睡时,出现低频率、高振幅的 δ 波。

测　谎

情绪的生理反应及其测定研究在许多实践领域中得到了应用,测谎就是其中之一。

人在说谎的时候,往往会产生一些不寻常的情绪反应,如紧张、焦虑、内疚等,并伴有机体的生理变化。特别是那些从事过违法和犯罪活动的人,在被问及相关问题的时候,常常为隐瞒真相而故作镇定,但这种"隐瞒"和"假装"本身就会引起相应的生理反应,而且这些生理反应是个体难以控制的。多导生理记录仪能同步记录多项生理指标,在测谎时常常用它来记录被测者的生理反应。

测谎的一般过程是:先测定被测者各项生理指标的基础水平,然后向被测者提出一系列问题,其中包含与案情无关的一般问题和与案情有直接关系的"重要"问题(起鉴别作用)。如果被试在回答鉴别性问题时的情绪表现与回答一般问题时不同,即产生紧张性的情绪反应,则说明他很可能涉案。

近年来,又出现了一种语音分析型的测谎仪。它采取电子滤波和鉴频技术,分析人说话声音中的声波,根据人在说话时的语音颤动,来判定其心理上的紧张度。它可以和电话机、录音机等电声设备配合使用,操作起来更为简单和方便。

虽然测谎仪在司法领域有着重要的应用价值,但由于能引起人的生理变化和紧张反应的因素有很多,其中的一些是很难预测和控制的,因此测谎仪记录的结果只能作为参考,而不能作为判定事实的依据。

(资料来源:张述祖,沈德立.基础心理学.教育科学出版社,1987:156)

第四节　情绪理论

一、情绪的生理理论

(一)詹姆士—兰格理论

美国心理学家詹姆士和丹麦生理学家兰格(Lange,C.)于 1884 年和 1885 年分别提出了相似的情绪理论,被合称为詹姆士—兰格情绪理论。

詹姆士和兰格都认为,情绪是由有机体的生理变化特别是内脏活动所引起的知觉体验。没有生理变化,就不会产生情绪。兰格特别强调情绪与血管变化的关系。他认为血管舒张,就产生了愉快的情绪;血管收缩或器官肌肉痉挛,就产生了恐怖的情绪。饮酒引起血液循环加快,血管扩张,因而使人兴奋;冷水浇身引起血管收缩,就可以使愤怒减弱。

詹姆士说:"我以为:我们一知觉到激动我们的对象,立刻就引起身体上的变化;在这些变化出现之时,我们对这些变化的感觉就是情绪。"[1]并说:"因为我们哭,所以愁;因为动手打人,

---

① B·兰德编.西方心理学家文选.唐钺译.科学出版社,1959:165-167

基础心理学(第2版)

所以生气;因为发抖,所以害怕;并不是我们愁了才哭;生气了才打;怕了才发抖。"[①]根据詹姆士的观点,哭泣、打人、发抖都是引起情绪的原因,这与人们的日常观念恰好相反。上述理论可用下图(见图 10-4-1)表示:

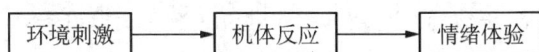

```
┌────────┐    ┌────────┐    ┌────────┐
│ 环境刺激 │ ─→ │ 机体反应 │ ─→ │ 情绪体验 │
└────────┘    └────────┘    └────────┘
```

图 10-4-1　詹姆士—兰格情绪理论图示

(资料来源:阴国恩等. 普通心理学. 南开大学出版社,1998:309)

詹姆士—兰格理论指出了生理变化与情绪过程的密切关系,有其合理的一面;但他们忽视中枢神经系统对情绪的调节、控制作用,否认了人的态度对情绪的决定意义,是不可取的。尽管如此,詹姆士—兰格理论引发了关于情绪机制的大量研究,对情绪研究作出了重要贡献。

(二) 坎农—巴德的丘脑学说

美国生理学家坎农(Cannon, W. B.)对詹姆士—兰格的情绪学说提出了质疑。他认为:第一,根据生理变化很难分辨各种不同的情绪,因为在各种情绪状态下机体的生理变化并无很大的差异。第二,机体的生理活动主要是受植物性神经系统的支配,变化缓慢,难以说明情绪瞬息多变的事实。第三,药物(如肾上腺素)能够激起机体的某些生理变化,却不能直接造成某种相应的情绪。第四,切断动物的内脏器官与其中枢神经系统的联系,动物的情绪反应并没有完全消失。

根据上述事实,坎农和巴德(Bard, P.)认为,植物性神经系统控制的生理反应不是情绪发生的原因。情绪机制的中心不在外周神经系统,而在中枢神经系统的丘脑。情绪产生的具体过程如图 10-4-2 所示。感受器(R)接受刺激后产生的兴奋,沿着神经通路 1 到达丘脑(Th),再经过 1 传达到大脑皮层(C),引起大脑皮层的兴奋,从而形成我们对外界对象的知觉。然后,皮层的兴奋通过神经通路 3,使经常处于抑制状态的丘脑中心得到释放,引起一种情绪模式(P)。丘脑的神经冲动沿通路 2 引起内脏(V)和横纹肌(SKM)的活动,从内脏和横纹肌系统来的内部感觉回到丘脑,并通过通路 4 再回到大脑皮层,在皮层上和最初的知觉相结合,就使我们关于外界对象的知觉带上了情绪色彩。

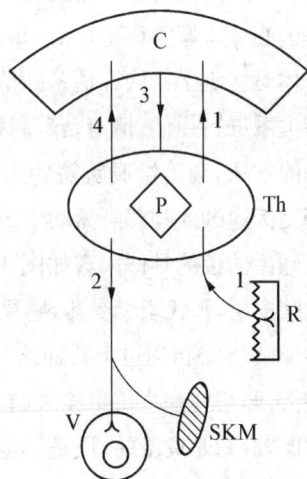

图 10-4-2　丘脑与情绪的关系

(资料来源:张述祖,沈德立. 基础心理学. 教育科学出版社,1987:178)

① B·兰德编. 西方心理学家文选. 唐钺译. 科学出版社,1959:165-167

下丘脑与快乐情绪

美国心理学家奥尔兹(Olds, J.)用埋藏电极法进行了"自我刺激"的实验,发现下丘脑和边缘系统等部位存在着"快乐中枢"和"痛苦中枢"。实验是这样做的:在白鼠的下丘脑背部的相应部位埋上电极,电极通过电线与一个起开关作用的杠杆和电源相连。将白鼠放入一个可以按压杠杆的箱子里,当白鼠按压杠杆时,电源就会接通,埋藏的电极就会向白鼠脑部发出一个微弱的电刺激,使其产生快乐的体验。这样,白鼠就不断地按压杠杆,以获得电刺激,产生快乐感。有的白鼠竟以每小时5000次的频率去按压杠杆,并能连续按压15—20小时,直到筋疲力尽、进入睡眠为止。如果在下丘脑以外的脑部埋下电极,则没有出现上述情形,或者快乐效果不明显。由此推断,白鼠的下丘脑中存在一个"快乐中枢"。此外,在下丘脑的其他部位还有"痛苦中枢",当这一区域受到电刺激后,白鼠就会产生痛苦的情绪,从而促使它们学习按压另一杠杆,以截断对其脑部的电刺激。

有人把"自我刺激"的实验方法运用于病人身上。当用电脉冲刺激病人的下丘脑的某些部位时,病人会面带微笑,表现出高兴的样子。病人在描述自己对刺激的感觉时,也说有良好的感觉。这说明人的下丘脑也可能存在"快乐中枢"。

(资料来源:张述祖,沈德立. 基础心理学. 教育科学出版社,1987:180)

二、情绪的认知理论

(一)阿诺德的认知评估学说

美国心理学家阿诺德(Arnold, M. B.)在20世纪50年代提出了认知评估说,指出情绪来源于个体对客观事物的评估。她认为个体在认识客观事物的时候,会不由自主地对其与自身的利害关系进行评估;情绪是趋向评估为有益的、离开评估为有害的事物时产生的一种体验。如食物的香味,会给饥肠辘辘的人带来愉快的情绪体验,可是酒足饭饱的人却感到无动于衷。

认知评估说的具体内容如图10-4-3所示。图中C代表大脑皮层,R代表感受器,感受器接受到刺激,经由丘脑的转换站(SR)再通过上行通路(1)传到皮层,Ev是对情境的评估,即用大脑皮层里原来储存的信息和现在新输入的信息比较,看是危险的,还是不危险的。从而产生情绪:F代表恐惧,A代表愤怒。情绪产生以后,其信息通过下行通路(2和2′),传达到植物性神经系统的转换站(SNS和PNS),再到达血管和内脏组织(BIV),引起它们的变化。然后又把这些器官的变化,通过上行通路(3)返回到皮层,产生关于内脏变化的感觉,并且也会受到储存信息的评估。这些对生理变化的评估(S)与前面对情境的直接评估(F和A)汇合起来,便产生了最终的情绪体验。

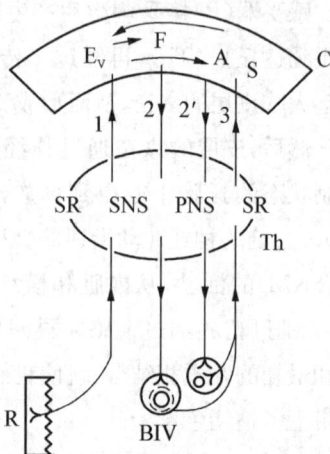

图10-4-3 情绪的认知评价学说

(资料来源:张述祖,沈德立.基础心理学. 教育科学出版社,1987:174)

(二) 沙赫特的激活—归因理论

自从阿诺德的认知评估理论提出以后,情绪理论中认知因素的作用日益被重视。1962年心理学家沙赫特(Schachter, S.)和辛格(Singer, J. E.)一起做了一个著名的实验。他们给被试注射一种叫肾上腺素的药物,这种药物能使人出现心悸、脸红、呼吸加快、血压升高等生理变化。但实验前却告诉被试,注射该药物的目的是为了研究它对视觉的影响,以掩盖实验的真实目的。然后,把被试分成三个实验组。对第一组(知情组),主试正确地告知注射药物后可能引起的反应;对第二组(假知情组),主试告诉他们药物会使他们感到双脚发麻、头痛等,此乃虚假信息;对第三组(不知情组)则什么也不说。

药物注射后,各组被试又被随机分为两组,分别被带入两个休息室中等候。在一个休息室里,实验者的一个助手唱歌、跳舞,制造出令人愉快的情境;在另一个休息室里,实验者的助手跺脚、怒骂,强迫被试填写烦琐的问卷,并对被试横加指责,制造出令人生气的情境。

实验的逻辑是:如果生理因素单独决定情绪,那么三个实验组的被试应产生同样的情绪;如果环境因素单独决定情绪,那么,所有进入"愉快情境"中的被试都应该显得愉快,而所有进入"生气情境"中的被试都应该显得气愤。实验结果是:第一组(知情组)的被试在房间里表现得相对平静,不大理会实验者助手的行为;而第二组(假知情组)和第三组(不知情组)被试则倾向于追随实验者助手的行为,表现出愉快或气愤。这表明生理因素和环境因素都不能单独地解释情绪产生的机制。

根据这一实验的结果,沙赫特与辛格提出了情绪的激活—归因理论,即认为环境刺激激起了生理反应,而个体对这种生理反应的归因决定了情绪的性质。知情组的被试由于对自己的生理反应有了正确的了解,所以不再从环境中去寻找解释,因而在各种情境下都比较平静;而假知情组和不知情组的被试,由于对自身的生理反应不能作出恰当的说明,就将其归因于外部情境,并产生了与情境一致的情绪。

沙赫特和辛格认为,情绪的产生是环境刺激、生理变化、认知过程三种因素整合作用的结果,其中认知过程起着最关键的作用。

(三) 拉扎勒斯的认知—评价理论

拉扎勒斯(Lazarus, R. S.)在上世纪70年代提出了认知—评价理论。该理论认为情绪是人与环境相互作用的产物。面对环境人们会分析刺激事件的意义,作出有益或有害的判断,进而决定应该采取何种行动。也就是说在情绪活动中,个体需要不断地评价自己与环境事件的关系。拉扎勒斯认为,个体的认知评价可分为三个层次:

首先是初评价,主要是指个体确定所面临的刺激事件的性质和意义,事件与自身的利害关系,以及这种关系的程度。例如,个体如果认为别人对自己的评价具有贬低或侮辱的含义,就会产生愤怒的情绪。相同的刺激事件由于个体的认知和先前经验等的影响会使人们产生不同的情绪。

其次是次评价,指的是个体在对刺激事件有了清晰的认知后,对自己调节和控制情境能力的判断,并据此选择有效的应对措施和方法。如个体在产生愤怒的情绪以后,对侮辱自己的人是采取以牙还牙的方式进行报复,还是强忍怒火、隐忍不发,依赖于个体对情境和自身控制力的判断。

最后是再评价,这是一种反馈性评价,是个体根据行为反应后果而产生的对情绪和行为反应适宜性和有效性的判断。如个体在采取了以牙还牙的行为反应之后,遭到了周围人的批评,那么他就会调整自己对刺激事件的初评价和次评价,并相应调整自己的情绪和行为反应。

第五节 情绪调节

一、情绪与身心健康

(一) 情绪性质与身心健康

人们的情绪有些是积极的,有些是消极的,有些是短暂的,有些是持续的。一般来说,积极的情绪有利于身心健康,而短暂的消极情绪随着刺激的消失而消失,也不会对健康产生较大的不良影响。但是,如果消极情绪(如焦虑、抑郁、悲伤、恐惧等)长期存在,由其引起的生理唤醒久久不能复原,就会给人的身心健康带来危害。

消极情绪对身心健康的影响程度因人而异。耐受力较强的人,消极情绪会影响他的工作效率,但不一定会危及健康。而耐受力弱的人,长期的紧张、焦虑会降低他们的免疫能力,更容易最终导致心身疾病。在医学上,常见的心血管病、消化道溃疡、糖尿病、哮喘、甲状腺功能亢进等都与长期的消极情绪有密切关系。对这些疾病的治疗,除了药物、手术外,往往还需要心理治疗。美国霍普金斯大学的托马斯(Thomas, C. B.)曾对该校的1000多名学生进行了追踪调查,结果发现,其中的48个后来患了癌症的人,大多具有敏感、抑郁的个性,经常处于怨恨、焦虑等不良情绪之中。我国的中医学认为"怒伤肝"、"思伤脾"、"恐伤肾",也从一个侧面说明了情绪对身心健康的影响。

(二) 应激与身心健康

应激是人对意外的环境刺激所做出的适应性反应,是个体对外界刺激的一种反应模式。当刺激事件打破了有机体的平衡,或超过了个体的负荷能力,个体就会处于应激状态,感受到压力。应激分为急性应激和慢性应激。急性应激大多是由突发的威胁或者危险引起的,如突发的火灾、地震等环境灾害,亲人的突然亡故,生病、失业或考试等。而慢性应激则是一种持续很长时间的应激状态,人际矛盾、贫穷、环境污染、慢性病、拥挤的环境等是常见的慢性应激源。

处于应激状态的个体需要调动各种内、外部的资源应对不良刺激,因而会持续消耗个体的能量。如果长期处于应激状态,会最终导致个体资源和能量的消耗和枯竭,免疫力降低,对人体造成极大的伤害。有研究证明,长期的精神紧张和压力会使个体生病的概率增加3—5倍。小至感冒,大至癌症,都与人的应激反应有关系。持续的应激状态还会引发诸如头痛、睡眠障碍、脾气急躁、肠胃不适、心境低落、家庭关系紧张、人际冲突等问题。

由于情绪还具有动机和组织功能,因此消极情绪不仅会影响个体的身心健康,还会使个体的认知水平和工作效率下降,进而影响个体的事业发展。因此,树立积极的人生态度,保持开阔的胸怀和良好的心态,是促进个体身心健康和社会适应的一个重要方面。

二、情绪调节

(一) 情绪调节的概念

情绪调节是个体主动采取措施,调整和改变自己或他人情绪的过程,即通过一定的策略,使自己或他人在主观体验、生理唤醒和表情行为等方面发生变化。

针对具体情绪的调节包括两方面,一是对情绪性质的调节,二是对情绪强度的调节。

情绪有积极和消极之分,例如高兴、快乐、愉悦等是积极情绪,郁闷、悲伤、厌恶等是消极情绪。当个体意识到自己处于消极的情绪状态时,可以主动地采取一些措施,如交朋会友、外出游玩、上街购物、观看相声小品等,来使自己的心情向积极的方面转化。

对情绪强度的调节主要表现在对个体过高或者过低的唤醒水平和情感体验的调节。如遭遇到悲痛的事情,要及时疏导情绪,防止过于悲痛的心情对个体的身心造成进一步伤害;当取得成功、大喜过望时,也要有所克制,以防忘乎所以、乐极生悲。

(二) 情绪调节的类型

情绪调节可以从不同的角度进行分类。

1. 自我调节和外部调节

根据情绪调节过程的来源,可以分为自我调节和外部调节。自我调节来源于个体内部,是个体主动、自发地对自身情绪的调节;而外部调节来源于被调节对象以外的环境,在情绪调节的过程中被调节对象相对被动地作出反应。

例如,学生如果第一次离家独立生活,并将独立面临新的环境,难免会有失落、焦虑的情绪反应,此时如果自我安慰说“这只是短暂的分离,假期便可回家”,或者“这是一个考验自己独立生活能力的好机会”,低落的情绪会有所缓解,这就属于自我调节。而外部调节则是来源于个体以外的个体或群体,是外界给予自己情绪或自己给予他人情绪的调节。如果老师和学长发现了一些新同学有类似的情绪反应,给予积极的支持和鼓励,使这些新生焦虑的情绪有所缓解,便是外部调节。

2. 原因调节和反应调节

每一种不良情绪的产生都有其原因,所谓原因调节是针对引起情绪的原因进行的调节,即致力于消除引发不良情绪的外界刺激或情境,克服所面临的困难和问题,所以又称为问题中心的调节。例如,即将到来的考试可能会引起个体的焦虑,于是个体通过认真全面的复习和准备,努力做到心中有数,从而使自己的焦虑得到缓解。再如个体觉察到领导对自己不太满意,于是努力减少自己工作中的疏漏,提高业务水平,或者是主动找到领导寻求指导、消除误会,从而改变这一状况。

反应调节直接针对具体的情绪反应而不是实际问题。它是在情绪激活或诱发之后,采取转换认知、增强或减少唤醒水平、抑制或掩饰情绪表现等策略调整自己对刺激事件的反应,而不大考虑引发情绪的刺激事件。例如,当个体在某次任务中遇到失败,他可能会归因于自己的状态不好,或者认为该项任务无足轻重,不需挂怀;即使他实际上很在意这次任务的成功与否,并为失利而懊恼,但在行为上也努力表现得若无其事,避免引起别人的注意。

3. 认知调节和行为调节

情绪与认知有着密切的关系。个体的不良情绪,很多时候是来自于对刺激事件的片面、绝对和过于概化的认知。所谓认知调节,就是通过改变对环境刺激的认知评价来改善情绪体验。例如,当一个人和他人发生冲突后,开始可能非常生气,觉得对方故意和自己作对,可恶至极。但后来他回想冲突产生的经过,觉得自己也有不对的地方,对方并非有意和自己作对,于是愤怒情绪就会减轻。或者个体又想到那个人和其他很多人也都有矛盾,于是推测他是一个不善于和别人沟通的人,这样就不那么生气了。

行为调节是指个体对自己的表情和外显行为的控制和修饰。在日常生活中,人们可以抑制和掩盖不适当的情绪表达,也可以呈现适当的交流信号。例如,当遇到一个相熟的朋友,人们大多会主动微笑、招呼和握手,表现出愉快的情绪。再如,当个体和他人发生了矛盾时,为了保全面子、维持关系,可能选择抑制自己的愤怒情绪。研究表明,对表情的调节也会在一定程度上影响情绪体验。

(三) 情绪调节的个体和文化差异

情绪调节的一个重要特点就是它的个体差异。不同的个体情绪调节的能力和方式各有不同。例如,有的人善于察言观色,对别人的情绪变化敏感,有的人则相对迟钝;有的人要过很久才能从消极情绪中恢复过来,有的人则能很快忘却不愉快的遭遇;有的人喜欢通过户外运动来解除压力,有的人则喜欢向好友倾诉心中的不快。此外,情绪调节的个体差异还表现在情绪的易感性和唤醒水平等方面。

情绪调节还受到文化背景的影响。就拿美国和中国来说,前者属于个体主义或独立的文化,而后者属于集体主义或相依的文化,或者说相对于中国文化,美国文化对于个性更加鼓励和包容。这种文化上的差异会影响情绪的产生、表达和调节。例如,美国人对气愤或愤怒情绪的表达比较直接;而中国人遇到同样生气的情境,可能会主动抑制自己的情绪,不直接表达出来。因为在重视独立和个性的文化中,表达愤怒是十分普遍的,而在集体主义的文化中,这样的做法被认为是有损和谐关系的表现。

思考题

1. 情绪是如何发生的? 它对人的行为有何影响?

2. 试比较情绪的认知理论,并说明它们的异同。

3. 情绪和身心健康有何关系? 在现实生活中如何有效地调节情绪?

第十一章 动　机

教师讲解的内容

- ■ 动机概述
- ■ 社会性动机
- ■ 意志行动与动机冲突
- ■ 动机理论

学生自学的内容

- ◆ 动机的一般分类
- ◆ 意志行动的特征

教学重点

- ▲ 生物性动机和社会性动机

- ▲ 动机理论

教学难点

- ▼ 需要和动机的关系
- ▼ 动机的认知理论

学习目标：通过本章学习，应能够

- ★ 了解动机的概念与功能
- ★ 了解主要的生物性和社会性动机
- ★ 理解意志行动中的冲突与挫折
- ★ 掌握并应用耶克斯—多德森定律
- ★ 评价各种动机理论

　　1968年，心理学家罗森塔尔（Rosenthal, R.）和其助手开展了一项研究，他们在一所小学进行了一次"预测未来发展的测验"，并把他们在测验时发现的"很有潜力"的学生告诉老师，但要求老师不要告诉学生本人。八个月后，他们又来到这所学校进行复试，结果发现那些"很有潜力"的学生果然比其他学生有更大的提高，表现出更强的求知欲和适应能力。然而，罗森塔尔等人当初提名的"很有潜力"的学生，是从全体学生的名单中随机抽取的；而更令人惊奇的是，这些学生竟然真的表现出更大的提高。研究者认为，教师受到心理学家的暗示，对这些所谓"很有潜力"的学生抱有积极期望，而他们的期待和欣赏会被学生敏锐地感受到，成为激励学生努力学习的强大动力。这一现象也因此被称为"罗森塔尔效应"。

　　在"罗森塔尔效应"的实验中，教师的期待成为激发学生学习的动力。事实上，不仅是学习，人的各种其他行为也都离不开其内在动力。心理学中，把这种内在动力称为动机。除了学习动机外，人还有多种生物性和社会性动机，它们是推动个体活动的动力。

第一节　动机的概述

一、什么是动机

　　所谓**动机**，是指引起和维持个体活动，并使活动朝向某一目标进行的内在动力。动机对每个人都很重要。个体的活动,除无意识行为之外,都是在动机的支配下进行的。如果一个人没有一点动机,那么他就会对各种刺激无动于衷,不与环境发生作用,成为"植物人"。

动机主要具有三种功能:①激发功能。个体的行为,绝大多数都是由动机激发的。如果没有学习动机,就不会进行有目的的学习;如果没有交往动机,就不会有主动的交往活动。②指向功能。动机具有把个体的行为活动引向某一特定目标的功能。例如,学习的目的是掌握知识、增进能力,而能实现这一目的的方式多种多样,可以去学校读书,也可以自学。学习的内容也有很多方面,如知识、技能、策略等。每个方面还包括很多具体的科目,如文科、理科、艺术、体育等。因此,学习动机不仅要为个体的学习提供动力,还要把个体的学习活动引向具体的目标或对象,即具体指引学什么? 怎么学? ③维持和调节功能。当活动产生以后,动机维持着这种活动,并调节着活动的强度和持续时间。如果活动达到了目标,动机就促使个体停止这一活动;如果活动尚未达到目标,动机就驱动个体维持甚至加强这一活动,或者转换方向,寻求达到目标的其他途径。比如,个体在觅食活动中没有找到食物,即没有达到目标,饥饿状态无法解除,那么进食的动机就会促使个体继续寻找下去,直到获得满足。

个体的行为是千变万化、多种多样的,作为个体行为内在动力的动机,自然也是复杂多变的。动机的复杂性表现在以下几个方面:①相同的活动背后可能有不同的动机,不同的活动也可能由相同或相似的动机所支配。例如,虽然很多学生都认真学习,但其学习动机却可能不同:有的是为了将来能更好地报效祖国;有的是想将来能找一份好的工作;有的是因为害怕老师和父母的责备。反过来,同样是为了健身:有的人去跑步;有的人去打球;有的人去游泳。②就单个的动机而言,其性质也是复杂的。拿进食动机来说,虽然它属于原始的生物性动机,但由于受社会文化因素的影响,很多时候人们的饮食行为都不单是为了消除饥饿,往往还有其他的目的,比如说人际交往。③人的活动通常都受多种动机支配,个体的行为往往是多种动机整合的结果。比如说两个人交朋友,除了感情的因素外,往往还有现实利益的因素。

二、需要与动机

(一) 什么是需要

需要是机体内部的一种缺乏或不平衡的状态,它表现为机体对内部和外部生活条件的稳定要求。这些要求的内容既包括阳光、空气、食物等自然条件,也包括交往、学习、成就等社会条件。当这些要求引起机体内部的不平衡状态,并被机体感受到时,就成为人们的需要。例如,血液中血糖浓度的降低就会产生进食的需要;机体内水分的缺乏则会产生喝水的需要;感到孤独就会产生交往的需要等。当需要得到满足后,机体在生理或心理上的不平衡状态就消除了。这时,有机体内部又会有新的不平衡状态出现,又会产生新的需要。

人既有生物性,又有社会性,因此人的需要也可分为生物性需要和社会性需要两个方面。其中,生物性需要主要包括饮食的需要、睡眠的需要、性的需要等;社会性需要主要包括求知的需要、交往的需要、成就的需要等。

需要是个体积极性的源泉,是个体活动的基本动力。人的各种活动都是由需要引起的,从饮食男女、生产劳动,到文艺创作、科技发明等无一例外。同时,人的需要又是在活动中不断产

基础心理学(第2版)

生与发展的。当人通过活动满足了原有的需要时，人和周围现实的关系就发生了变化，又会产生新的需要。新的需要又推动人产生新的活动，从而使人的活动不断向更高的层次发展。

（二）需要和动机的关系

动机与需要是紧密联系的。如果说动机是推动个体活动的直接力量，那么，需要就是这种力量的源泉。需要能推动主体采取行动，寻求能满足它的对象，从而产生活动的动机。需要越迫切，由其引起的活动动机就越强烈。

需要和动机也有区别。如果需要仅仅以意向的形式停留在头脑里，而没能和具体的行动目标相结合，那么这种需要还没有转化为活动的动机。只有当需要激起并维持个体进行有目标的活动时，才成为活动的动机。换句话说，个体的需求处于潜伏状态时叫做需要，当个体的需求处于现行状态（引起人的活动）时，叫做动机。例如，人在寒冷的冬天生火取暖，在饥饿的时候寻找食物，在疲惫的时候上床休息，在有求知欲的时候努力学习，这时的需要，才成为活动的动机。

当机体内的不平衡状态所引起的需要，不是由机体的主动活动去消除，而是由机体的自动调节机制来弥补的话，那么这种需要就不是行为的动机。比如，人在进行剧烈活动时，能量消耗很快，血液中的含糖量减少，但又无法立刻通过进食活动来弥补，这时机体内肝脏和肌肉内储存的糖原就会释放，一部分脂肪也会转化为糖，以弥补糖分的损失。在这种情况下，需要只是引起了机体的自动调节活动，但并没有转化为进食的动机。

三、动机强度与活动效率

一般人以为，动机强度越大，活动效率越高；动机强度越小，活动效率越低。实际情况并非如此。心理学的研究表明，动机与活动效率之间的关系不是简单的线性关系，而是一种倒 U 型的曲线关系，即动机强度过高或过低，都会使活动效率下降。这种现象称为耶克斯—多德森定律（Yerkes‐Dodson law）（见图 11‐1‐1）。

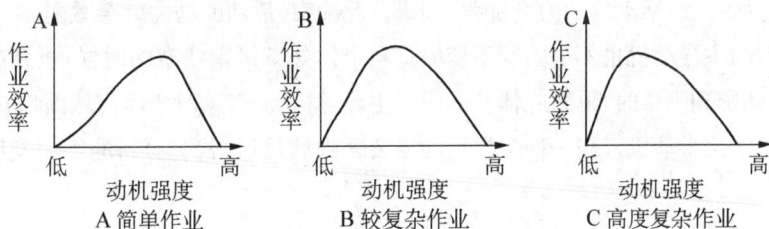

图 11‐1‐1　任务性质、动机强度和作业效率的关系

（资料来源：张述祖，沈德立. 基础心理学. 教育科学出版社，1987：149）

动机很弱，工作态度漠然，活动效率当然不会高。如果动机过强，机体处于高度紧张状态，注意和知觉的范围变得狭窄，活动效率也会降低。例如在重大考试中，有的学生一心想考出好成绩，结果反而导致发挥失常，甚至"考砸了"。因此，为了使活动更有效率，就应避免动机强度过高或过低。

可见，在各种活动中都有一个最佳动机强度的问题。研究发现，最佳动机强度是以活动的复杂程度为转移的,即活动较简单时,最佳动机强度应偏高;活动较复杂时,最佳动机强度应偏低。这种现象也是耶克斯—多德森定律的内容之一。

第二节　动机的种类

一、动机的一般分类

(一) 生物性动机与社会性动机

根据引发动机的需要的性质,可将动机分为**生物性动机**(生理性动机)和**社会性动机**(心理性动机)。前者以人的生物性需要为基础,具有先天性,如进食动机、睡眠动机等;后者以人的社会性需要为基础,是后天习得的,如交往动机、成就动机等。

由于人具有社会性,因此人的生物性动机及其满足方式就不可避免地要受到人类社会文化的影响。拿进食动机来说,本来是一种生物性的动机,但在现代社会,饮食已经发展成为一种文化,人类的饮食行为已不单纯是为了保证生存,往往还具有其他的功用。

(二) 内部动机与外部动机

根据动机来源的不同,可分为内部动机与外部动机。内部动机是由个体内在的需要直接引起的。例如,有的学生对学习知识感兴趣,能从学习活动中直接体验到满足感,那他就会自觉自愿地认真学习。外部动机是由活动本身之外的因素所引发的行为动机。例如,有的学生认真学习是为了获得老师的表扬,或者是为了获得家长的奖励。人的很多活动都是在外部动机和内部动机的共同作用下完成的。

(三) 主导动机与次要动机

根据动机在活动中所起的作用不同,可分为主导动机与次要动机。主导动机是指在活动中所起作用较强、处于支配地位的动机。次要动机是指在活动中所起作用较弱、处于辅助地位的动机。在一个特定的时间内,人的行为往往只受占主导地位的动机支配。如果主导动机与次要动机的方向一致,活动的动力会加强;如果彼此冲突,活动的动力就会减弱。

个体活动的主导动机也不是固定不变的。当个体处于饥饿状态的时候,进食就成为主导动机;而当个体感到困倦时,睡眠或休息就成了主导动机;倘若这时个体突然面临着某种危险,那么安全又成了主导动机。当一种主导性的需要得到满足后,就会有新的需要发展为新的主导动机。

二、生物性动机

(一) 饥饿

饥饿是由机体内缺乏食物或营养引起的一种生理不平衡状态。个体为了生存,必须维持体内物质和能量的平衡,平衡一旦失去,个体就会调动自身的各个系统对其进行调节。饥饿导致进食也是为了维持体内物质和能量的平衡。个体在饥饿时会感到紧张不安,甚至痛苦,从而形成内在的压力,促使其寻觅并摄取食物。

坎农在一项实验中,设法人为地引起被试胃壁收缩,结果被试便出现饥饿感。这似乎说明胃壁收缩与饥饿状态有关。后来又有研究发现，切断控制动物胃收缩的神经，阻止其胃壁收缩，动物依然会产生进食行为。临床上也发现，做过胃切除大手术的病人，仍能体验到饥饿。这说明引起饥饿的原因可能有多种。

很多学者认为，血液中化学成分（葡萄糖含量）的变化，与饥饿和进食行为有关。迈耶（Mayer, J.）在1955年提出了关于饥饿的"葡萄糖恒定机制"假说。他认为机体的下丘脑部位存在着"葡萄糖浓度感受器"，能敏锐地觉察血液和细胞中血糖含量的变化。当血糖含量降低时，这种感受器就激活相应的神经通路，产生饥饿感并导致进食行为。

一些生理学家用电刺激法进行的脑机能定位研究表明，动物的下丘脑中有"进食中枢"和"厌食中枢"。当"进食中枢"受到电刺激时，动物的食欲与食量均明显上升，即使已经吃饱的动物，也会继续进食；当"厌食中枢"受到电刺激时，动物的食欲受到抑制，本来处于饥饿状态的动物也拒绝进食。

（二）渴

渴是由体内水分不足引起的一种生理不平衡状态。它能推动有机体产生找水和饮水的活动。对机体而言，水分缺乏比食物缺乏带来的危害更大。在一些特殊情况下，人可以若干天不吃食物而依然活着，但若几天不喝水，则很难存活。

一般认为，脑对饮水行为的调节建立在体内水分的动态平衡基础之上。体内水分的缺失能够产生渴的信号，刺激脑内控制饮水行为的中枢，进而导致饮水行为；当体内的水分重新恢复到正常水平，脑内的有关中枢感受到这一信息，就会使饮水行为停止。研究表明，下丘脑与饮水行为有着密切的联系。

在现实生活中，人的饮水行为中有相当一部分是后天习得的条件性行为，因为人们往往在体内真正失水之前就已经开始喝水了。比如，丰盛的大餐、腌制的食品、炎热的天气，乃至某一个固定的时段等，都可能成为饮水行为的条件刺激。在建立后天饮水的条件反射过程中，原始的生理上的渴的需求，在最初无疑是很重要的，而在这种条件反射建立之后，环境中与渴相联系的条件刺激也能直接引起人的饮水行为。这对人适应环境具有重要意义。

（三）性

性是人和动物都有的一种较强的生理动机，它的产生以性需要为基础。性和饥、渴不一样，它不是个体生存的必要条件，但却是种族延续所必需的。此外，饥饿引起的进食行为能补充体内的物质和能量，而性动机唤起的性行为是一个紧张、消耗能量的过程，并伴有快感体验。性动机与个体的性成熟有着密切的关系，研究表明，强烈的性动机只发生在成熟的个体身上。

个体生殖器官的发育、成熟以及性动机和性行为的产生，都受性激素的调节和影响。在个体发育期间，脑垂体分泌的垂体素刺激男性的睾丸分泌雄性激素，刺激女性的卵巢分泌雌性激素。性激素能刺激男性和女性生殖器官的发育，激活大脑内控制性行为的神经通路，并促使第二性征的产生。研究还发现，在男性性成熟后的一段时期内，雄性激素的浓度最高，以后就保持在相对恒定的水平上，因而男性的性动机水平也相对恒定。女性的情况则不同，由于雌性激素的分泌具有明显的生物周期，使得女性的性动机也呈现出周期性。这种情况在动物身上表现得尤为明显。

对人类而言,性激素并不是产生性动机的唯一基础,外界刺激与学习对性动机和性行为的影响往往超过性激素的作用。很多由于疾病而摘除了卵巢的女性,仍有很强的性动机。此外,人的性动机和性行为还深受社会习俗和道德评价的影响。比如在某些文化中,人们不能与外族通婚和发生性行为。即使在同一文化环境中,不同时期人们的性观念也可能不一样。

(四) 睡眠

睡眠动机是由机体疲劳引起的。睡眠是人的基本需要之一,它使个体由活动趋向休息。如果一个人的睡眠被剥夺,只需几天时间,他就会变得精神错乱、无法忍受。研究证明,睡眠并不是机体的一种消极行为,相反,它对于个体保存能量、恢复精力乃至促进学习和记忆都有积极的作用。

睡眠和觉醒是人和动物维持正常生命活动所必需的两个相互交替和转化的生理过程。觉醒是大脑正常工作的基本条件,而睡眠则是大脑为维持正常机能而产生的自律性的抑制状态。通过对脑的内部抑制进行研究,发现睡眠并不是觉醒状态的简单终结,而是由中枢神经系统内部驱动的一个主动过程。睡眠与觉醒状态的交替,与脑内的网状激活系统及其他脑区的神经抑制有密切关系,同时也与脑内神经化学递质的动态变化有关。

节食与体重控制

由于生产方式和生活方式的改变,现代人的平均体重呈现出日渐增加的趋势。身体过于肥胖,轻则影响个人形象,重则危害身体健康,给个人的工作和生活带来很大的不便。于是就有很多人通过节食来控制和减轻体重。然而肥胖的产生,既有遗传的和文化的原因,又受个体生活习惯的影响。因此,控制体重也不能只靠节食,而应该在综合考虑自己年龄、体质、健康状况的前提下,采取适当的措施。如改变不良的生活习惯、合理饮食、增加运动等等。倘若盲目节食,往往收不到理想的效果,还会危及自己的身体健康,严重时甚至导致神经性厌食症。神经性厌食症的患者,多为青春期的女性。据调查,美国大学生中,平均每200人中就有一人患有此症。患了神经性厌食症的人,先是忍着饥饿不吃食物,后来变成看见食物也没有食欲,最后发展成对食物的极度厌恶,即使勉强进食,也会呕吐出来。这样,就会导致体重急剧下降,甚至危及生命。曾以一首"Yesterday Once More"打动过无数人的美国著名歌星卡彭特(Carpenters),就是由于患上了神经性厌食症而英年早逝的。可见,控制体重也要采取科学、系统的手段。

(资料来源:张春兴. 现代心理学. 上海人民出版社,1994:503)

三、社会性动机

(一) 成就动机

成就动机是指人们希望从事有意义和有挑战性的活动,并力争在活动中取得满意成绩的动机。成就动机强的人在活动中有高标准,他们愿意承担困难的工作,喜欢面对挑战,渴望做出超越他人的成绩。人类文明的进步、科学上的发明创造和个人的成材,都和成就动机密切相关。

阿特金森(Atkinson, J. W.)认为，人的成就动机中包含了两个因素，一是追求成功，二是避免失败，这两者同时存在于人的动机结构之中。在现实生活中，努力追求成功的人往往比较自信，抱负远大，喜欢接受有挑战性的任务，并勇于承担责任；注重避免失败的人害怕失败伤及自身的自尊，因而回避竞争，容易在困难面前退缩，喜欢选择容易的任务。有时候避免失败的人也愿意承担难度极大的任务，因为即使失败了别人也不会有不好的评价。

尼科尔斯(Nicholls, J. G.)和德威克(Dweck, C. S.)等人的研究则发现，不同的人对"成功"有不同的理解。例如，对持有掌握目标(mastery goals)的个体而言，掌握知识、完成任务、有进步和提高就是成功，因此他们的活动往往积极、主动；而对于持有表现目标(performance goals)的个体而言，超越和战胜他人，比别人强才是成功，他们通常对别人的表现敏感，具有竞争性和较高的焦虑水平。

成就动机对个体的活动有重要的影响。很多研究都发现，在能力相同的情况下，成就动机高的人往往能取得更多的成就。在学校里，成就动机高的学生比成就动机低的学生成绩更好；在工作上，成就动机高的职工比成就动机低的职工业绩更突出。麦克利兰(McClelland, D. C.)认为，一个国家的经济发展水平，很大程度上要受其国民的成就动机水平的影响。

成就动机主要是后天形成的。研究发现，家庭教养方式对个体成就动机的形成和发展有重要作用。父母尊重孩子的个性，允许他们独立活动，鼓励他们自己决定做事的方式和途径，就有利于儿童成就动机的发展；如果父母总是强迫孩子服从自己，孩子的自主活动也得不到鼓励，就会抑制儿童成就动机的发展。

(二) 交往动机

交往动机是在交往需要和亲密需要的基础上发展起来的一种社会性动机。交往需要和亲密需要表现为个体愿意归属于某个团体，喜欢与人来往、合作，渴望得到别人的关心、支持与赞赏。交往动机促使人们结交朋友，寻找支持，参加团体活动并努力在其中发挥作用。人们的交往需要得到满足时，就会产生安全感和归属感；反之，就会感到孤独、寂寞，产生焦虑不安的情绪。

个体为什么需要与他人进行交往呢？主要有三方面的原因：①获得安全和情感支持；②通过与他人联系，获得更多信息，以调整自己、适应社会；③得到他人的赞赏、鼓励和帮助。

人的交往动机是在人类进化过程中发展起来的。原始人生活在一起，能大大提高抵御各种天敌和自然灾害的能力；如果离开群体，个体应付各种困难局面的能力就大为下降，生存的机会也会降低。交往动机的产生也是人类社会发展的必然要求。随着人类社会的发展，商品交换的出现和社会分工的细化，使得人与人之间的交往不可避免。社会交往使人们能够共享资源，有利于维持社会秩序，因而有利于人类的生存和发展。如果没有交往，人类社会将不复存在，更不会有现代社会的文明与成就。

交往动机的发展依赖于个体的生活经验。在个体发展的早期，如果缺乏交往机会、离群索居，交往动机就会发展迟滞，交往技巧也得不到锻炼，成年后往往会出现人际关系问题。

4—6年级小学生的学习动机

2005年，张敏等人采用问卷调查的方式，考察了4—6年级小学生的学习动机。他们的被试样本选自河南、重庆和海南的9所小学，共800多名小学生接受了调查。通过对收集到的结果进行归纳整理和统计分析，他们发现我国小学生的学习动机方式主要有以下七种：

1. 回报动机：学习的动力来自于个体潜在的回报心理，如对得起父母的学费，对得起老师的期望，为父母、老师、亲戚朋友争气等。

2. 求知动机：学习的目的仅在于对知识或学习活动本身感兴趣，不存在其他的出发点，如学到新东西、新知识，懂得道理，一天比一天进步，成为科学家、工程师等。

3. 交往和评价动机：个体在学习过程中能满足自己交往的需要并获取各种物质、精神上的满足，这些满足成为他学习的主要动力，如能认识许多朋友，别的同学会羡慕自己学习好，能得到老师、父母、亲戚朋友的表扬等。

4. 利他动机：学习的目的在于能为其他人带来一定的好处，如减轻父母的负担，帮助别的孩子更好地念书，让人民过上好日子等。

5. 社会比较动机：个体渴望通过学习上的竞争来提高自我，获得与众不同的社会地位，如超过别人，比别人强，成为三好生，成为班上的学习尖子，考出好成绩等。

6. 生存动机：学习的目的是为了今后能够更好的生活，如找到一份好工作，不让别人看不起，不让别人欺负等。

7. 实用动机：学习的动力来自于它能为个体的日常生活带来一定的便利，如解决一些实际问题，避免自己上当受骗等。

该研究中还发现，小学生对交往和评价动机、生存动机和实用动机的认同度最高，而且男生的表现比女生更为突出。这些研究结果提示我们，小学生的学习动机以外部动机为主，因此在教育过程中应大量采用合理奖赏、及时反馈、适度竞争等教育方式，激发其学习动机；另一方面，也应该有意识地引导学生，从学生的需要、好奇心、求知欲、兴趣等方面出发，通过自我调节、自我激励、培养主体意识、发挥主体作用等方式，促使其学习动机由外部动机向内部动机转化。

（资料来源：张敏，雷开春，王振勇.4—6年级小学生学习动机的结构分析.心理科学，2005，(1)）

第三节　意志行动与动机冲突

一、意志和意志行动

意志是个体自觉地组织自己的行为，克服困难，实现预定目的的心理过程。它是意识能动性的体现。

意志总是和行为紧密联系着，受意志支配的行动称为意志行动。人为了达到一定的目的，往往要克服各种困难。困难的性质不同，相应的意志行动的表现也不一样。例如，学生在课堂上为了学习高深而难懂的知识强迫自己集中注意;体育运动员为了取得好的成绩而刻苦训练;想要锻炼身体的人,冬天在户外游泳;解放军战士为了保卫人民的安全,坚守在抗洪前线等等,都是意志行动的表现。

意志是人类特有的心理现象,是人的能动性的集中表现,不仅对主观世界的形成和发展有重要作用,而且对改造客观世界也有重要意义。

二、意志行动的特征

意志行动具有以下三个特征。

(一) 意志行动具有自觉的目的

意志行动是有目的、有计划的行动。在意志行动之前,行动的目的和结果已经以观念的形式存在于人的头脑中,并且以这个目的来指导自己的行动。简言之,就是有所预见,能按预见行事。从这个角度讲,意志是自由的。但这种自由必须以对必然的认识为基础,即按照客观规律办事,才能发挥意志自由,否则就是一意孤行,必定招致失败,意志自由也就无从谈起。

意志行动的目的性和灵活性并不矛盾。我们应该把意志坚强和固执区别开来。前者可以在坚持目的的前提下灵活地改变手段;后者往往固执于已经失败的手段而不肯改变。

(二) 意志行动与克服困难相联系

在实现目的的过程中,往往会遇到各种各样的困难,人的意志品质正是在克服困难的过程中体现出来的。可以说,克服困难是意志行动的核心。比如,沏一杯茶招待客人,不能说是意志努力的表现,因为这是轻而易举的事。但是,在战场上为了救活一个战友,甘冒生命危险去寻找水源,则是高度意志力的表现。一个人能够克服的困难越大,表明这个人的意志越坚强。因此,人在活动中克服困难的水平,就成为衡量意志强弱的标志。

困难包括外部困难和内部困难。外部困难主要是指来自个体以外的障碍,包括缺乏必要的工作条件,人员、设备不足以及恶劣的自然条件;也包括来自家庭、社会和他人的阻挠等等。内部困难主要是指来自个体生理和心理方面的障碍,包括相反愿望的干扰、知识经验不足、身体疾病、消极情绪等等。一般来说,外部困难通过内部困难起作用,二者相互影响。

(三) 意志行动受意识的控制

人的行动都是由简单动作组成的。简单动作可分为不随意的和随意的两种。不随意动作不受意识支配,也不以人的意志为转移,如眨眼、打喷嚏等。随意动作是受意识控制的,具有目的性。它是在不随意动作基础上,通过有目的的练习而形成的。例如,穿衣、吃饭、学习、劳动等等。

人的意志行动以随意动作为基础,又具有很强的目的性,因而是在意识的调节和支配下进行的。这就使人的意志行动具有了主观能动性,即能根据目的和对客观规律的认识,使客观事物服务于自己。

三、意志行动中的动机冲突

人的意志行动总是由一定的动机引起而指向一定的目标。人的需要是多种多样、不断变化的,各种需要常常不能同时得到满足。因此,在同一时间内往往存在着几种目标不同的动机,它们之间的矛盾和斗争,称为**动机冲突**。当动机之间的矛盾得不到解决时,人便会处于彷徨、焦虑、不安的状态;当冲突的结果使某种动机占了优势时,便会推动人朝着某个方向去行动。

意志行动中的动机冲突主要有三种基本形式(见图11-3-1)。

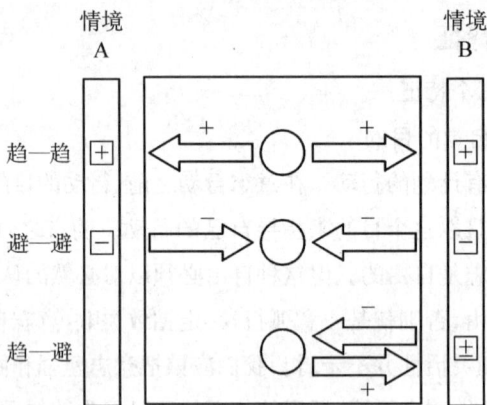

图11-3-1 动机冲突示意

(资料来源:张述祖,沈德立.基础心理学.教育科学出版社,1987:193)

(一)趋一趋冲突

两个目标同时出现,而且都是个体所需要和喜欢的,但又不能兼顾。这时,朝向两个不同目标的动机就会产生冲突。"鱼我所欲也,熊掌亦我所欲也",反映的就是这种情形。如果两个目标的吸引力差别较大,那么动机冲突就容易解决;如果两个目标的吸引力大致相等,动机冲突就会比较激烈。例如,大学生在择业时对两个单位都很有兴趣,但他不能同时在两处工作,就会感到矛盾。

(二)避一避冲突

个体面临的两个目标,都不符合自己的需要,都是个体力图回避的,但又必须在这两个目标之间选择,这时就会感到左右为难、进退维谷。例如,有些腿部患了骨癌的病人,要么做截肢手术,以保证生命安全;要么保留病腿,但要冒病情加重、危及生命的风险。在这种冲突发生时,个体可能会因为动机冲突而在两个都不愿接受的目标之间徘徊,最后经过痛苦的权衡,接受其中回避程度较轻的目标。

(三)趋一避冲突

人的行为一般都是趋利避害的。但有时个体面临的某个目标,既有符合其需要而为个体所喜欢的一面,又有不符合其需要而被个体所排斥的一面。这时,个体对这一目标就会同时存在着接近和回避两种相互冲突的动机。例如,有的人很喜欢吃油炸的食品,但又知道吃多了会不利于身体健康,于是在遇到油炸食品时就产生了既想接近,又想回避的矛盾心理。

个体的行动目标以及达到目标的方式、方法是多种多样的,可以在周密思考、权衡利弊的基础上加以选择。对于一般的动机冲突,譬如周六晚上看电影还是看球赛等,因其不涉及原则问题,就不必过多考虑。但在面临着对个体或社会具有重要意义的抉择时,则需谨慎从事。一般说来,要"两利相权取其重,两害相权取其轻",同时要遵循个人利益服从国家利益的原则。

四、意志行动中的挫折与应对

(一)挫折

挫折是指个体的意志行动受到了干扰或阻碍,无法达成行动目标,而在心理上产生的一种紧张状态。

日常生活中,挫折是普遍存在的,每个人的学习、工作和生活都不可能一帆风顺,总会遇到各种困难和障碍。不同的只是挫折情境的大小,影响程度的深浅而已。挫折情境即导致挫折产生的各种原因,任何干扰和阻碍个体达到目标的因素都可以统称为挫折情境。个体遭受挫折后,都会在心理和行为上发生一定的变化,如产生焦虑、烦躁、抑郁、愤怒、攻击、冷漠等情绪和行为反应。处于挫折情境中,产生这样的反应是正常的。但理智的个体在冷静下来以后,会进一步分析导致挫折的原因、面临的形势,审时度势,克服障碍,坚定地向目标迈进。同样的挫折情境对不同个体的影响不尽相同,这主要受个体对挫折情境的认知、态度和评价的影响。

(二)挫折的应对

虽然挫折的存在是不依人的主观意志而改变的,是必然的,但是个体面对挫折的反应却不尽相同,积极的态度和良好的应对方法可以帮助个体顺利地度过挫折情境,进而增强个体的挫折应对力。具体地说,应注意以下几个方面。

首先,正确认识挫折。每个个体的能力和资源都是相对有限的,在复杂的社会生活中,不可避免地会遇到各种矛盾、冲突和挫折。从某种意义上讲,挫折就是生活的一部分。认识到这一点,就能对挫折有较好的心理准备。同时还应看到,虽然挫折的存在阻碍了个体顺利地达到目标,造成了个体心理和情绪的紧张和不安等。但是挫折也具有正面效应,它能磨砺人的意志,增加人的经验,使人变得更加成熟,为今后应对挫折提供宝贵经验。

其次,设法改善挫折情境。挫折情境是导致挫折产生的环境因素。在挫折发生之后,要认真分析导致挫折的各种原因,总结经验教训,并采取相应的补救措施,设法改善、消除导致挫折的不利因素,必要时还可以暂时离开挫折情境。此外,有完美主义性格的个体常常为自己设定了过高的标准,而又难以实现,这样也容易产生挫折感。因此,正确地认识自我和环境,设定合理的抱负水平,也是很重要的。

第三,建立良好的人际关系,寻求社会支持。人是社会性动物,无论是个体还是组织,要想事业有所发展和成就,必须与其他人很好地合作。因此,良好的人际关系往往是个体事业成功的重要助力。另一方面,当个体遭遇挫折和困难,如果能有几个知己、朋友,则不仅能得到物质层面的帮助,而且还能获得鼓励、安慰和支持。

第四,培养良好的意志品质。意志行动的一个重要特征就是面对挫折情境,能够勇于克服干扰和阻碍,并坚定地朝着预定目标迈进。因此,培养良好的意志品质,增强意志行动的目的性,并提高行为的独立性、果断性和坚定性,对于增强挫折耐受力并最终战胜挫折,具有重要的意义。

第四节 动 机 理 论

一、本能理论

对行为动机的探讨,最早起源于本能的概念。所谓**本能**,是指有机体生而具有的、程序化的行为模式或行为倾向。

19世纪末,达尔文用进化论揭示了物种起源及发展的规律,在很大程度上改变了人们对自身的认识。受其影响,许多心理学家也开始相信,人的大部分行为也是受本能控制的。美国心理学家詹姆士提出,人类的行为是在本能的指引下进行的。另一位美国心理学家麦独孤(McDougall,W.)认为,本能是人类一切思想和行为的动力和源泉,个人和民族的性格与意志也都是由本能逐渐发展而形成的。他还提出人类具有18种本能,包括:逃避、争斗、好奇、繁殖、乐群等,并提出每种本能都有三种成分:能量成分、行动成分和目标指向成分。

弗洛伊德也认为本能是人类一切行为的原动力。他提出人类最基本的本能就是"生的本能"和"死的本能",前者表现为无所不在的性本能或性欲望,它的作用在于维持个体生存和种族繁衍;后者促使个体通过疾病老化而最终死亡。当"死的本能"指向内部时,导致自我破坏行为;当其指向外部时,就会导致攻击行为。弗洛伊德指出,本能虽然是无意识地发生着作用,但它对人的思想和行为却有极大的影响。

本能说过分强调先天遗传的作用,忽视了人的社会性。很多研究证实,人类的许多行为是后天习得的,环境和教育对人的发展也有重要的影响。因此,完全用本能来解释人的行为已走入困境。目前,人们普遍认为人类行为是遗传与环境交互作用的结果。

二、驱力—诱因理论

由于本能论在解释人类行为时遇到了困难,20世纪20年代武德沃斯提出了驱力的概念。所谓**驱力**,是指由机体的生理需要所唤起的一种紧张状态,它能激发个体采取行动,恢复体内的平衡。

心理学家赫尔是驱力理论的主要支持者。他认为驱力是一种动机结构,它能为机体的活动提供动力,促使机体采取行动,以消除需要唤起的紧张状态。当紧张状态得以降低或消除后,驱力的动机作用也随之减少。赫尔的理论适用于解释个体的生物性行为,例如吃、喝、睡眠和性等。

赫尔认为,驱力(D)、习惯强度(H)和抑制(I)共同决定了个体有效行为的潜能(P),它们的关系可以表示为:

$$P = D \times H - I$$

驱力理论强调个体活动的内在动力,却忽略了外在环境对行为的诱发作用。针对这种缺陷,一些心理学家又提出了诱因的概念。**诱因**是指能满足个体需要的刺激物,它具有激发或诱使个体活动的作用。例如,美味的食品激发人的进食欲望;漂亮的时装引起人的购买欲望;挑战性的任务激发人的成就动机。诱因也可以是非物质的,如名誉、地位、权力等。凡是人们希望得到的、有吸引力的刺激都可以成为诱因。

赫尔接受了诱因这一概念,把它作为行为的决定因素之一,并将诱因(K)加入自己的行为公式。修正后的公式如下:

$$P = D \times H \times K - I$$

诱因与驱力是分不开的。驱力能推动机体活动,但其动力缺乏指向性,而诱因恰好为机体的活动提供了目标;诱因虽然是由外在目标激发的,但它只有转化为个体内在的需要后,才能成为推动个体行为的动力。

三、需要层次理论

美国著名的心理学家马斯洛提出的"需要层次论",把人的多种多样的需要归纳为五个层次,如图11-4-1所示。

图11-4-1 人类需要的层次结构

(资料来源:彭聃龄.普通心理学.北京师范大学出版社,2001:323)

(一)生理的需要

这是人类最原始的最基本的需要,包括对食物、水、空气、睡眠、性的需要等。它们是推动人们行为的最强大的动力。只有在生理需要基本满足之后,高一层需要才会相继产生。

(二)安全的需要

人们希望稳定、有保障、有秩序的生活环境,要求生命、财产等免受威胁和侵犯,就是安全需要的体现。婴儿由于应付环境中不安全因素的能力较低,因此安全需要很强烈。

(三)归属与爱的需要

表现为人们希望同别人交往,与他人建立情感联系,维持朋友之间的友谊,渴望获得别人的爱,并努力追求爱情;希望为某个群体或社会所接纳,成为其中的一员,得到支持与关照。

(四)尊重的需要

尊重的需要包括受人尊重与自尊两个方面:前者是希望受到别人的重视,获得名誉、地位;

后者是希望能感受到个人的力量和价值。如果尊重的需要得到满足,就会变得自信乐观;否则就会自卑消极,缺乏解决问题的信心和勇气。

(五) 自我实现的需要

自我实现的需要是指人们希望实现个人的理想、抱负,最大限度地发挥个人潜能以及自我完善。马斯洛认为,人们为满足自我实现的需要所采取的途径是因人而异的。比如,有的人(女性)希望做贤妻良母,在家相夫教子;有的人想成为企业家,为社会创造物质财富;还有的人希望在科研领域有所创新。

马斯洛认为,这五种需要都是人类最基本的需要,它们是与生俱来的、激励个体行为的力量。他还认为,需要层次越低,其动力作用越强,随着需要层次的上升,其力量也相对减弱。人只有在低级需要得到一定程度的满足后,才会进一步追求较高层次需要的满足。马斯洛的需要层次论具有合理的一面,对现代的心理学和管理学都有很大的影响。但是他片面强调个人的价值与实现,而忽视了人的社会性,则是不对的。

四、认知理论

虽然个体的行为动机是主观需要和客观事物之间相互作用的结果,但客观事物是否符合自己的主观需要? 其程度如何? 实现目标的可能性有多大? 都取决于个体的认知。因此,心理学家又提出了许多认知理论,用以说明认知因素是如何影响行为动机的。比如,对行为结果的预期,对自身能力的估价,以及对过去成功与失败的归因等等。

(一) 期望

美国心理学家弗洛姆(Vroom, V. H.)强调期望的作用。他认为,个体从事某种行为的动力,取决于行为目标的价值以及他对达到该目标可能性的期望。如果个体要完成的活动比较容易,而且活动结果的价值很高,那么活动的动机就较强;反之,如果活动的结果没有什么价值,或者虽然目标的价值很大,但实现目标的期望很小,个体活动的动机就较弱。需要注意的是,由于估计本身是一个主观的过程,因此,对于同样的目标,不同个体对其价值及其实现可能性的估计也可能不同。

(二) 归因

当人们进行某种活动取得成功或失败时,都有对行为结果进行探究的愿望。这种对导致自己或他人行为结果的原因的知觉和推断,称为归因。心理学研究发现,归因不仅影响个体对自己行为的认识,而且会影响个体后续行为的动力。

最早进行归因研究的心理学家是海德(Heider, F.),后来,韦纳(Weiner, B.)等人的工作使归因理论更加系统化。韦纳认为,个体在完成一项重要的工作后,无论成败,都会从能力、努力程度、工作难度、运气、身心状况、外部环境等几个方面进行归因。只是不同的人在对不同的事件进行归因时,以上几项因素所起的具体作用会有不同。韦纳又把这些影响因素进一步归纳为三个维度:因素源(内部的和外部的),稳定性(稳定的和不稳定的),可控性(可控的和不可控的)。表11-4-1反映了归因类别与归因维度的具体关系。

表 11-4-1　归因类别与归因维度的关系

归因类别	归因事项的特征					
	稳定性		因素源		可控性	
	稳定	不稳定	内在	外在	可控	不可控
能力	✓		✓			✓
努力		✓	✓		✓	
任务难度	✓			✓		✓
运气		✓		✓		✓
身心状况		✓		✓		✓
外部环境		✓		✓		✓

(资料来源:张春兴. 现代心理学. 上海人民出版社,1994:523)

　　一般说来,把行为成败的原因归结为外部的和不可控的因素,会降低个体的行为动机;而把行为结果归结为内部的、可控的因素,会增强个体的行为动机。例如,当学生把考试成绩好的原因归结为自身的能力和努力时,他在未来的学习中就会更有信心,学习动机也会更强。

(三) 自我效能感

　　班杜拉(Bandura,A.)认为,个体从事某项活动的动机,在很大程度上与个体对自己从事该项活动胜任与否的判断有关。他把这种个体对自己是否能胜任某种任务的知觉和判断,称为**自我效能感**。通俗地说,自我效能感就是个体根据以往成败的经验,相信自己对于处理某一方面的任务,具有较高的能力或水平。

　　自我效能感与自信有关,但二者并不相同。自信是指个体在一般情况下对自己的态度和评价,适用于广泛的场合;而自我效能感是对自己从事某项特殊的任务或活动胜任与否的评价。比如,在文学方面自我效能感高者,在数学方面自我效能感未必就高。

　　自我效能感对个体完成挑战性的任务具有重要影响。俗话说"艺高人胆大",个体面对困难和挑战性的情境,之所以敢于冒险和承担责任,一个重要的原因就是他具有较强的自我效能感。班杜拉等人的研究还发现,个体的自我效能感对其行为的坚持性,遇到困难时的态度,以及活动时的情绪状态都有影响。

学习动机的培养

　　保持一定强度的学习动机是学生有效学习的必要条件。倘若学生缺乏足够的学习动机,即使教给学生最好的认知策略,他们也无法应用。因此,培养和激发学生的学习动机,既是教学的手段,又是教学的目标和任务。培养学习动机,主要有三条途径:创设外部条件,激发学习动机;引起内部需要,转化学习动机;强化内外因素,维持学习动机。具体来说,可以从以下几个方面着手。

　　1. 明确学习目标。学习目标既包括学年、学科等远期目标,也包括章节、课时等近期目标。学习目标的制定和使用应贯穿于整个教学过程之中。一般来说,具体目标的设置应以稍高于学生的原有水平为宜。

2. 提高教学技能,发展学生的学习兴趣。好的教师往往是吸引学生学习的直接力量,他们高超的教学技巧,能使课堂学习活动变得生动、有趣、富有吸引力,从而提高学生的学习兴趣和学习积极性。

3. 及时、有效的反馈。反馈是让学生了解自己学习活动的结果,它不仅能使学生纠正错误,澄清认识,还能起到激励作用。学生发现自己学习进步了,会增强学习的信心和积极性;反之,也能起到鞭策和警醒的作用。作为教师,则应注意尽可能多的给予学生成功的机会,多鼓励他们。

4. 创设良好的学习氛围。教师运用奖励和惩罚手段时应注意其合理性,避免引起学生的过度焦虑和其他不良反应。在开展竞赛活动,鼓励学习竞争的同时,也要强调团结、合作以及互帮互助的重要性,力争做到团结紧张,严肃活泼。

(资料来源:① 沈德立.发展与教育心理学.辽宁大学出版社,1999:498

② 黄希庭.心理学.上海教育出版社,1997:106)

思考题

1. 动机强度与活动效率有何关系?

2. 如何应对意志行动中的挫折?

3. 怎样培养和激发学生的学习动机?

第十二章　能　力

本章教学要求

教师讲解的内容

■ 能力与知识、技能的关系

■ 能力的种类

■ 能力测量

■ 能力理论

学生自学的内容

◆ 影响学生能力形成与发展的因素

◆ 能力差异的表现

教学重点

▲ 能力与知识、技能的关系

▲ 能力理论

教学难点

▼ 能力的认知理论

▼ 智力测量

学习目标：通过本章学习，应能够

★ 了解能力差异的表现

★ 了解影响学生能力形成与发展的因素

★ 掌握能力与知识、技能的关系

★ 评价能力理论

　　曾经扬名一时的美国神童赛达斯 6 个月会认英文字母，2 岁能看懂中学课本，4 岁已发表了三篇五百字的文章，在 6 岁生日晚会上又写成了一篇解剖学论文。在相当长的一段时间里，他成了全美新闻机构大捧特捧的超级明星。赛达斯 12 岁破格进入哈佛大学，然而 14 岁那年却因患精神病入院，到 21 岁时，只不过是一名普通的商店店员，薪金十分可怜。赛达斯的父亲原为哈佛大学心理学的荣誉教授。他认为，人脑与肌肉一样，是可以训练的。所以，在小赛达斯出生以前，他就准备在儿子身上进行一系列"试验"的计划。小赛达斯一出世，他就在小床的周围挂满了英文字母，并不断在他身旁发出字母的读音。接着他又用各类教科书取代了儿童玩具。于是，赛达斯从小就被各种几何、数学和多种外国语言所包围。整个婴幼儿时期就成了他独自苦读书的过程，这样的训练结果，使得孩子过早成熟。尽管小赛达斯天资聪颖，但过分加压使其神经系统开始失常，后来不得不作为精神病患者被送进了医院。虽然他在痊愈出院后，又以优异成绩从哈佛大学毕业，但早已对他父亲的"试验"与整个世界产生反感，热切渴望过正常人的普通生活。自此以后，他离家而去，更名换姓，在一家商店里当了普通店员。[①]

---

① 资料来源：韩永昌. 心理学. 华东师范大学出版社，2001：226

第一节　能力的概述

一、什么是能力

在日常生活中,人们常用聪明、笨拙、学业出众、事业有成等来说明一个人的能力。而在心理学中怎样解释能力呢?

在心理学中,能力是指个体顺利完成某种活动所必须具备的心理特征,它直接影响活动的效率。人要顺利地、成功地完成一种活动,所需要的基本条件就是能力。

能力是顺利完成某种活动所必备的心理特征,但不是顺利完成某种活动的全部心理特征。因为成功完成某种活动要受许多因素的影响,如身体健康程度、知识经验、性格特征、兴趣与爱好等,但这些因素都不直接影响活动的效率,不直接决定活动能否完成,而只有能力才有这种作用,能力是完成某种活动直接有效的心理特征。例如,一个教师要完成教学活动,就必须具备流畅的口头表达能力、严密的逻辑思维能力和组织教学能力等。否则,就不能很好地胜任教学工作。

二、能力与知识、技能的关系

知识是人类社会发展的经验总结和概括,每个人在生活、学习过程中,都不断地掌握人类已有的知识经验。技能则是在活动中由于练习而巩固、并在活动中应用的基本动作方式。

能力与知识、技能既有区别,又有紧密联系。与知识和技能相比,能力更具有一般性,它既是掌握知识与技能的必要前提,又在掌握知识、技能的过程中形成和发展,并为进一步掌握知识、技能准备条件。能力的大小会影响知识掌握的深浅和技能水平的高低,知识与技能的掌握也会促进能力的发展。掌握系统的科学知识与技能,则更有利于能力的增长和发挥。与能力的发展相比,知识与技能的掌握更快一些。发展良好的能力,比掌握一定范围内的知识与技能有更广泛的迁移作用。

三、影响能力形成与发展的因素

能力形成与发展受多种因素的影响,既包括先天的遗传素质,又包括后天的环境、教育和实践活动等因素。

(一) 遗传素质的影响

遗传素质是与生俱来的解剖生理特点,主要包括感觉器官、运动器官以及神经系统的特点。它是能力形成和发展的自然前提和物质基础。没有这个前提做基础,任何能力都无从产生,也不可能发展。对于为什么能力存在个别差异的回答,早期有人认为是由遗传决定的。英国科学家高尔顿首先提出"遗传决定论",之后被美国的一些心理学家继承。例如美国心理学家霍尔(Hall, G. S.)提出了"一盎司的遗传胜过一吨的教育"的观点。这些观点显然夸大了遗传在个体能力发展中的作用。后来,心理学家又从三个方面研究遗传素质在能力形成和发展中的作用。一是研究血缘关系疏密不同的人在能力上的相似程度;二是研究养子女与亲生父母和养父母能力发展之间的相关;三是对同卵双生子进行追踪研究,求其能力之间的相关。这些研究结果都表明,遗传素质对能力形成和发展的确有一定的作用,但这种作用只是为能力形成和发展提供前提和可能性,它不能预定或决定能力发展的方向和程度。

(二) 环境、教育的影响

人出生后,就生活在现实社会里。因此,社会环境和教育对一个人的能力形成和发展有着非常重要的影响。

1. 环境及营养状况的影响

胎儿出生之前生活在母体的环境中,这种环境对胎儿的生长发育及出生后智力的发展都有重要的影响。许多研究表明,母亲怀孕期间服药、患病、大量吸烟,遭受过多的辐射或营养不足等,可能直接影响胎儿发育和出生后的智力发展。从出生到青少年期,是儿童生长发育的重要时期,也是能力发展的关键时期。如果在此时期忽视了环境的作用,将会造成儿童青少年能力发展明显落后。这已被一些由人类生育,但因种种原因由动物抚养长大的"狼孩"、"猪孩"、"熊孩"等事例所证实。另有一些研究结果表明,丰富的环境刺激有利于儿童能力的发展。孩子出生后,如果睡在有花纹的床单上,床上吊着会转动的音乐玩具,他们仰卧时,就能自由地观察这一切。那么,两个星期后,他们就会试着用手抓东西;而没有这种环境与训练的婴儿,要到五个月时才出现这种动作。

2. 学校教育的影响

学校教育在学生能力发展中起主导作用。因为学校教育是有计划、有组织、有目的地对学生施加影响的。学生通过教育和教学活动不但掌握了知识和技能,同时也促进了能力的发展。今天,人们很难想象一个没有受过学校教育的人会成为一个有能力的人,一个没有受过良好学校教育的人会成为一个能力很强的人。当然,在学校教育中发展学生的能力还要依赖教育、教学内容的正确选择,教学过程的合理安排,教学方法的恰当使用等条件。例如,有些优秀教师要求学生回答问题必须准确、严密、迅速,作业必须一丝不苟等。经过长期训练,学生思维和言语能力一定会显著提高。此外,吸引学生参加各种健康有益的课外兴趣小组,丰富学生的校园生活,也有利于学生能力的发展。

(三) 实践活动的影响

人的各种能力是在社会实践活动中最终形成和发展起来的。离开了实践活动,即使有良好的素质、环境和教育,能力也难以形成和发展起来。我国汉代唯物主义哲学家王充就曾提出过"施用累能"和"科用累能"的思想。前者是说能力是在使用中积累的,后者是说不同职业活动可以积累不同的能力。长期从事领导工作的人,他们的组织管理能力就比较强;长期从事染色工作的人,他们的颜色分辨能力就比较强,等等。这些都说明,经过多年积累并坚持不懈地参加某种实践活动,相应的能力就能得到发展。

(四) 非智力因素的影响

环境和教育是能力形成和发展的外部条件,一个人要想提高能力,除了必须积极地投入到实践中去之外,还要具有良好的非智力因素品质。因为远大的理想和坚定的信念是形成和发展能力的强大动力;兴趣和爱好是发展各种能力的重要条件。当人们迷恋于自己感兴趣的学习和工作时,就会给能力的发展提供巨大的内部力量。勤奋努力与坚强的毅力也是能力得以发展的重要性格因素。因此,良好的非智力因素是一个人能力形成和发展不可缺少的心理品质。

非智力因素的内化过程

开发智力,就是将一个人的智慧潜能外化。只有智慧潜能外化,才能在智慧活动中起重要作用。同样,任何智慧行为的产生,必须由非智力因素来激活或启动。非智力因素的这种功能是通过内化来实现的。非智力因素内化过程可以概括为刺激(诱因)→心理需求→动机的模式。这种内化过程分为两步,第一步是由刺激内化为一种心理需求,这一步内化的实现较为容易。只要刺激足够强烈,就可以激发起心理需求。但这种心理需求需要刺激的不断强化来维持,否则,容易衰退和消失。这一步内化的动力作用是暂时的、弥散无方向的。第二步是由心理需求内化为行为的动力,这一步内化的实现较为困难。有人做不到这一步内化,就半途而废了。若完成了此步内化,人们一般就不再需要原始刺激即可获得持久、稳定的动力。这一步内化的动力作用有明确的方向,指向具体事物或活动。例如,我国著名数学家杨乐,上学时发现书本上的定理很多是以外国人名字命名的,如初等平面几何为欧几里德几何,直角坐标称为笛卡儿坐标,勾股定理称为毕达哥拉斯定理……(刺激),难道中国人就不能为数学发展作出贡献吗(心理需求)? 爱国心成了他学好数学的内部诱因,激起了他的求知欲,激励他努力学好数学(动机)。爱国心本身不一定具有学好数学的动力作用,只有当它进一步内化为学好数学的求知欲时,才对学习数学的智慧活动具有始动和激励作用。

(资料来源:阴国恩. 智力因素、非智力因素与教育. 天津师范大学学报(社会科学版),1999,(4))

总之,能力的形成和发展依赖于多种因素的交互作用,虽然无法精确估算各种影响因素在决定能力高低与发展历程中各自的比重,但有一点是不可否定的,即过分强调遗传因素作用的"遗传决定论"、过分强调环境因素作用的"环境决定论"和强调遗传与环境因素作用相同的"调和论"都是错误的。

第二节　能力的种类

人类所从事的活动多种多样,完成这些活动所必需的能力也各不相同。根据不同的标准可以把能力分为不同的类型。

一、一般能力与特殊能力

根据能力所表现的活动领域不同,可分为一般能力与特殊能力。**一般能力**又称智力,是指在不同种类活动中表现出来的能力,它由观察能力、记忆能力、想象能力、思维能力等因素构成。其中思维能力中的抽象概括能力是智力的核心,创造能力是智力的高级表现形式。**特殊能力**又称专门能力,是指在某种专业活动中表现出来的能力,它是顺利完成某种专业活动所必需的心理条件。如音乐能力、绘画能力、写作能力等。

一般能力和特殊能力是不可分割的统一整体。一方面，一般能力是特殊能力的重要组成部分。例如，人的一般听觉能力既存在于音乐能力中，也存在于言语能力中。没有一般听觉能力的发展，就不可能有良好的音乐能力和言语能力；另一方面，在特殊能力发展的同时，也发展了一般能力。观察能力属于一般能力，但在画家的身上，由于绘画能力的特殊发展，对事物的观察能力也相应地发展起来。

二、模仿能力与创造能力

根据活动中能力的创造性程度大小不同，可分为模仿能力与创造能力。**模仿能力**又称再造能力，是指人们通过观察别人的行为和活动来学习各种知识技能，然后以相同的方式作出反应的能力。模仿能力所表现出的创造性程度较低，但是，它却是个体早期获得知识经验的重要手段。例如，婴儿学习说话、儿童学习一些生活技能等，都是通过观察父母等人的行为而模仿出来的。**创造能力**是指产生新思想、提出新发现和创造新事物的能力。创造能力的客观成果集中表现为首创性。例如，作家在头脑中构思新的人物形象，创造新的作品；科学家提出新的理论模型，并用实验证实这些模型，都是创造能力的具体表现。

模仿能力和创造能力是两种不同的能力。动物能模仿，但不会创造。模仿只能按现成的方式解决问题，而创造则可提供解决问题的新方式与新途径。人的模仿能力和创造能力存在明显的个别差异，有人模仿能力较强，而创造能力较差；有人模仿能力和创造能力都较强。模仿能力与创造能力又有密切的关系，人们常常是先模仿，然后再进行创造。在这个意义上说，模仿也可以说是创造的前提和基础。

三、流体能力与晶体能力

根据能力在人一生中的不同发展趋势和能力与知识的关系，可分为流体能力与晶体能力。**流体能力**又称流体智力，是指由与知识无甚关系的题目所测量出来的能力。它同个体的先天素质关系比较密切，因而在个体生命的早期，发展速度比较快。到儿童后期，发展就慢了些，到成年时达到了顶点，以后开始缓慢下降，到了老年才有明显下降。**晶体能力**又称晶体智力，是指由与知识有关的题目所测量出来的能力。它同个体的先天素质关系不密切，它在人的整个一生中都在不断发展，只不过到了青年后期，发展速度逐渐平缓。

虽然流体能力与晶体能力具有不同的发展速度，达到成熟和出现衰退的时期也是不同的。但是流体能力与晶体能力有一定的依赖关系。如果两个人具有相同的经历，其中一个人有较高的流体能力，那么他将发展出较高的晶体能力；如果一个有较高流体能力的人，生活在贫乏的智力环境中，那么他的晶体能力的发展将会受到影响。

四、认知能力与元认知能力

根据认知活动的对象不同，可分为认知能力与元认知能力。**认知能力**是指个体接受信息、加工信息和运用信息的能力，它表现在人对客观世界的认识活动中。比如人在探索宇宙奥秘时就需要具备认知能力。**元认知能力**是指个体对自己认知过程进行认识的能力,它表现为人对内心正在发生的认知活动的认识、体验和监控。比如人对自己探索宇宙奥秘的认知过程有所认识,能够评价自己是否揭开了宇宙的奥秘并能监控自己探索宇宙奥秘的认知过程。可见,认知能力的活动对象是认知信息(即客观事物),而元认知能力的活动对象是认知活动本身。元认知能力包括个体怎样评价自己的认知活动,怎样从已知的可能性中选择解决问题的确切方法,怎样集中注意力,怎样及时决定停止做一件困难的工作,怎样判断目标是否与自己的能力一致等。

第三节　能 力 的 测 量

一、一般能力测量

一般能力测量即智力测量。首先使用科学的方法去测量人的智力始于法国。1905 年,法国心理学家比纳(Binnet,A.)与医生西蒙(Simmon,S.)合作编制了第一个智力测验量表,即比纳—西蒙智力量表,这是科学智力测验的开端。经过一百多年的发展,到目前为止,各种类型的智力测验有几百种之多,但影响较大的主要有斯坦福—比纳智力量表和韦克斯勒智力量表。

(一) 智力发展水平的指标

1. 智力年龄

智力年龄是最早用来表示个体智力发展水平的一种指标,它由法国心理学家比纳首创。他认为智力随年龄而系统地增长,每一年龄的智力,可用该年龄大部分儿童能完成的智力作业题来表示。例如,一道智力作业题,8 岁儿童中的大部分人都能完成,7 岁儿童中只有少数人能完成,这道作业题就代表 8 岁儿童的智力。据此,比纳编选了 30 道测题,按年龄分组,组合成一份智力测验,作为测量儿童智力发展水平的量表。儿童在这一量表上的得分,是以年龄为单位的,叫做智力年龄,简称智龄。计算智龄的方法很简单,由于每个年龄组有 6 道题,所以,通过智龄基数以上年龄组 1 道题得 2 个月的智龄。智龄由两部分构成:以全部通过的某个年龄组的测题的年龄作为智龄的基数,加上通过智龄基数以上各年龄组测题所获得的智龄。如果某一儿童通过了全部 5 岁组的测题,又通过了 6 岁组的 2 道题,7 岁组的 1 道题,8 岁组和 9 岁组的测题都未通过,那么他的智力年龄就是 5 岁加上 4 个月再加上 2 个月,即 5 岁 6 个月。

智龄是表示个体智力所达到的实际水平,它可以度量个体的智力,但却不能比较不同年龄个体的智力差异。

2. 比率智商

比率智商也是表示个体智力发展水平的一种指标,最早由德国心理学家斯特恩(Stern,L. W.)提出,是智力年龄除以实足年龄所得的商数,也称智力商数。如果一个儿童智力年龄与其实足年龄相等,其智力商数为 1;如果智力年龄是 10 岁,实足年龄为 8 岁,其智力商数为 1.25。美国斯坦福大学心理学家推孟(Terman,L. M.)正式引用了智力商数并作了改进。为了去掉商数的小数,将商数乘以 100,用 *IQ* 代表智力商数,简称智商(*IQ* 为智商的英文缩写),

用公式表示为：

$$智商(IQ) = \frac{智龄(MA)}{实龄(CA)} \times 100$$

据此公式，如果一名实际年龄是 8 岁的儿童，他的智龄也是 8 岁，那么他的智商就是 100，即说明他的智力达到了正常 8 岁儿童的一般水平；如果实际年龄是 8 岁的儿童，他的智龄为 10 岁，那么他的智商就是 125，说明他的智力水平比正常 8 岁儿童要高；如果实际年龄是 8 岁的儿童，他的智龄为 6 岁，那么他的智商就是 75，说明他的智力水平比正常 8 岁儿童要低。

用比率智商表示智力水平，不但计算简明方便，而且容易被人接受和理解。但由于人的实际年龄是不断增加的，而人的智力发展到一定水平后则保持相对稳定。因此，当达到一定年龄之后，比率智商将会逐年下降，这和智力发展的实际情况不相符。因此，为了更真实地反映个体智力发展的实际情况，又提出了离差智商。

3. 离差智商

离差智商是表示个体智力发展水平的另一种测量指标，由美国心理学家韦克斯勒（Wechsler, D.）首创。其基本原理是：以每一年龄段内全体人的智力分布作为正态分布，用个体在智力测验中的分数（X）与所在年龄段的平均分数（$\overline{X}$）的离差判定其智商，即为离差智商。在韦克斯勒智力量表中，用公式表示为：

$$离差智商(IQ) = 100 + 15Z$$

$$Z = \frac{X - \overline{X}}{S}$$

公式中 X 表示某一被试测验的原始分数，$\overline{X}$ 表示该年龄段的平均分数，S 表示该年龄段分数分布的标准差。例如，某个年龄段的平均分数为 70 分，标准差为 10 分，甲生得 80 分，乙生得 60 分，则甲生的离差智商为 115，乙生的离差智商为 85。

由于离差智商不受实际年龄的影响，因而可以比较不同年龄人的智力高低，但容易被误解为智力的绝对水平。

（二）斯坦福—比纳智力量表（S—B）

自 1905 年世界上第一个智力量表问世以后，1908 年和 1911 年比纳和西蒙两人自己进行了两次修订。1916 年，推孟对比纳—西蒙智力量表进行了修订，这个修订后的量表就称为斯坦福—比纳智力量表。该量表在 1937 年、1960 年、1972 年和 1986 年又进行了多次修订。斯坦福—比纳量表属于个别施测的智力测验，它适用于测量 2 岁半到成人的智力。测验的结果以前用比率智商表示，现在用离差智商表示。

（三）韦克斯勒智力量表

美国心理学家韦克斯勒从 1932 年开始编制智力测验量表，先后出版了三套主要量表，即韦克斯勒幼儿智力量表，适用于 4—6 岁儿童；韦克斯勒儿童智力量表，适用于 6—16 岁儿童；韦克斯勒成人智力量表，适用于 16 岁以上的成年人。韦克斯勒智力量表也是个别施测的智力测验，每个量表都由言语和操作两个分量表构成，可以分别度量言语智力和操作智力。其中韦氏儿童智力量表中言语分量表有 5 个分测验，它们是常识、相似性、算术、词汇和领悟；操作分量表也有 5 个分测验,它们是填图、图片排列、积木图案、物体拼配、译码。此外,还有两个备用测验,即数字广度(言语分量表)和迷津(操作分量表),当前面某个分测验因特殊原因不能施测时,可用它们代替。每个分测验的题目都是按由易到难顺序排列的,在施测过程中,需要交替实施言语分量表和操作分量表中的分测验。

(四) 瑞文图形推理测验

瑞文图形推理测验是由英国心理学家瑞文(Raven, J. C.)于 1938 年编制的一种非文字的测验。既可以个别施测,也可以团体施测。主要测量智力的一般因素。该测验共有三套主要量表。瑞文儿童彩色图形推理测验,主要适用于 5—11 岁的儿童及智力落后的成人,由三个系列、共 36 个测验项目组成。在该测验中引入彩色,目的是为了引起幼儿的注意。瑞文标准图形推理测验,主要适用于 6 岁以上直到老年的被试,由五个系列、共 60 个测验项目组成。瑞文高级图形推理测验,类似于瑞文标准图形推理测验,但是项目的难度更大,适用于高水平智力的成人。该测验共由两部分组成,第一部分有 12 个测验项目,第二部分有 24 个测验项目。

二、特殊能力测量

智力测验只是测量人的一般能力。但在实际生活中,还需要对个体的特殊能力进行测量。特殊能力测量,是指对特殊职业活动能力的测量。它需要对特殊活动进行分析,找出它所要求的特殊能力,列出测验项目,然后采取适当的手段进行度量。

(一) 音乐能力测量

音乐能力测量首先是由美国依阿华大学的西肖尔(Seashore, C. E.)等人编制,用来测量小学四年级及以上个体的音乐能力。该量表把音乐能力分为音乐的感知能力、音乐的动作能力、音乐的记忆能力、音乐的想象能力、音乐的智力、音乐的情感等六个方面,根据这六个方面编制测题,测量题目涉及音高、响度、节拍、音色、节奏、音调等方面。

(二) 美术能力测量

美术能力测量首先是由梅尔(Meier, N. C.)编制,用来测量个体的美术能力。该测验包括美术判断测验和美学知觉测验。其中,美术判断测验于 1929 年出版,包括 100 对著名艺术品的图片,每对中有一张图片作了改动,要求被试判断哪一张更好。根据被试的判断结果,对被试的美术能力作出评价。美学知觉测验于 1969 年出版,包括 50 个项目,每个项目为一件艺术品的四种形式,每一种形式相对于另外三种形式在比例、整体性、形状、设计以及其他特征上有所不同,要求被试按其优劣排列出等级。

此外,还有运动能力测量、文学能力测量、数学能力测量等等。它们主要用于职业定向指导、人员选拔和安置、儿童特殊能力的早期诊断与培养等方面。

三、创造力测量

大量的研究证明,创造力与智力既有联系又不完全相同,二者之间相关较低。因此,智力测量的结果不能作为创造力高低的指标。美国心理学家吉尔福特通过对许多智力测验的分析,发现智力测验主要测量的是认知和集中思维能力,但创造力更需要发散思维的参与。而发散思维能力主要表现在思维的流畅性、变通性和独创性三方面。目前国内外的创造力测量正是从这三个方面对人的创造性进行评定的。

(一)美国南加州大学创造力测验

该测验由美国心理学家吉尔福特(Guilford,J. P.)编制,适用于测量具有中学以上文化水平的被试。它共由 14 个分测验组成,分别是语词流畅性、观念流畅性、联系流畅性、表达流畅性、非常用途、解释比喻、用途测验、故事命名、事件后果的估计、职业象征、组成对象、绘图、火柴问题、装饰等。前 10 个分测验要求被试作出言语反应,后 4 个分测验要求被试作出操作反应。该测验的结果能够给出被试思维的流畅性、变通性和独创性三项创造性指标的分数。

(二)托兰斯创造性思维测验

该测验由美国明尼苏达大学心理学家托兰斯(Torrance,E. P.)编制,适用于测量幼儿园儿童到成人被试。但对小学四年级以下的被试,必须进行个别施测。该测验由三个创造性思维量表共 12 个分测验构成。其中,语词创造性思维量表由询问、猜测原因、猜测结果、产品改进、不寻常用途、不寻常问题和假设 7 个分测验组成;图像创造性思维量表由图像构建、图像完成、平行线或圆 3 个分测验组成;语词声音创造性思维量表由声音想象、拟声字想象 2 个分测验组成。该测验的结果同样能够给出被试思维的流畅性、变通性和独创性三项创造性指标的分数。

(三)芝加哥创造能力测验

该测验由美国芝加哥大学心理学家编制,适用于测量青年人的创造潜能。它由五个部分组成,即词汇联想、物体用途、隐蔽图形、完成寓言、组成问题。测量的结果也是从被试思维的流畅性、变通性和独创性三个方面来评定其创造性的。

因为人的创造力在现实生活中有重要的意义,因此,创造力测验也就引起了人们普遍的重视。但又由于这类测验的研究历史还不长,测验的标准化程度还不高,某些测验虽然已经取得了一些有价值的研究资料,但离预测和培养人的创造行为的要求还相距较远。

四、能力的差异性规律

(一)能力的量的差异

1. 能力发展水平的差异

能力发展水平的差异主要是指智力上的差异,一般通过智力测验获得。根据多年来许多人测量的结果,发现从总体上看,人群的智力水平呈正态分布,即智商特别高和特别低的人比较少,智商为中等水平的人比较多。现以一个最常被引用的测量结果为例,其情况见表 12-3-1。

表 12-3-1 不同智商水平上的人数分配百分数

智商	百分数(%)	智商	百分数(%)	智商	百分数(%)
139 以上	1	90—99	46	70 以下	3
120—139	11	80—89	15	注:共调查 2904 人	
100—119	18	70—79	6		

(资料来源:张述祖,沈德立. 基础心理学. 教育科学出版社,1987:652)

2. 能力表现早晚的差异

能力表现早晚的差异主要是指能力发展速度的差异。有人很小就表现出超人的智慧,如我国唐朝诗人王勃 10 岁能作赋。控制论的创始人维纳,4 岁就自由地阅读书籍,7 岁能阅读达尔文的著作,9 岁破格升入高中,11 岁写出论文,14 岁大学毕业,18 岁就获哈佛大学哲学博士学位。这些人被称为"智力早慧"。有人则在年龄很大的时候才表现出过人的智慧,如我国著名画家齐白石 40 岁才表现出绘画才能。大科学家爱因斯坦 3 岁才开始说话,被认为是智力落后者,他第一次考大学没有被录取,第二次才勉强入学,但后来通过努力,创立了改变现代物理学发展的"相对论"。这些人被称为"大器晚成"。

(二)能力的质的差异

能力的质的差异是指能力的结构差异。人的能力是由不同因素构成的,由于各种因素发展不平衡,导致了人们在能力的不同方面表现出很大的差异。例如,有人善于想象,有人善于记忆,有人善于分析,有人善于综合。不同能力因素的结合,使得人们互相区别开来。例如,甲生在形象性作业上表现出比乙生高的效率,而在抽象性作业上表现出比乙生低的效率。这就是说,甲生与乙生在能力上不只有量的差异,还有质的差异。

第四节　能力理论

一、能力的因素理论

能力的理论也称能力学说。主要可分为两大类:一类是从能力构成要素的角度提出来的,被称为能力的因素理论;另一类是从信息加工的角度提出来的,被称为能力的认知理论。

(一)二因素说

该学说由英国心理学家斯皮尔曼(Spearman, C. E.)提出。他根据人们完成能力作业时成绩的相关程度,提出了能力由一般因素(G 因素)和特殊因素(S 因素)组成。图 12-4-1 中椭圆形 V 代表词汇测验,椭圆形 A 代表算术测验,两套测验结果出现重叠,就是由于它们共同有一般因素 G(即两个椭圆形的重叠,由图中斜线部分表示),但它们不完全相关,因为每种作业中还包括特殊因素(图 12-4-1 中 S₁ 和 S₂)。斯皮尔曼认为 G 因素是决定个体智力高低的主要因素,S 因素则是个体完成某些特定智力作业所必需的。在个体完成的智力作业中,如果包含的G 因素越多,则各种作业成绩的正相关值就越高。相反,如果包含的 S 因素越多,则其成绩的正相关值就越低,详见图 12-4-1。

能力二因素说一方面为智力测验提供了理论依据,另一方面促进了智力测验的发展。但由

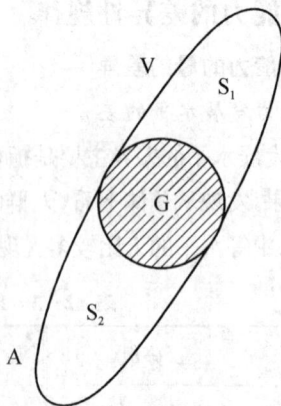

图 12-4-1　斯皮尔曼的能力二因素说

(资料来源:阴国恩等. 普通心理学. 南开大学出版社,1998:383)

于该学说中 G 因素的具体含义不明确,而且把一般因素和特殊因素绝对对立起来,这是其缺点所在。

(二) 独立因素说

该学说由美国心理学家桑代克提出。他认为,能力中不存在一般因素,而是许多能力因素的总和。具体来说是由抽象能力、具体能力、社会能力三种独立的因素所组成。

独立因素说一方面对二因素说作了补充和发展,另一方面也促进了智力测验的发展。但由于它没有说明三个因素之间存在什么关系以及为什么不存在一般因素,因而也有其缺陷。

(三) 群因素说

该学说由美国心理学家瑟斯顿(Thurstone, L. L.)提出。他用因素分析的方法,提出人的智力是由言语能力、数学能力、空间能力、知觉能力、记忆能力、推理能力、词汇流畅能力等七种主要的基本能力组成,这些基本能力因素的不同搭配,就构成每个人独特的智力。在图 12 - 4 - 2中,V 和 S 分别代表言语能力和空间能力,椭圆形 V_1、V_2、V_3、V_4 代表四种言语能力测验,椭圆形 S_1、S_2、S_3、S_4 代表四种空间能力测验。从图上可以看出,各种言语能力测验之间和各种空间能力测验之间都有相当高的相关。

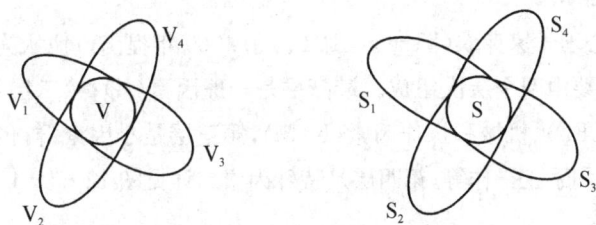

图 12 - 4 - 2　瑟斯顿的群因素说

(资料来源:阴国恩等. 普通心理学. 南开大学出版社,1998:384)

最初,瑟斯顿认为这七种基本能力因素在功能上是相对独立的,后来,他修改了上述观点,认为在七种主要的基本能力因素以外,还存在第二级的一般因素。

群因素说对后来能力研究的影响较大,这不仅是因为他提出的因素分析的方法为后来研究智力开辟了一条新的道路,而且他的研究也促进了能力测验的发展。但由于没有明确一般因素和群因素之间的关系,因而存在一定的缺陷。

(四) 智力三维结构说

该学说由美国心理学家吉尔福特在因素分析的基础上于 1967 年提出。他认为应从操作、内容、产品三个维度去考虑智力结构。智力的操作维度包括认知、记忆、分散思维、辐合思维、评价 5 个因素;智力的内容维度包括图形、符号、语义、行为 4 个因素;智力的产品维度包括单元、门类、关系、系统、转换、含蓄 6 个因素。这样,智力便由 $5 \times 4 \times 6 = 120$ 种基本能力构成。1971 年,他把内容维度中的图形改为视觉与听觉,使其增为 5 个因素,这样智力组成因素就成为 $5 \times 5 \times 6 = 150$ 种。1988 年,他又将操作维度中的记忆分为短时记忆与长时记忆,使其由 5 个因素变为 6 个因素,因而智力结构的组成因素便增加到 $6 \times 5 \times 6 = 180$ 种,详见图 12 - 4 - 3。

智力三维结构模型丰富了人们对智力本质,特别是智力的复杂性的认识,促进了智力测

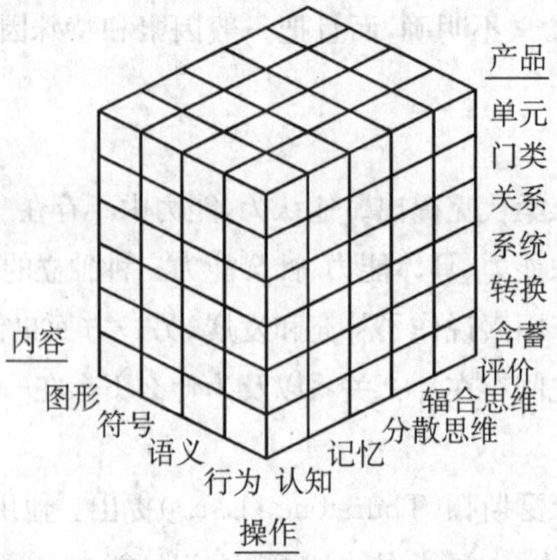

图 12 - 4 - 3　吉尔福特智力三维结构模型

（资料来源：张述祖，沈德立.基础心理学.教育科学出版社，1987：659）

验的发展。但由于否认一般因素的存在，并把智力划分为很多小的因素，使人看不到智力的整体性。

（五）智力层次结构说

该学说由英国心理学家弗农（Vernon，P. E.）于 1960 年提出。他认为智力是按层次排列的一个结构体，且主要由四个层次组成。最高层是一般因素（G）；第二层是两个大因素群，即言语和教育因素（V：ED）、机械和操作因素（K：M）；第三层是小因素群，包括言语理解、数量、机械信息、空间能力和手工操作等；第四层是特殊因素。详见图 12 - 4 - 4。

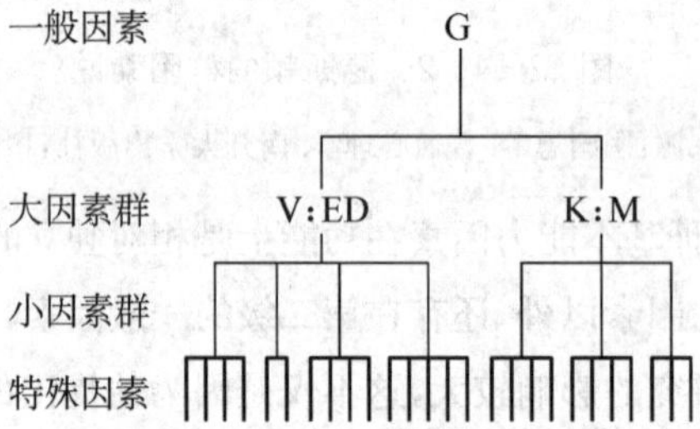

图 12 - 4 - 4　弗农的智力层次结构说

（资料来源：阴国恩等.普通心理学.南开大学出版社，1998：386）

智力层次结构说实际上是二因素说的扩展和细化，它对智力结构和构成要素的研究又深入了一步。

二、能力的认知理论

能力的认知理论主要是受认知心理学的信息加工理论及神经生理学的影响，使其对智力的研究不再局限于其组成部分，而是注意智力在处理现实生活中的功能。

（一）多元智力理论

该学说由美国心理学家加德纳（Gardner，H.）于 1983 年提出。他认为智力的内涵是多元的,由七种相对独立的智力成分所构成,每种智力都是一个单独的功能系统,这些系统可以相互作用,产生外显的智力行为。这七种智力成分是:①言语智力,包括阅读、写文章或小说以及日常会话的能力;②逻辑—数学智力,包括数学运算与逻辑思考的能力;③空间智力,包括认识环境、辨别方向的能力;④音乐智力,包括对声音的辨别与韵律表达的能力;⑤身体运动智力,包括支配肢体完成精细作业的能力;⑥社交智力,包括与人交往且能和睦相处的能力;⑦自知智力,包括认识自己并选择自己生活方向的能力。

(二) 三元智力理论

该学说由美国心理学家斯滕伯格(Sternberg,R.J.)提出。他把智力分为情境子理论、经验子理论和成分子理论。情境子理论涉及个体的外部世界,它回答在不同的环境下,个体什么样的行为才称得上是智力行为。从某种意义上说,情境子理论与智力行为的内容有关。经验子理论既涉及个体的外部世界,又涉及其内部世界,因为经验是联结个体内部世界和外部世界的桥梁。对个体来说,由情境子理论确定的智力行为必须处于一定的经验水平上,才称得上是智力行为。成分子理论则与个体的内部世界相联系,它要回答智力行为是如何产生的。它抛开智力行为的特定内容,去考察构成智力行为基础的心理机制的潜在模式。斯滕伯格认为把这三个子理论结合在一起,就可以较为公正客观地描述和解释个体智力的差异。

(三) 智力的 PASS 模型

智力的 PASS 模型由加拿大心理学家戴斯(Das,J.P.)等人提出。它是指"计划—注意—同时性加工、继时性加工"。它包含了三层认知系统和四种认知过程。其中计划系统处于最高层次;注意系统又称注意—唤醒系统,它是整个系统的基础;同时性加工和继时性加工是功能平行的两个认知过程,它们构成一个编码系统,处于中间层次。三个系统协调合作,保证一切智力活动的运行。

智力活动是一个整体,因此三个系统之间存在密切的相互关系。计划系统和注意—唤醒系统之间的关系尤为紧密。从理论上分析,有效的计划系统既要求适当的注意—唤醒状态,也需要对不适当的注意—唤醒水平的抑制,对注意—唤醒系统的促进与选择性抑制是计划系统的重要功能。从神经解剖学上看,它们相应的大脑机能区之间存在更为丰富的神经联系。编码和计划过程也密不可分,因为现实生活中的任务往往能以不同的方式进行编码,个体如何加工这种信息也是计划的功能,所以同时性或继时性加工要受到计划功能的影响。类似地,在编码与注意—唤醒之间同样存在不可缺少的联系,因为编码依赖于合适的唤醒水平。

成 功 智 力

成功智力是美国心理学家斯滕伯格于 1996 年提出的。所谓成功智力就是用以达到人生主要目标的智力,它能导致个体以目标为导向并采取相应的行动,是在现实生活中真正能产生举足轻重影响的智力。它包括创造性智力、分析性智力和实践性智力三个方面。创造性智力可以帮助人们从一开始就形成好的问题和想法;分析性智力用来解决问题和判定思维成果的质量,强调比较、判断、评估等分析思维能力;实践性智力可把思想及其分析结果以一种行之有效的方法来加以实现。成功智力的三个方面形成一个有机整体,具体来说即用创造性智力找到问题,用分析性智力发现好的解决办法,用实践性智力来解决实际问题。只有这三个方面协调、平衡时才最有效。具有成功智力的人不仅拥有这些能力,而且还会思考在什么时候、以何种方式有效地使用这些能力。

（资料来源:R·J·斯滕伯格.成功智力.吴国宏等译.华东师范大学出版社,1999:11－12）

思考题

1. 从影响能力形成的因素谈谈怎样培养一个人的能力。

2. 怎样科学地看待智力测验?

3. 根据能力、知识、技能的关系分析高分低能现象。

第十三章　气　　质

本章教学要求

教师讲解的内容

- 气质的概念
- 气质的特点
- 鉴定气质的方法
- 气质理论

学生自学的内容

- 气质的心理特性
- 气质的意义

教学重点

- 气质类型特点及其行为表现

- 气质理论

教学难点

- 气质的概念
- 气质理论

学习目标:通过本章学习,应能够

- 了解气质的概念
- 了解气质的特点
- 了解鉴定学生气质的方法
- 掌握气质类型的特点及其表现
- 评价气质理论

A·H·达威多娃的研究表明,同是看戏迟到,四种气质类型的人言行表现各不相同。胆汁质的人跟检票员争执起来,急于想进入剧场并分辩说,剧场的钟走得快了,他进去不会影响别人,他打算推开检票员跑到自己的座位上去。多血质的人知道检票员不会放他进去,就通过没人注意的侧厅跑到自己座位上。黏液质的人看到不让他进场,就想:"算了第一场可能不太精彩。我还是去小卖部等一等,到幕间休息再进去吧。"抑郁质的人想:"我总是不走运,偶尔来一次剧场就这样倒霉。"接着就回家去了。

俄国名将苏沃洛夫是一位在言词、运动等方面非常活跃而十分特异的人。他好像不知道安静,给人的印象他是一位渴望一举做百事的人。直到老年,他仍然不是走路而是跑步,不是骑马而是赛马。有一次椅子挡住了他行走的道路,他不是绕过椅子走,而是从椅子上跳过去。①

第一节　气　质　的　概　述

一、气质的特点

在日常生活中,常能发现有的人活泼好动、反应灵敏,有的人安静稳重、行动缓慢,有的人

---

① 资料来源:叶奕乾等. 个性心理学. 华东师范大学出版社,1993:122

脾气急躁、感情冲动，有的人多愁善感、郁郁寡欢。这些人与人之间的个性心理特征方面的差异，正是气质差异的具体表现。

在心理学中，气质是指人的典型的、稳定的心理特点，这些心理特点以同样方式表现在各种活动中的心理活动的动力上。它与平时所说的"脾气"、"禀性"或"性情"相近似。气质影响个体活动的一切方面。具有某种气质特征的人，在内容完全不同的活动中表现出同样性质的动力特点。例如，一个学生每逢考试就显得很激动，等待朋友时坐立不安，参加比赛沉不住气，经常抢先回答主持人的提问，这个学生就具有情绪激动的气质特点。

（一）气质是心理活动的动力特征

气质是表现在心理活动的速度、强度、指向性方面的动力特征。首先，在心理活动的速度方面，主要表现为一个人的感知速度、注意集中时间的长短、思维的快慢等。其次，在心理活动的强度方面，主要表现为一个人情绪的强弱、毅力的大小等。最后，在心理活动的指向性方面，主要表现为一个人是倾向于从外部世界获得新的印象，还是倾向于从内部世界获得新的印象。气质的动力特征仿佛使人的全部心理活动染上个人独特的色彩。例如，《三国演义》中的张飞，在他所从事的各种活动中都表现出急躁、容易发脾气、遇事冲动的特点。而《红楼梦》中的林黛玉，在她所从事的各种活动中，都表现出内向、多愁善感、行动缓慢的特点。

（二）气质是具有天赋性的心理特征

人一出生，就表现出由生理特点决定的某种气质特征，这种先天的生理特点构成了人的气质的最初基础。人们可以观察到，新生儿有的爱哭闹，四肢活动量大；有的较少啼哭，活动量小。有研究发现，一个人的气质，在其出生前的几个月里就有表现。有的母亲报告，腹中的胎儿有明显的胎动。也有的母亲报告，腹中的胎儿胎动不明显。追踪研究发现，在母腹中胎动明显的孩子，出生后，稍有不满意就大吵大闹，且不容易安静下来。而在母腹中胎动比较少的孩子，出生后，除了饥饿或不舒服以外，一般比较安静，较少吵闹。研究还发现，气质特征与遗传有密切的关系。同卵双生子的气质特征比异卵双生子更为相近，即使同卵双生子不在同一环境下长大，他们的气质特征也比较相近。

（三）气质是比较稳定的心理特征

与能力、性格相比，一个人的气质特征是相当稳定的。人们常说的"禀性难移"，就是指气质是稳定的，不容易改变。但是气质又不是一成不变的，气质在生活和教育影响下会发生缓慢的变化，以符合社会实践的要求。

二、气质的心理特性

气质的心理结构十分复杂，它由心理活动的许多特性交织而成。这些特性主要包括以下几个方面。

（一）感受性

指人对外界刺激的感觉能力。表现在感受性上的个别差异是十分明显的，有的人感觉能力强，而有的人感觉能力弱。这是神经系统强度特性的表现。

（二）耐受性

指人在接受外界刺激作用时表现在时间和强度上的承受能力，主要指长时间从事某项活

基础心理学（第2版）

动时注意力的集中性、对强烈刺激的耐受性、长时间思维活动保持高效率的坚持性等。这也是神经系统强度特性的表现。

（三）敏捷性

包括两个方面，一是指人对同一强度的内、外刺激作出不随意反应的程度；二是指人的行为反应和心理过程进行的速度，如动作速度、言语速度、记忆速度、思维的敏捷性、注意转移的灵活性。这是神经系统灵活性的表现。

（四）可塑性

指人改变、调节自己以适应外界环境变化的难易程度。如果不能随环境变化调节自己的行为，则必然会因适应性差而导致心理发生偏差。这是神经活动灵活性的表现。

（五）兴奋性

指以不同速度对微弱刺激产生情绪反应的特性。它既是神经系统强度的表现，也是神经系统灵活性的表现。

（六）向性

指心理活动、言语与动作反应表现于外部还是表现于内部的特性。表现于外部的叫外向性，表现于内部的叫内向性。外向性和内向性与神经活动的强度有关，外向性是神经兴奋过程强的表现，内向性是神经抑制过程强的表现。

第二节　气　质　的　类　型

一、气质类型的特点及其行为表现

人们的气质主要分为胆汁质、多血质、黏液质和抑郁质四种典型类型，以及一些混合型的气质类型。下面主要介绍四种典型气质类型的特点及行为表现。

（一）胆汁质

在情绪方面，体验强烈，发生快、消退也快；在智力活动方面，对问题的理解具有粗枝大叶、不求甚解的倾向；在行动方面，生机勃勃，表里如一，工作中表现出顽强有力，行为具有突发性。

概括地说，胆汁质的人以精力旺盛、易于冲动、反应迅猛、易感情用事为特征。整个心理活动笼罩着迅速而突发的色彩，具有外倾性。

（二）多血质

在情绪方面，易表露，也容易变化，很敏感，遇到不如意的事情绪低落，但是只要稍加安慰，马上就会情绪高涨；在智力活动方面，思维灵活，反应迅速，但是常表现出对事和对问题不求甚解；在行动方面，动作快，工作有热情，喜欢参加一切活动，但不能坚持较长时间，对环境的适应能力较强，好交际，但往往交往不深。

概括地说，多血质的人以反应迅速、有朝气、活泼好动、动作敏捷、灵活多变、情感体验不深为特征，具有外倾性。

（三）黏液质

在情绪方面，兴奋性较弱，心情较平稳，变化缓慢；在智力活动方面，思维的灵活性差，但比较细致,喜欢沉思,头脑冷静;在行动方面,善于从事已经习惯了的工作且热情较高,对新工作较难适应,行动缓慢,但能坚决执行已经做出的决定,工作较踏实。

概括地说,黏液质的人以安静稳重、灵活不足、踏实、有些死板、沉着冷静、缺乏生气为特征,具有内倾性。

(四)抑郁质

在情绪方面,情感不丰富,很少表露,但对情感的体验比较深刻和强烈,如果工作中有失误,会在较长时间内感到痛苦;在智力活动方面,观察力敏锐,能够观察到一般人所忽略的细节,对事物的反应有较高的敏感性,思维深刻;在行动方面,动作缓慢、单调,不爱与人交往,有孤独感,不愿意在大庭广众下出头露面,不喜欢表现自己,怯懦。

概括地说,抑郁质的人以敏锐、稳重、体验深刻、怯懦、孤独、行动缓慢为特征,具有内倾性。

上述四种气质类型仅是一种典型的划分,虽然在日常生活中可以遇到这四种气质类型中的每一种典型代表人物,但这样的人毕竟是少数,大多数人都是某两种或某三种气质类型的混合型。因此,不能勉强地把一个人归入某种典型的气质类型。

二、典型气质类型的心理特性

从气质的感受性、耐受性、敏捷性、可塑性、兴奋性、向性等心理指标分析四种典型气质类型,不难发现有如下的特点。胆汁质表现为感受性低,耐受性高,不随意的反应性强、外向性明显,情绪兴奋性高、抑制能力差,反应速度快而不灵活。多血质表现为感受性低,耐受性较高,不随意的反应性强、外向性和具有可塑性,情绪兴奋性高、外部表现明显,反应速度快而灵活。黏液质表现为感受性低,耐受性高,不随意的反应性和情绪兴奋性均低,外部表现少,反应速度慢而且有稳定性。抑郁质表现为感受性高,耐受性低,不随意的反应性低、严重内向,情绪兴奋性高而体验深刻,反应缓慢,具有刻板性和不灵活性。气质类型的这些特点可以概括为表13-2-1。

表13-2-1 气质类型和心理特性的关系

心理特性	气质类型			
	胆汁质	多血质	黏液质	抑郁质
感受性	−	−	−	+
耐受性	+	+	+	−
敏捷性	+	+	−	−
可塑性	+	+	−	−
兴奋性	+	+	−	+
向性	+	+	−	−

(资料来源:叶奕乾. 心理学. 中央广播电视大学出版社,1990:327)

三、气质的意义

学习和掌握气质类型及其特点,在各种实践活动领域特别是教育工作中具有十分重要的意义。

（一）气质类型无好坏之分

每一种气质类型既有积极方面，又有消极方面。例如，胆汁质的人热情开朗、刚强、积极主动、精力旺盛，但性情急躁、任性、容易冲动、鲁莽粗暴。多血质的人灵活敏捷、容易适应新环境，但兴趣容易转移，不够细致。黏液质的人沉着、稳重、自制、冷静、有毅力、踏实，但死板、生气不足、容易固执。抑郁质的人观察敏锐、细致、稳重、情绪体验细腻深刻，但缺乏热情、容易多疑、做事过于谨慎小心。由此可见，气质类型并无好坏之分，在每一种气质类型的基础上都可能发展起某些优良的品质或形成不良的特点。

（二）气质类型本身不能决定一个人活动的社会价值和取得成就的高低

气质特征只能影响一个人智力活动的方式，不能决定一个人智力发展的水平、社会价值和成就的高低。因为在各种社会生活领域中，常能发现不同气质类型的杰出人才。这一点可以俄国四位著名的文学家为例来说明。普希金（Пушкин，А. С.）是明显的胆汁质，赫尔岑（Герцен，А. И.）是典型的多血质，克雷洛夫（Крылов，И. А.）属于黏液质，果戈理（Гогль，Н. В.）则是抑郁质。他们各自具有不同的气质类型，但他们同样都在文学上取得了令人瞩目的成就，气质并没有决定他们的社会价值的高低。同样气质的人对社会贡献可能差别极大，而不同气质的人在成就上也可能相差无几。

（三）气质类型可以作为选择职业的一个依据

研究和实践表明，有些气质类型特征为人们从事某项工作提供了有利条件。例如，对于防暴警察这个职业来说，它对敢于行动、动作迅速等心理品质的要求比较高，所以胆汁质气质类型的人比较适合。对于公关和社交工作来说，它对思维灵活、反应迅速、善于言谈、喜欢社交等心理品质的要求比较高，所以多血质气质类型的人比较适合。对于纺织工作来说，它对细致、有耐心、观察力敏锐等心理品质的要求比较高，所以黏液质和抑郁质气质类型的人比较适合。因此，在选择职业或选拔人才时，要充分考虑一个人的气质类型特征。

（四）气质类型是因材施教的重要依据

了解学生的气质特点，对于教师做好教育工作，培养学生的优良个性，具有重要意义。

首先，教师要掌握学生的气质类型及特征，对不同气质类型的学生应采取不同的教育方式和方法。由于每一种气质类型都有其积极的一面和消极的一面，因此，在教育工作中，要充分利用其积极方面并防止向消极方面发展。梅尔林（Мерлин，В. С.）指出，由于个体的神经活动类型不同，小学生对分数的反应不同。不良的学习成绩对神经活动强型学生会产生积极影响，从而增强他的活动水平；同样的分数对神经活动弱型的学生会产生消极影响，从而降低他的活动水平。克帕托娃研究表明神经活动强型和弱型的人，在一般情况下工作效率并没有什么差异；在有威胁的情境中，神经活动弱型的人活动受到抑制，而强型通常却表现出无组织的行为；在刺激情境中，弱型的人比强型的人工作效率高。因此，对胆汁质类型的学生进行教育时，既要触动其思想，又要避免激怒他们。在发展他们坦率热情、开朗刚强品质的同时，培养他们的意志力和自控能力，以引导他们向生气勃勃、勇敢顽强品质方面发展，防止他们出现任性粗暴、狂妄自大的消极品质。对多血质类型的学生要严格其组织纪律，让他们有参加多种活动的机会,培养其稳定的兴趣,同时也要指导他们克服粗心大意、虎头蛇尾和轻率浮躁的缺点,引导他们向活泼热情、灵活机智方面发展。对黏液质类型的学生,要让他们多参加学校或班级的集体活动,引导他们积极探索新问题,培养他们工作踏实顽强、自制稳重等品质,防止他们向墨守成规、谨小慎微、刻板冷漠等不良品质发展。对抑郁质类型的学生要多给予关怀和帮助,避免在公开场合指责他们,要鼓励他们前进的勇气,培养他们敏锐、机智、自尊、自信等优良品质,防止向疑虑、怯懦、孤独等消极品质发展。

应当指出,胆汁质和抑郁质类型的学生应该是教师特别关注的对象。胆汁质的学生,可能会出现进攻、好斗等行为问题;抑郁质的学生,可能会出现焦虑不安的问题。教师要让具有胆汁质类型的学生,多得到工作与休息交替的机会;让具有抑郁质类型的学生,在集体中获得友谊和生活乐趣。

其次,教师要教育学生认识并善于利用自己的气质类型特征。在教育教学中,教师要让每个学生正确剖析自己的气质特征,了解自己气质类型的优点和缺点,加强行为的自我修养,在实际生活中注意发挥自己气质的优点,克服自己气质的缺点,使每一个学生的个性都得到健康发展。

第三节　气质的测量

气质测量是研究气质类型及其表现的一种手段。由于气质的复杂性,对气质的测量应该综合运用实验、问卷和行为评定等方法,多方面收集资料,然后从中综合概括出一个人的气质。

一、实验法

在实验室内通过专门仪器测量人的气质特征,主要依据以下四个项目进行:①感受性测量:主要测量外界刺激达到哪种强度能对被试产生心理影响;②耐受性测量:主要是测定在不同的刺激情境中,被试的思维、情绪等是否保持稳定;③灵敏性测量:主要是测定被试神经活动、特别是高级神经活动的灵活性;④兴奋性测量:主要是测量在兴奋状态下被试是否能控制住自己而不轻易外露。由于用实验法测量人的气质特征要求严格控制环境,而且不能完全避免被试思想、情绪等各种因素的干扰,因此还存在着一定的不足。

二、问卷法

用问卷法测量气质特征,主要有两种方式:一种是自我评定法,它要求被试自己对经过标准化的一系列问题作出回答,然后主试根据被试的回答结果与常模比较,分析被试的气质类型。另一种是他人评定法,它要求熟悉被试的人对经过标准化的一系列问题作出回答,然后主试根据回答结果与常模比较,分析被试的气质类型。在气质的实际测量过程中,如果能将自我评定和他人评定两种方法结合起来,对一个人气质类型的评定将会更加准确和可靠。下面介绍一些有代表性的气质问卷。

(一)瑟斯顿气质量表

该气质量表是由美国心理学家瑟斯顿等人于 1953 年用因素分析的方法首先提出了七种

气质因素,然后根据这七种气质因素编制而成的。该量表共由 140 道题组成,每个气质因素有 20 道题目。要求被试从每道题目的三个答案("是"、"否"和"不能肯定")中作出一个选择。测量的结果用百分等级来表示,完成测验的时间约为 30 分钟。

瑟斯顿气质量表的七种因素分别是:①活动性(因素 A);②健壮性(因素 V);③支配性(因素 D);④稳定性(因素 E);⑤社会性(因素 S);⑥沉思性(因素 R);⑦冲动性(因素 I)。

(二) 吉尔福特—齐默尔气质调查表

该气质量表是由美国心理学家吉尔福特和齐默尔(Zimmerman)于 1956 年用因素分析的方法首先提出了十种气质因素,然后根据这十种气质因素编制而成的。该量表共由 300 道题组成,每个气质因素有 30 道题目。要求被试从每道题目的三个答案("是"、"否"和"不能肯定")中作出一个选择。

吉尔福特—齐默尔气质调查表的十种因素分别是:①一般活动性(因素 G);②约束性(因素 R);③优势性(因素 A);④社会性(因素 S);⑤情绪稳定性(因素 E);⑥客观性(因素 O);⑦友好性(因素 F);⑧思想性(因素 T);⑨人际关系(因素 P);⑩男性化(因素 M)。

(三) 斯特里劳气质调查表

该气质调查表是由波兰心理学家斯特里劳(Strelau, J.)根据巴甫洛夫关于高级神经活动基本特性的理论编制的。因此,该调查表主要评定高级神经活动的兴奋性、抑制性和灵活性等三个方面。

斯特里劳最早编制了 150 道测验题目,其中每个方面有 50 道题目。高级神经活动的平衡性没有专门的题目,在这一特性上的得分要通过被试回答的结果间接推算出来。经过大规模的施测,最后,他从 150 道题目中筛选出 134 道,其中测量兴奋性的有 44 道题,测量抑制性的有 44 道题,测量灵活性的有 46 道题。在施测过程中,要求被试对每道题目从三个答案("是"、"否"和"不能肯定")中作出一个选择。

(四) 罗萨诺夫的气质问卷

苏联心理学家罗萨诺夫认为气质的结构应包括如下八个方面:①对象动力性;②社会活动动力性;③可塑性;④社会可塑性;⑤速度;⑥社会速度;⑦激情;⑧社会激情。根据这八个方面共设计了 105 道题目,每个方面 12 题,加上测谎题 9 道。测试时,主试要求被试根据头脑中出现的第一个真实的答案回答,回答要快而精确。

总之,用问卷法测量气质类型,方法简便,容易施测,评分确定,容易量化,可以大规模地使用。但是测量的准确性受到被试回答问题真实性的影响,如果被试在回答问卷中不诚实,结果将会出现偏差,影响测量的信度和效度。

三、行为评定法

行为评定法是通过在自然条件下,观察和了解一个人气质特征的行为表现,进而对其气质类型作出评定的一种方法。

(一) 安费莫夫检查表

这种方法由苏联心理学者安费莫夫(Анфимов)所编制。该检查表由一张印有随机排列的一行行俄文字母组成。在测试过程中,要求被试从最上面一行开始,从左到右将所看到的规定字母如 H 划掉,通常先让被试做 5 分钟,然后休息 1 分钟,再做第二个 5 分钟。在进行第二个 5 分钟测试时,也是划掉字母 H,但是,如果遇到 H 和 И 在一起,即"И H"时,字母 H 不能被划掉。

根据被试所划字母的结果评定其高级神经活动的特性和类型:①根据被试划去的字母总数,评定其神经活动的强度;②根据被试在 5 分钟内所划字母数的曲线形式评定其神经活动类型;③根据被试错划字母的多少评定其分化抑制的能力。

(二)"80·8"神经类型测试表

中国苏州大学的王文英和张卿华改进了安费莫夫的方法,他们考虑到被试知识经验可能对测试结果产生影响,于是把安费莫夫测试表中随机排列的俄文字母改为随机排列的无意义图形符号,要求被试在 30 分钟内从左到右将事先规定的某个符号划掉。在具体的施测过程中,让被试先作业 5 分钟,休息 5 分钟,再作业 5 分钟,依次交替进行,共 30 分钟。然后根据被试划掉规定符号的总数和漏、错划的百分率,评定被试的神经类型,从而达到评定被试气质类型的目的。

第四节 气质理论

一、气质的体液理论

气质的体液理论是古希腊著名的医生和学者希波克拉底(Hippocrates)在《论人的本性》一书中提出的。他认为人体内有黄胆汁、血液、黏液和黑胆汁四种体液。根据某一种体液在人体内占优势,把人分为四种气质类型,即胆汁质、多血质、黏液质和抑郁质。在体液的混合比例中,如果一个人的黄胆汁占优势,则属于胆汁质;如果一个人的血液占优势,则属于多血质;如果一个人的黏液占优势,则属于黏液质;如果一个人的黑胆汁占优势,则属于抑郁质。同时还认为如果四种体液在一个人身体中所占的比例协调,那么他就健康,即心理正常。如果四种体液在一个人身体中所占的比例失调,那么他就不健康,即心理失常。希波克拉底还认为,各种体液是由冷、热、湿、干四种性质相匹配而产生的。黄胆汁是热与干的配合,因此,胆汁质的人热而躁,好似夏天;血液是热与湿的配合,因此,多血质的人温而润,好似春天;黏液是冷与湿的配合,因此,黏液质的人冷酷无情,好似冬天;黑胆汁是冷与干的配合,因此,抑郁质的人冷而躁,好似秋天。他指出,胆汁太多会使头脑过热,导致恐怖与恐惧。黏液太多会使头脑过冷,导致忧虑与悲伤。

气质体液理论,是最早关于气质类型的理论。但是,限于当时科学发展的水平,用四种体液来解释气质类型,没有得到当代生理学研究成果的支持,所以该理论的科学根据不足。

二、气质的体型理论

气质的体型理论是德国精神病学家克瑞奇米尔(Kretschmer, E.)于 1925 年提出的。他根据自己对精神病患者的临床观察,提出人的气质特点和其身体结构有一定的关系。他认为,人的体型主要有三种类型,即肥胖型、瘦长型和斗士型。肥胖型的人身材矮小,肥胖,圆肩阔腰,属于躁郁性气质,其特点是好社交,健谈,活泼,好动,表情丰富,情绪不稳定,易患躁狂抑郁症。瘦长型的人身材较高,瘦弱,不丰满,属于分裂性气质,其特点是不善于社交,内倾,退缩,事事通融,害羞沉静,言语比较少,多愁善感,易患精神分裂症。斗士型的人身材比较匀称,比例协调,肌肉发达,属于黏着性气质,其特点是正义感强,注意礼仪,节俭,遵守纪律和秩序,精力充沛,易患癫痫症。

在克瑞奇米尔理论的基础上,美国心理学家谢尔顿(Sheldon, W. H.)于1942年主张体型与气质相关,谢尔顿把人分为内胚叶型、中胚叶型和外胚叶型。内胚叶型肥胖,乐观,体态松弛,反应缓慢,睡眠很深。中胚叶型健壮,好动,体态线条鲜明,富有竞争性。外胚叶型瘦小,敏感,反应迅速,睡眠很差,易疲劳。谢尔顿收集了几百个气质特征,并将这些特征整理为50个特征,经因素分析后发现上述三种体型与三种气质类型的正相关系数都很高,约为0.8,详见表13-4-1。

表13-4-1　谢尔顿关于体型与气质的关系

体　型		气　质	
类型	特　征	类型	特　征
内胚叶型	柔软而丰满,消化器官过度发达	内脏优势型	性喜悠闲,贪食,好社交
中胚叶型	肌肉发达,呈矩形,强有力	身体优势型	精力充沛,很自信,有胆量
外胚叶型	瘦长,虚弱,脑大,神经过敏	脑优势型	拘谨,胆量小,内倾,爱好艺术

(资料来源:阴国恩等. 普通心理学. 南开大学出版社,1998:417)

气质的体型理论考虑到人的体型与气质之间的关系,有其合理之处。但是,体型理论的缺点也是明显的。第一,体型与气质之间存在一定的相关,但是这种相关不是因果的,用相关关系来替代因果关系是不正确的。第二,不同民族的人,体型差异比较大,而且同一个人在不同的年龄,其体型也有变化。第三,把对精神病患者的研究结果推广到所有人是片面的。

三、气质的高级神经活动类型理论

气质的高级神经活动类型理论是由俄国生理学家巴甫洛夫于1927年提出来的。主要是从高级神经活动类型的差异来阐述气质的。

(一) 高级神经活动的特性

巴甫洛夫认为,大脑皮质的神经活动属于人的高级神经活动,高级神经活动具有三种基本特性:强度、平衡性和灵活性。神经活动的强度是指神经细胞接受强烈刺激(或持久工作)的能力,它有强弱之分。兴奋过程强的人对于强的刺激能形成条件反射,已经形成的条件反射也能继续保持;而兴奋过程弱的人对于强的刺激就难以形成条件反射,已经形成的条件反射,在刺激强度增加到一定程度时,会出现超限抑制。抑制过程强的人对于要求持续较久的抑制过程能够忍受,而抑制过程弱的人在这种条件下就可能导致抑制过程破坏,甚至引起中枢神经系统的病理性变化。神经活动的平衡性是指神经活动的兴奋和抑制之间的强度是否相当。神经活动平衡的人,其神经活动的兴奋和抑制的强度相近。神经活动不平衡的人,其神经活动的兴奋和抑制的强度相差较大,或者是兴奋强于抑制,或者是抑制强于兴奋。神经活动的灵活性是指对刺激的反应速度以及兴奋与抑制相互转换的速度。人与人之间在兴奋和抑制的灵活性上也存在差异,有的人灵活,有的人不灵活。

(二)高级神经活动的类型

根据高级神经活动的强度、平衡性和灵活性等特性,巴甫洛夫发现人类存在四种基本的高级神经活动类型:①强、不平衡型,又称兴奋型。这种类型的特征是能很快形成阳性条件反射,但对阴性条件反射形成慢而且很费力。②强、平衡、灵活型,又称活泼型。这种类型的特征是兴奋的和灵活的。③强、平衡、不灵活型,又称安静型。这种类型的特征是难以兴奋、迟缓、不灵活。④弱型,又称抑制型。这种类型的特征是难以形成条件反射,持续的或过强的刺激能引起其精力的迅速消耗。

(三)高级神经活动类型与气质的关系

巴甫洛夫认为,高级神经活动类型同人的气质类型具有一定的关系,详见表13-4-2。

表13-4-2　高级神经活动类型与气质类型对照表

气质类型	高级神经活动类型	强度	平衡性	灵活性
胆汁质	兴奋型	强	不平衡	
多血质	活泼型	强	平衡	灵活
黏液质	安静型	强	平衡	不灵活
抑郁质	弱型	弱		

(资料来源:阴国恩等. 普通心理学. 南开大学出版社,1998:419)

巴甫洛夫指出,上面所说的四种高级神经活动类型只是基本类型。实际上还存在许多过渡的或混合的类型。

气质的高级神经活动类型理论,从生理学的角度揭示了气质的先天性这一主要特征,它使人们对气质的本质有了深刻的认识。但是,气质的心理特征和高级神经活动类型的生理特征之间并不存在一一对应关系。

四、气质的激素理论

气质的激素理论是由伯曼(Berman,L.)等人提出的。这个理论认为,内分泌腺的活动与气质有密切的关系。他们把人分为甲状腺型、垂体腺型、肾上腺型和性腺型等四种类型,各种类型的人有不同的气质特点。甲状腺型的人感觉灵敏,坚持性强。垂体腺型的人智慧聪颖、喜欢思考、自制力强、能忍耐身心的痛苦。肾上腺型的人情绪易于激动,好斗。性腺型的人性别角色突出等等。

生理学研究表明,内分泌腺的活动与气质特征有某种关系,内分泌腺素的缺乏或过剩,对人的情绪和行为有明显的影响。但是,孤立地强调内分泌腺活动对人气质的决定作用,则是片面的。气质的直接生理基础主要是高级神经活动的特性。内分泌腺的活动、激素的合成和分泌都直接或间接地受神经系统支配,而内分泌腺的活动又反过来影响神经系统的活动。因此,不应把气质看做是仅由内分泌腺决定的。

五、气质的维量理论

气质的维量理论是由托马斯(Thomas,A.)和切斯(Chess,S.)提出的。该理论认为应采用维量化方法对气质进行评定,并提出鉴别气质的九个维量。这九个维量是:①活动水平;②情绪本质;③趋避性;④规律性;⑤适应性;⑥反应阈限;⑦反应强度;⑧注意转移;⑨注意时间与维持。

气质的维量理论以九个方面的量化评定的整体组合来说明气质,涉及了更全面的内容,而且这九个方面是针对行为或活动的,直接反映了气质的动力特征,能帮助人们更直观地理解气质的概念。

六、气质的调节理论

气质的调节理论是由波兰心理学家斯特里劳提出的。这一理论吸取了巴甫洛夫高级神经活动学说和苏联心理学活动论的基本思想,同时引入了西方心理学有关唤醒和激活的观点,从整体活动来探讨气质问题。该理论认为气质主要是由生物因素决定的有机体的相当稳定的特点,这些特点通过反应外现出来。这些特点构成了行为的能量水平和行为的时间特性。其中行为的能量水平是气质的主要成分,它反映在两个方面:一是反应性,指个体对刺激的感受性、耐受性和反应强度。一是活动性,指个体对一定数量和范围的刺激的组织和调节。行为的时间特性包括反应速度、灵活性、持续性、反应节奏和节律性。反应速度表现为对刺激作出反应所需要的时间。灵活性是指根据环境变化而迅速改变反应方式的能力。持续性指刺激停止作用后仍继续保持反应的能力。反应节奏指一定时间内作出相同反应的能力。节律性是指相同反应之间的间隔规律。

气质的调节理论对反应性和活动性给予足够的重视,是有道理的,但由于缺乏情绪性特征,因而是不全面的。

气质变化的年龄趋势

无论是同卵双生子,还是异卵同性双生子,或异卵差性双生子,遗传因素对气质的影响随着年龄的增长而减小;环境因素对气质的影响则随着年龄的增长而扩大。气质随年龄而改变还表现在气质的年龄特征上,即在一定的年龄阶段,个体气质具有一般的、典型的和本质的特征。保加利亚皮罗夫等人的研究表明,在5岁至7岁这一年龄阶段的儿童中,神经活动兴奋型多见于5岁的儿童。随着年龄增长,神经活动的平衡型人数增加,兴奋型的人数下降,但至青春期兴奋型的人数又重新增多。青春期结束,兴奋型人数再次下降。兴奋型随年龄发展,似乎出现一个倒"U"形的变化趋势。

(资料来源:叶奕乾等. 个性心理学. 华东师范大学出版社,1993:157—158)

1. 如何评定学生的气质类型?

2. 针对不同气质的学生,如何因材施教?

第十四章　性　格

本章教学要求

教师讲解的内容

- ■ 性格与气质、能力的关系
- ■ 自陈法
- ■ 投射法
- ■ 性格理论

学生自学的内容

- ◆ 影响性格形成的因素
- ◆ 性格的结构特征

教学重点

- ▲ 性格与气质、能力的关系
- ▲ 性格理论

教学难点

- ▼ 性格与气质的关系
- ▼ 性格的特质理论
- ▼ 投射法

学习目标：通过本章学习，应能够

- ★ 了解性格的测量方法
- ★ 了解性格的结构特征
- ★ 了解影响性格形成的主要因素
- ★ 理解性格与气质、能力的关系
- ★ 评价性格理论

有一天，一位青年人向古希腊哲学家苏格拉底(Socrates)请教"什么是善，什么是恶"。

青年：请问苏格拉底先生，什么是善？什么是恶？

苏：盗窃、欺骗是恶吗？

青年：当然是恶，我从来没听有人说过它们是善。

苏：盗窃敌人的武器，欺骗敌人是恶吗？

青年：这不能算恶，不过我说的是朋友，不是敌人。

苏：你认为对朋友行窃是恶，假如你的朋友打算自杀，你盗窃了他用以自杀的剑，使他自杀不成，这也算恶吗？

青年：……

苏：你说欺骗朋友是恶，如果在战争中，军队统帅为了鼓舞士气，告诉士兵援军就要到来，结果士气大振，打了胜仗，可实际上并没有援军，这种欺骗是恶吗？

青年：……

苏：你说欺骗朋友是恶，一个小孩子生了病又不肯吃药，他的父亲骗他说药是很好吃的，哄他吃了，救了他的命，这种欺骗又怎么样？

青年：哎呀，苏格拉底先生，我对自己刚才说的话已经丧失信心了。

看了这段对话，人们可能有些茫然。到底什么是善？什么是恶？怎样看待一个人的性格呢？我们认为，性格的本质特征不是片面孤立地表现为人的表面的行为方式，而是取决于一个人对现实事物的稳定的态度以及与这种态度相适应的行为方式。

第一节　性格的概述

一、性格是个性的核心

在日常生活中，有人慷慨大方，有人吝啬小气；有人谦虚谨慎，有人骄傲狂妄；有人勤奋努力，有人懒惰贪玩等等。这些不同心理特征的差异正是人的性格差异的表现。那么什么是性格呢？**性格是指人对现实的态度和行为方式中的比较稳定的、具有核心意义的个性心理特征。**

人在活动过程中，客观事物的种种影响特别是社会环境的影响，通过认识、情感和意志活动在个体身上保存并固定下来，形成一定的态度体系，并以一定的形式表现在个体的行为之中，构成个体所特有的习惯化的行为方式。因此，性格是个体在活动中与特定的社会环境相互作用的产物。它具有以下特点：第一，相对的稳定性。在分析个体的性格时，不能仅看一时一事的表现，而要看其一贯的表现。只有当个体的态度以及与这些态度相一致的行为方式经常发生时，这种态度和行为方式才具有性格的意义。第二，是后天形成的。性格是在一定的社会历史条件下，在个体长期生活历程中逐渐形成的，它一经形成就比较稳固。但是，这并不排斥性格的可变性。因为现实生活是十分复杂的，个体生活中经历的重大事件往往给性格打上深深的烙印，而环境和实践的重大变化也会在一定程度上改变个体的性格。第三，是个性的核心。一方面，个性作为一种整体结构包含着许多方面的特征，这些特征都在性格中表现出来。另一方面，性格也与人的认识、情感和意志密切相关，而且反映个体这些心理过程的特点。因此，性格是个性的集中表现和核心。

二、性格的结构特征

性格包含着各个侧面，具有各种不同的结构特征。从总体上看，主要由态度特征、理智特征、情绪特征和意志特征四方面组成。

（一）性格的态度特征

表现在个体对待客观现实的态度中的性格特征称为性格的态度特征。它包括：

对待社会、集体和他人的态度特征。如有人公而忘私，有人假公济私；有人忠心耿耿，有人朝秦暮楚；有人富有同情心，有人冷酷无情等。

对待工作、学习和劳动的态度特征。如有人勤劳，有人懒惰；有人认真，有人马虎等。

对待自己的态度特征。如有人谦虚，有人骄傲；有人自尊，有人自卑；有人对自己要求严格，有人则放任自我等。

（二）性格的理智特征

表现在个体感知、记忆、思维等认识活动中的性格特征称为性格的理智特征。它包括：

感知方面的性格特征。如主动观察型和被动观察型；记录型和解释型；快速型和精确型；罗列型和概括型等。

记忆方面的性格特征。如主动记忆型和被动记忆型；直观形象记忆型和逻辑思维记忆型；机械记忆型和意义记忆型等。

想象方面的性格特征。如主动想象型和被动想象型；幻想型和现实型等。

思维方面的性格特征。如独立思考型和依赖思考型；分析型和综合型等。

（三）性格的情绪特征

表现在个体情绪情感活动中的性格特征称为性格的情绪特征。它包括：

情绪强度方面的性格特征。如有人情绪反应强烈、明显、易受感染；有人情绪反应微弱、隐晦、不易受感染等。

情绪稳定性方面的性格特征。如有人无论遇到成功还是失败，情绪都比较平静；有人则不是，在成功的时候，表现出喜形于色，在失败的时候，表现出垂头丧气等。

情绪持久性方面的性格特征。如有人情绪产生后很难平息，有人情绪虽然来势凶猛但"瞬间即逝"等。

主导心境方面的性格特征。如有人被称为"乐天派"，他们的主导心境是积极的、乐观的，常常是精神饱满、愉快欢乐，待人总是一张笑脸；有人被称为"忧愁派"，他们的主导心境是消极的、悲观的，常常是精神萎靡、抑郁忧伤，待人总是一张哭丧脸等。

（四）性格的意志特征

表现在个体意志活动中的性格特征称为性格的意志特征。它包括：

行为目的方面的性格特征。如有人在行动前，有明确的目的，在行动过程中，有独立的见解；有人在行动前，没有明确的目的，在行动过程中，易受他人暗示等。

行为自控水平方面的性格特征。如有人行为主动，有自制力；有人行为被动，好冲动等。

在紧急或困难情况下表现出来的性格特征。如有人沉着冷静，果断决策，勇敢顽强；有人惊慌失措，犹豫不定，软弱怯懦等。

在长期工作或学习中表现出来的性格特征。如有人持之以恒，坚韧不拔，有始有终；有人见异思迁，半途而废，虎头蛇尾等等。

应当指出，性格是一个整体，各个特征不是孤立的，而是存在着一定的内在联系。例如，一个对工作认真负责的人，常常有较强的自制力；而一个对工作不负责任的人，则常常缺乏较强的自制力。

三、性格与气质的关系

在日常生活中，性格和气质这两个概念的含义常常被人们混用。有时人们把某些性格特征说成是气质，有时又把某些气质特征说成是性格。其实，性格与气质是既有区别又有联系的两个概念。

（一）性格与气质的区别

首先，从起源上看，气质更多地受个体高级神经活动类型的影响。一般产生在个体生长的早期阶段。性格是后天形成的,在个体生命开始时无性格可言,它是个体在活动中与社会环境相互作用的产物。

其次,从表现上看,气质具有高度的广泛性,时时、事事、处处都有所表现;性格则具有一定的情境性,在不同场合表现不同。

第三,从性质上看,气质是个体心理活动和行为中的动力特征,它与心理活动和行为的内容没有太大的关系,所以没有好坏之分;性格则有善恶之别,符合某种社会规范的性格特征就被认为是善的,反之则被认为是恶的。

第四,从可塑性上看,气质的生理基础是高级神经活动类型特点,而个体的高级神经活动类型具有先天性,不容易改变,所以气质的可塑性较小;而性格的生理基础是高级神经活动类型特点与暂时神经联系系统的"合金",其中起主要作用的是个体在后天形成的各种暂时神经联系,这些暂时神经联系会受到环境的影响,因此相对于气质而言,性格的可塑性较大。

(二) 性格与气质的联系

性格与气质的联系是密切而又复杂的。同一种气质类型的人,可能有不同的性格;有共同性格特征的人,可能属于不同的气质类型。具体说二者的联系有以下三种情况:

首先,气质以动力方式渲染性格。如,同是勤劳的性格特征,多血质的人表现出精神饱满,精力充沛;黏液质的人表现出踏实苦干,认真仔细。

其次,气质影响性格形成与改变的速度。如,同样要形成自制力这种性格特征,胆汁质的人需要付出极大的努力和克制;而抑郁质的人则比较容易形成。

再次,性格对气质有调节作用。在一定程度上性格可掩盖和改造气质,使气质服从于生活实践的需要。如飞行员必须具有冷静沉着、机智勇敢等性格特征,在严格的军事训练中,这些性格特征的形成就会掩盖或改造胆汁质者易冲动、急躁的气质特点。

四、性格与能力的关系

性格与能力是个性心理特征的两个不同侧面。性格与能力不同,性格是决定活动方式的基本因素,活动以什么方式进行与性格有关;而能力是决定活动效率的基本因素,活动能否有效进行与能力有关。性格与能力是在个体统一的实践过程中发展起来的,二者之间相互影响、互相联系。

首先,性格与能力是在相互影响中发展的。一方面性格影响着能力的发展,如学生责任心强、学习努力、刻苦钻研,其能力也因之得到迅速发展;另一方面能力也影响着性格的发展,如学生的观察力是否精细影响其性格的理智特征。

其次,优良的性格特征对能力的某些弱点有补偿作用,如"勤能补拙";不良的性格特征对能力的充分发挥有抑制作用,如骄傲使人失败。

再次,良好的性格与能力的结合,是获得事业成功的必要条件。个人要在学习上、事业上取得成功,最好是既有较强的能力,又有良好的性格。在能力相当的情况下,一个勤奋、自信、有首创精神和有坚强毅力的人,比一个懒惰、自卑、墨守成规、缺乏毅力的人,可能获得较大的成功。一个能力一般但性格优良的人,也可能获得较大成功;而能力较强但性格不良的人,则获得成功的可能性就小得多。

第二节　影响性格形成与发展的因素

一、影响性格形成的生物学因素

人的性格不是天生的,而是在先天素质的基础上,在后天社会生活实践中,通过家庭、学校、社会环境等因素的影响逐渐形成的。性格虽然不是直接来自机体因素,但其形成与发展却有生物学的根源。遗传素质是性格形成的自然基础,它为性格的形成与发展提供了可能性。

第一,神经系统的遗传特性对性格形成与发展的影响。恩格斯说过,人的性格是先天组织和人在自己的一生中,特别是在发育时期所处的环境这两方面的产物。这里的"先天组织"就指先天遗传特性。巴甫洛夫的高级神经活动类型学说为了解性格的生理基础提供了启示。在巴甫洛夫看来,性格的生理基础是高级神经活动类型特性和生活环境影响的"合金"。"合金"的意思是指:一方面个体在现实生活影响下所建立的暂时神经联系系统受高级神经活动类型特性制约;另一方面,在现实生活影响下所形成的暂时神经联系系统又掩盖或改变高级神经活动类型的特性。但是,高级神经活动类型特性和暂时神经联系系统,在个体的性格形成和发展中的作用又是不同的,高级神经活动类型不能决定个体的性格,但对某些性格特征的形成和发展却起着加速或延缓的作用。

第二,身高、体重、体型和外貌等生理特点对性格形成和发展的影响。个体的身高、体重、体型和外貌等生理特点对其性格形成和发展是有影响的,因为这些特点经常受到人们的评价,这些评价直接影响个体的自我意识,从而影响个体性格的形成和发展。如,有生理缺陷者,容易被人们讥笑或怜悯,往往容易形成内向和自卑的性格特征。

第三,生理成熟的早晚对性格形成和发展的影响。一般情况,早熟的学生,社会化程度高,爱社交,责任感强,能遵守学校的规章制度,容易给人良好的印象;而晚熟的学生,社会化程度低,往往凭借感情行事,责任感较差,不太遵守校纪校规,较少考虑社会准则。

第四,性别差异对性格形成和发展的影响。一般认为,男性比女性更有独立性、自主性、攻击性、支配性和强烈的竞争意识;而女性比男性更有依赖性、较易被说服、做事有分寸、有较强的忍耐性。

二、影响性格形成的家庭因素

家庭是个体最早接触的社会环境。家庭的各种因素,如家庭的经济地位和政治地位、家长的教育观念和教育水平、家长的教养态度与教养方式、家庭的气氛、个体在家庭中扮演的角色与所处的地位等都对个体性格的形成和发展起着重要作用。

(一)父母教养态度和方式

在家庭的诸因素中,父母的教养态度和方式对子女性格形成和发展有着深刻的影响。研究发现,父母的教育观念决定了对子女采取何种教养态度和方式,而父母的教养态度和方式又直接影响着子女性格的形成与发展。许多心理学家研究了父母的教养态度、教养方式与子女性格的关系,结果表明,在父母不同教养态度与方式下成长的个体,其性格特征有明显的差异:如果双亲对子女采取关心、信任、合理而又民主的教养态度与方式,子女就容易形成积极、独立性强、态度友好、情绪稳定等性格特征;相反,如果双亲对子女采取强行干涉、溺爱或者拒绝、专制、支配的教养态度,子女则容易形成消极、被动、适应性差、情绪不稳定等性格特征。在双亲的教养态度与方式中,母亲的教养态度与方式对子女性格的形成和发展尤为重要。父母的教养态度与方式对子女性格的影响详见表14-2-1。

表 14-2-1　父母教养态度与孩子性格的关系

父母的教养态度与方式	子女性格
1. 专制的	依赖性,反抗性,情绪不稳定,自我中心,胆大
2. 支配的	依赖性,服从,自发性,消极,温和
3. 保护的	缺乏集体观念,智慧,亲切,无神经质,情绪稳定
4. 过于照顾的	依赖性,被动性,神经质,胆怯,幼稚
5. 残酷的	独立的,逃避,神经质,固执,冷酷
6. 民主的	独立的,协力的,交际的,亲切,天真
7. 娇养的	任性,反抗性,神经质,幼稚气
8. 服从的	攻击的,粗暴,无责任感,不听话
9. 忽视的	攻击的,情绪不稳定,团结的,冷酷,创造性
10. 拒绝的	冷淡,粗暴,反社会性,神经性,情绪不稳定

(资料来源:卢家楣等.心理学——基础理论及其教育应用.上海人民出版社,1998:393)

(二) 个体在家庭中的地位与角色

个体在家庭中所处的地位及扮演的角色,也影响其性格的形成和发展。如父母对子女不公平时,受偏爱的一方容易形成洋洋自得、高傲的性格特征;而受冷落的一方则容易形成嫉妒、自卑的性格特征。苏联心理学家科瓦列夫,对一对同卵双生的女大学生四年的观察发现,她们在同一个家庭、同一小学和大学的历史系中接受教育,但性格特征有明显差异:姐姐处事果断、主动、勇敢、好交际、善谈吐;妹妹则较为顺从、被动。在谈话和回答问题时总是姐姐先回答,妹妹只表示同意或作些补充。造成姐妹俩性格上差异的原因之一,是她们的祖母从小把她们中的一个定为姐姐,另一个定为妹妹。从童年时起,姐姐就担当起保护、照顾妹妹的责任,所以姐姐就较早地形成了独立、主动、善交际、果断等特点;而妹妹则养成了追随姐姐、听从姐姐的习惯。

艾森伯格(Eisenberg, P.)研究认为,长子或独生子比中间的孩子具有更多的优越感。孩子在家庭中越受重视,就越容易形成自信、独立的性格。如果孩子在家庭中的地位发生变化,其原有的性格特征往往也会随之发生不同程度的变化。

基础心理学(第2版)

（三）家庭成员之间的关系

家庭成员之间特别是父母之间关系的好坏，直接影响儿童性格的形成。一般地说，家庭成员之间和睦、宁静、愉快所营造的气氛对儿童性格有积极的影响；家庭成员之间相互猜疑、争吵、不和睦所造成的气氛，尤其是父母离异的家庭对儿童性格有消极的影响。大量研究表明，离异家庭的儿童比完整家庭的儿童更容易形成孤僻、冷淡、冲动、好说谎、恐惧、焦虑等不良的性格特征。

三、影响性格形成的学校因素

儿童进入学校后，学校向学生传授文化知识，督促其进行体格锻炼，对其进行思想品德教育，帮助学生树立正确的理想和世界观，这是学生的性格特征得以进一步形成和发展的关键时期。学校的教育与教学对学生性格的形成起主导作用。

（一）班集体

班集体影响着学生性格的养成。班集体是有共同目的、共同活动的有组织、有纪律的群体，也是学生集体生活的大课堂。班集体的要求、舆论、评价对学生都是一种无形的巨大的教育力量。优秀的班集体，在教师的指导下，能充分发挥和调动所有成员的主动性、自觉性，它以自身强大的吸引力感染着每一个成员，有利于学生良好性格的形成，也有利于学生不良性格的改变。

（二）教师的教育态度

教师的教育态度在学生性格的形成与发展中起着至关重要的作用。有人曾把教师的教育态度分为放任型、专制型、民主型三种。放任型的教育态度表现为教师不控制学生行为，不指导学生学习。学生则表现为无集体意识、无团体目标、纪律性差、不合作。专制型的教育态度表现为教师包办学生的一切，全凭个人的好恶对学生赞誉和毁贬。学生则表现为情绪紧张、冷漠、具有攻击性、自制力差。民主型的教育态度表现为教师尊重学生的人格。学生则表现为情绪稳定、态度积极友好、开朗坦诚、有领导能力。可见，教师的教育态度对学生性格形成和发展的影响作用是巨大的。

四、影响性格形成的社会因素

儿童都是在某种社会、某种文化和某种特定的经济地位中被教养的。社会制度、社会风尚、文化背景、大众传媒等都会对儿童性格的形成和发展产生深刻的影响。如文学作品、报刊、电影、电视、网络等。在网络还没有成为传播信息的主要渠道时，电视对儿童性格的影响是巨大的。美国心理学家在1971年的研究证明，电视节目里的许多攻击性行为对儿童性格的形成影响很大。随着信息时代的到来，通过网络传播的各种信息，也会对儿童性格的形成和发展产生种种影响，如果成人对儿童的引导与教育不当或者不及时就会产生一定的消极影响。

五、影响性格形成的个体主观因素

除生物因素和环境因素外，个体自身的因素也影响其性格的形成和发展。任何环境因素对人的性格产生影响,都必须通过个体已有的发展水平和自我意识才能产生作用。后天环境的各种影响,经过个体接受、理解,然后与已有的性格体系相比较,继而促进其对环境刺激作出相应的反应态度和行为。其中,自我意识对个体性格的形成和发展起着十分重要的作用。刚出生的婴儿不具备自我意识,当儿童能把自己从客观环境中区分出来,这就是性格形成的开始。从此,就开始了自己教育自己、自己塑造自己的努力。当然,这种努力是在成人的指导帮助下实现的。随着儿童自我意识的发展,这种自我教育、自我塑造的力量越来越强。儿童的性格形成也就从被控者变为自我控制者。同样的环境因素,不同的个体可能会形成不同的性格。比如面对重大生活事件,有人难以适应而导致性格发生偏差,而有人却能很快适应,使性格仍能得到良好的发展。

综上所述,影响性格的形成和发展的因素是多方面的。一般来说,个体的性格主要是在小学、初中时期形成的,到了高中就已初步稳定了。在此以后,性格并非不可改变。个体生活环境的变化以及主观意志的努力,都可引起性格缓慢的变化,甚至还可能发生较大的变化。

第三节　了解性格的方法

一、行为观察法

行为观察法是指通过对个体在日常生活或预先设置的特定情境中的行为活动进行直接观察、记录而后加以分析,以了解其性格的方法。观察者直接观察被观察者的行为,而且被观察者是处在自然情境中,保持了心理活动的真实性和客观性。这种方法获得的记录资料比较真实,但评定所需时间较长,收集到的资料可能只是个体某一时刻表现的行为。因此,用观察法评定学生的性格,应注意资料的代表性,同时要避免观察者的主观臆测和偏颇。

二、自然实验法

自然实验法是指主试根据研究目的创设实验情境,主动引起被试某种性格特征的表露,然后经过分析概括来确定被试性格特征的方法。苏联一位心理学家,曾用该方法设计了冬夜"拾柴火"的自然情境,去研究儿童性格的意志特征。实验是这样的:主试把一部分干柴放到离被试宿舍不远但需走一段夜路的山谷中,把一些湿柴放到离被试宿舍较远但一路有灯光的储藏室里。要求被试定期在夜晚去捡柴火(主试不指定地点),主试则藏在岔路口的小房内观察。结果发现,一部分被试勇敢而负责任地到山谷中取干柴;而另一部分被试怕黑,宁走远路去储藏室取湿柴,而且还边走边埋怨。在这个特设的实验中,主试真实地了解了被试性格的意志特征。

三、自陈法

自陈法是一种问卷式的性格测验,测验量表中包括了许多陈述性的题目,要求被试按一定标准化程序回答问卷中的问题,然后主试根据被试所得测验分数和常模来推知被试的性格。自陈法的优点是有固定的题目,而且每个题目的陈述是明确的,被试只需逐题回答,就能得到结果,使用起来比较方便,容易对结果进行解释。缺点是被试的回答受到题目的限制,有时因被试有思想顾虑,回答不真实,有时因被试的理解水平,不能正确理解题目的意思,从而导致结果不符合被试的实际情况。用自陈法测量性格的量表比较多,下面介绍一些有代表性的量表。

(一) 16 种人格因素问卷(16PF)

这个问卷是美国伊利诺州立大学的卡特尔(Cattell,R. B.)教授于 20 世纪 50 年代,根据因素分析法所确定的 16 种人格的根源特质编制成的。该问卷共有 187 道题目,在回答时,要求被试从"是"、"否"和"无法回答"三个备选项中选择一个。它适用于具有阅读能力的 16 岁以上的青年、中年和老年人。测量结果可以描绘被试在 16 种人格因素上的特征。

(二) 艾森克人格问卷(EPQ)

这个问卷是由英国心理学家艾森克(Eysenck,H. J.)等人编制的。它有适合 16 岁以上的成人和适合 7—15 岁的儿童两个版本。每个版本都包括 4 个分量表:精神质量表(P),内外倾量表(E),情绪稳定性量表(N)和效度量表(L)。每个版本都由 100 道左右的题目组成。在回答时,要求被试对每道题目作出"是"或"否"的选择。

(三) YG 性格测验

这个量表是由美国心理学家吉尔福特等人编制,后来被日本心理学家矢田部达郎修订,最后以他们两人名字的第一个字母而命名的。它由 120 道题目组成,包括 12 个分量表,它们是:抑郁性(D),循环性(C),自卑感(I),神经质(N),主观性(O),非合作性(Co),攻击性(Ag),一般活动性(G),乐天性(R),思维外倾性(T),支配性(A),社会外倾性(S)。它适合年龄在 7 岁以上的所有正常人。在施测时,采用"强制速度法"以保证测量的信度和效度。规定智力较高的成年人在 15 分钟内完成,中学生在 20 分钟内完成(不包括主试的解说和被试的练习时间在内)。

(四) 明尼苏达多项人格调查表(MMPI)

这个量表是美国明尼苏达大学教授哈萨韦(Hathaway,S. R.)和麦金莱(Mckinley,J. C.)于 1943 年共同编制的。经过多年的不断修订,目前 MMPI 既可以测量人格的各个特征,也可以鉴别癔症、强迫症、偏执症、精神分裂症、精神病症、抑郁症等。

该量表共有 566 道题目,包括 14 个分量表。其中 10 个临床量表为:疑病(Hs),抑郁(D),癔病(Hy),精神病(Pd),男子气、女子气(Mf),妄想狂(Pa),精神衰弱(Pt),精神分裂症(Sc),轻躁狂(Ma),社会内向(Si)。4 个效度量表为:说谎量表(L),诈病分数(F),校正分数(K),疑问分数(Q)。量表中的内容涉及身体各方面情况和主观体验以及对多种社会问题的态度。在回答量表中的问题时,要求被试从"是"、"否"和"无法回答"三个备选项中选择一个。测验时没有时间限制。

最初,这个量表只是一种测量人格病理倾向的工具。现在它已广泛适用于年满 16 岁、具有小学以上文化水平的正常人。

（五）大五人格问卷

依据大五人格模型编制的评估人格的问卷有 NEO-PI 和 BFQ。其中 NEO-PI 是由两位心理学家科斯塔和麦克雷(Costa, P. T., McCrae, R. R.)于 1985 年编制的，用来评估正常成人的人格特点。用 NEO-PI 测量人格，会在人格的五个维度上获得五个相对于一个大样本的标准分数，分别是外向性、愉悦性、公正性、情绪稳定性、开放性。1992 年，他们又对 NEO-PI 量表进行了修订，修订版评估了五个因素，每个因素又分为六个层面，总共 30 个独立的方面。例如，情绪性维度下有六个分量表：焦虑、愤怒敌意、抑郁、自我意识、冲动和脆弱。很多研究证明 NEO-PI 各个维度是同质的，信度高，也显示了很好的效标效度和概念效度。NEO-PI 用来研究人格的稳定性和终生的变化，也用来研究人格特点和生理健康、各种生活事件的关系，诸如职业成功或者退休早期等。

BFQ 是巴尔巴拉内利和卡普拉拉(Barbaranelli, C., Caprara, G. V.)编制的，也是一个基于五因素人格模型的问卷，具有跨文化的效度，量表在意大利编制，但对西班牙和美国群体施测时显示了相似的心理测量学特点，并且为法国、德国、捷克、匈牙利和波兰的翻译版建立了适宜的常模。

尽管 BFQ 和 NEO-PI 相关很高，但还是在一些重要方面有差别。例如因素 1，在 BFQ 中命名为精力充沛和活跃，而不是像在 NEO-PI 中命名为外向性。BFQ 增加了一个分量表来检验被试的反应是否偏向社会赞许，而且每个因素只包括两个分量表，使得问卷更加简单。例如，精力充沛由活力和支配组成，前者是个体内在表现，后者是个体之间的表现。因为心理学日益关注全球化，这个测评工具跨语言和国界的一致性有利于在人格方面进行跨文化研究。

（六）中国人人格量表（QZPS）

有学者按照人格研究的"词汇学假设"，通过因素分析的方法探讨了中国人的人格结构，并于 2003 年编制了中国人人格量表（QZPS）。该量表由 180 个项目构成，可以测量中国人人格的七个大因素共 18 个小因素。第一个大因素为外向性，包括活跃、合群、乐观三个小因素；第二个大因素为善良，包括利他、诚信、重感情三个小因素；第三个大因素为行事风格，包括严谨、自制、沉稳三个小因素；第四个大因素为才干，包括决断、坚韧、机敏三个小因素；第五个大因素为情绪性，包括忍耐、爽直两个小因素；第六个大因素为人际关系，包括宽和、热情两个小因素；第七个大因素为处世态度，包括自信、淡泊两个小因素。该量表具有良好的信度和效度，可以应用于人格的理论和应用领域。

此外，由中国人人格量表（QZPS）中的 82 个项目构成了中国人人格七因素量表，即短式七因素量表（QZPS-SF）。QZPS-SF 也具有良好的信度和效度，并可以迅速测查人格的七个维度。

四、投射法

投射法就是给被试呈现意义模糊的刺激材料，要求被试对刺激材料进行解释，被试在解释过程中不知不觉将自己的情感、态度、愿望、思想等投射出来，从而确定其性格。它是针对自陈法的缺点而设计出来的。在测试过程中因为被试不明白测验的目的，所以被试的反应比较真实。缺点是对测验结果的分析比较繁琐，主观性大。最常用的投射测验有罗夏墨渍测验和主题统觉测验。

(一) 罗夏墨渍测验

罗夏墨渍测验是由瑞士精神病学家罗夏(Rorschach, H.)于1921年编制的。它是由10张对称的墨迹图片组成，其中5张为黑色，2张为红色，3张为其他彩色。在施测过程中，每次向被试呈现一张图片，并问被试："你看见了什么?""这可能是什么?"或"这使你想起什么?"10张图片的问题都回答完后，根据被试的反应按以下四个方面进行统计：①反应(整体还是部分)；②决定(形状还是颜色)；③内容(动物、人还是物体)；④独创性(与众不同还是与众一致)。根据统计结果确定被试的性格。图14-3-1是罗夏墨渍测验刺激材料示例。

图14-3-1 罗夏墨渍测验刺激材料示例

(资料来源：张述祖，沈德立. 基础心理学. 教育科学出版社，1987：711)

图14-3-2 主题统觉测验所用图形卡片示例

(资料来源：Charles G. Morris. *Psychology: An Introduction*. Prentice Hall, Inc., 1996：479)

(二) 主题统觉测验(TAT)

主题统觉测验是美国心理学家默瑞和摩根(Murray, H. A., Morgan, C. D.)于1935年编制的，它由30张图形卡片和1张空白卡片组成。图形卡片多是人物，也有一部分风景。但每张图形卡片内容都模棱两可，可以作种种不同的解释。在测试过程中，要求被试为每张卡片编一个故事。所编的故事必须符合以下四点要求：①图中事情发生的情境；②图中事情发生的原因；③图中事情发生的结果；④自己的感受。主试根据被试所编的故事对其性格作出评定。图14-3-2是主题统觉测验图形卡片示例。

五、情境测验

情境测验就是主试在某种情境下观察被试的行为反应，进而了解其性格特点。情境测验可用于教育评价和人事甄别上。

(一) 情境教育测验

虽然学校总是教育学生要有诚实、合作、友爱、负责等品格，但却很少能使用客观的测量工具来鉴定这些品格教育的效果，情境教育测验(situational education test)就弥补了这方面的缺憾。例如，一次考试结束后，可以将每份试卷复印一份并附上标准答案再发给学生，要他们自己评卷，打上分数，最后收回试卷，两份对照，就可以测量出学生"诚实"的程度，进而了解过去教育的绩效与有待改进的方面。

(二) 情境压力测验

情境压力测验（situational stress test）是特别设计一种情境，使被试产生并面临情绪上的压力，然后由主试观察、记录被试是如何反应的，从而了解他的性格特质。例如，在情境中安置几个互相不认识的人，给他们一项任务，这项任务必须由他们合作来完成，如果在规定的时间内没有顺利完成任务，那么每个人都会受到惩罚，被试在这种压力情境下，可能会有其中的某个人主动站出来带领大家完成任务，并得到其他人的支持与合作。由此可以知道，某人可能具有领袖的特质。

这种测验重视分析、实验和控制等程序，具有科学性，得到的结果也比较精确。但由于研究只重视现实因素，忽视了个体行为经验与遗传因素，因此也存在一定的不足。

六、自我概念测验

在性格理论中，自我概念（self-concept）是"自我论"的中心。在测量自我概念时，不仅要了解个人对自己的看法，还要了解个人的"自我接受"和"自尊"的程度，比较"现实我"、"社会我"以及"理想我"三者之间的关系。

(一) 形容词列表法

形容词列表法（adjective checklist）是一种很便利的方法。主试先准备一份描述性格特质的形容词表，如友善的、有野心的、羞怯的、紧张的等等，让被试从表中列举的形容词中选出符合自己真实情况的词语，然后由主试分析、判断被试对自己的评价情况。由于形容词的意义容易带有社会褒贬的性质，也就是说具有社会期望性，被试为维护个人自尊，可能不诚实作答。

(二) Q 分类法

Q 分类法（Q-sort）是由美国心理学家斯蒂芬逊（Stephenson，W.）创立的一种测验，以后被广泛应用于研究自我观念、性格适应、身心健康等方面。这种方法是给被试看很多张描述性格词语的卡片，要求被试按卡片上词语所描述的性格特质与自己进行对照，并分成一到九个等级。根据所排列的描述与适合程度可以测量自我概念。用这个方法可以鉴别性格特质的个别差异。

应当指出，运用上述各种方法来评定人的性格都有优缺点，因此，在进行性格评定时，应该综合运用多种方法，取长补短，这样才能对个体的性格作出合乎实际的评定。

第四节　性 格 理 论

一、性格的类型理论

性格的类型理论是根据某种原则把所有的人划分为几大类型，以此来解释性格的一种理论。由于性格本身的复杂性，性格类型理论也有许多种，至今人们没有统一的认识。下面介绍几种有代表性的理论。

（一）心理机能优势理论

这个理论是英国心理学家培因（Bain，A.）和法国心理学家李波特（Ribot，T.）在 19 世纪提出的。该理论依据智力、情感和意志三种心理机能何者在性格结构中占优势，把性格分为理智型、情绪型和意志型。理智型的人通常以理智来评价周围发生的一切，并以理智支配和控制自己的行动，处世冷静；情绪型的人通常用情绪来评估一切，行为易受情绪左右；意志型的人通常行动目标明确，主动积极，果敢坚定，有较强的自制力。

按心理机能来划分性格类型具有简单易行的特点，而且比较符合人们在日常生活中的认识。但其缺点是：首先，仅用个别心理机能占优势来说明人的性格，忽略了人对现实的态度体系以及相应的行为方式是构成性格的基础；其次，在实际生活中，一个人的三种心理机能是有机结合在一起的，要人为地去确定某种心理机能的相对优势则比较困难。

（二）内外倾理论

这是瑞士心理学家荣格（Jung，C. G.）的观点。他根据个体"里比多"（个人内在的、本能的力量）活动的倾向性把性格分为内倾型和外倾型。内倾是指个体把兴趣和关心倾向指向于自身，如果个体的内倾已变成习惯化的状态，就属于内倾型。内倾型的特点是三思而后行、谨小慎微、不善于交际、适应环境困难、缺乏实际行动。外倾是指个体把兴趣和关心倾向指向于外部客体，如果个体的外倾已变成习惯化的状态，就属于外倾型。外倾型的特点是情感外露、自由奔放、不拘小节、独立性强、善于交际、决策果断、领导能力强、易轻率。

荣格认为，人的心理活动有思维、情感、感觉和直觉等四种基本机能。这四种基本机能同内倾和外倾两大类型结合，构成了性格的八种模式。即内倾思维型、外倾思维型、内倾情感型、外倾情感型、内倾感觉型、外倾感觉型、内倾直觉型、外倾直觉型。

性格的内外倾理论影响比较大。首先，内倾和外倾的概念被人们广泛地接受，并已经成为衡量人的性格的标准之一；其次，受其理论的影响，国际心理学界开展了大量的向性测验和因素分析研究。但是该理论也受到了一些批评。首先，把性格划分为内倾和外倾两种类型，显然把复杂的性格简单化了；其次，荣格提出的八种性格模式缺乏根据；再次，该理论没有充分考虑到性格的社会性。

（三）场性理论

美国心理学家威特金（Witkin，H. A.）把性格分为场独立性和场依存性两种类型。场独立性的人，他们的认识是以其大脑中已有的信息为参照体系，受当时知觉情境的影响较小。场依存性的人，他们的认识是以对象所处的客观场合为参照体系，受知觉情境的影响较大。在实际生活中，场独立性的人，不易受暗示，易于完成需要找出问题的关键成分和重组材料的任务，社会敏感性差，不大注意他人提供的社会线索，比较自信，自尊心强，喜欢孤独的非人际情境，不善于社会交往。场依存性的人，独立性差，易受暗示，在完成需要找出问题的关键成分和重组材料的任务时则感到困难，社会敏感性强，容易注意他人提供的社会线索，容易受他人的影响，对他人比较感兴趣，爱好社会交往。

性格的场性理论有一定的科学性。首先，它强调认识活动在个体性格中的作用有积极意义;其次,该理论有大量的实验结果为依据;第三,该理论对于从事教育或管理工作具有重要意义。但是,场独立性和场依存性只是个体性格的一个方面,不能包括性格的一切类型,而且仅从认知方式来说明性格类型,过于简单。

场性测验

第一种,身体顺应测验

在一间小型的倾斜小屋内,让被试坐在一把可以调整方位的椅子上,要求被试坐的姿势不要以倾斜的小屋为转移,要把身体调正。在测验中,如果被试最后调整自己身体不是以倾斜小屋为参照系,而是以自身的内部经验为参照系的,则该被试属于场独立性;反之,如果被试最后调整自己身体是以倾斜小屋为参照系的,则该被试属于场依存性。

第二种,棒框测验

在一间暗室内,让被试面对一个可调倾斜度的亮框,框中心安装有一个能转动度数的亮棒,要求被试把亮棒调垂直。在测验中,如果被试依据所感觉到的自身位置,把亮棒调成接近于垂直,就属于场独立性;如果被试依据框的主轴来判断垂直,就属于场依存性。

第三种,隐蔽图形测验

这是一种纸笔测验,要求被试把隐蔽于复杂图形中的简单图形找出来。测验内容如图14-4-1所示。如果被试完成测验的时间比较快,且正确率高,就属于场独立性;反之,如果被试完成测验的时间比较长,且正确率低,就属于场依存性。

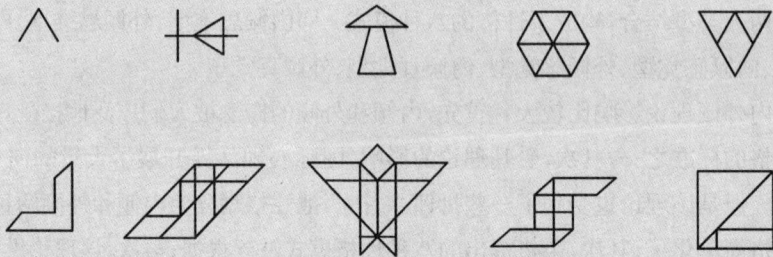

图 14-4-1　隐蔽图形测验题目

(要求被试指出每一行右面的四个复杂图形中哪个暗含着左边那个简单图形)

(资料来源:张述祖,沈德立. 基础心理学. 教育科学出版社,1987:698)

(四) 独立—顺从理论

奥地利心理学家阿德勒(Adler, A.)依据个体的竞争性不同,把性格分为独立型和顺从型。独立型的人,阿德勒称之为追求优越感的人。这种类型的人特别好强,遇事不甘落后,发奋图强,力争上游,总想取得成就,胜过他人。顺从型的人,阿德勒称之为具有自卑感的人。这种类型的人因身体或心理上有缺陷而产生自卑感,遇事不甘落后但又不喜欢与人竞争,所以有时表现出行为举止古怪。

该理论以竞争的结果来衡量人的性格,注重社会生活在个体性格中所起的作用,是有一定道理的。但是，这个理论认为每个人天生就有自卑感，并且认为自卑感是激励人奋发向上的主要因素，个体努力追求成功就是为了克服其自卑感。这是缺乏理论依据的。

二、性格的特质理论

特质就是特性的意思，它是指个人的遗传与环境相互作用而形成的对刺激发生反应的一种内在倾向。它是由美、英两国心理学家首先提出的一种性格理论。

（一）奥尔波特的特质理论

奥尔波特（Allport，G. W.）是美国心理学家，是性格特质理论的创始人和推进者。他将特质分为一般特质和特有特质。一般特质是指在一定社会文化形态下，所有的人都具有的概括倾向，它没有具体性，是性格的共同部分，而且不能使一个个体同另一个个体相区别。特有特质是指由个体生活方式的特定环境造成的，它是使个体相互区别的主要因素，决定着个体的行为方式。他认为特有特质可区分为三类：第一类为首要特质，是代表个体最独特的性格特质，往往只有一个，在性格结构中处于支配地位，影响个体的全部行为。第二类为中心特质，是代表个体性格特质的核心部分，它是性格的"构件"，性格是由几个彼此相联系的中心特质构成的，中心特质虽不像首要特质那样对行为起支配作用，但也是行为的决定因素。第三类为次要特质，是代表个体在特定情境中才表现出来的一种暂时的性格特质，它只在特定场合下出现，不是性格的决定因素。

奥尔波特的特质理论为性格研究开辟了一条新的道路，但是没有摆脱思辨的色彩。

人格研究的奠基者——G·奥尔波特

奥尔波特（1897—1967），美国心理学家。1897 年 11 月 11 日生于印第安纳州的蒙特苏马，1967 年 10 月 9 日卒于马萨诸塞州的剑桥。1922 年获哈佛大学博士学位。以后又在柏林大学、汉堡大学和剑桥大学学习。1924 年回到美国，后来在哈佛大学任教。1930 年后任该校心理学教授。1939 年任美国心理学会主席。

奥尔波特以研究人格问题而驰名。他和他的同事一起制定了测量支配—顺从关系的调查表，即 A-S 反应研究；又设计了测量兴趣的相对强度的调查表，即价值研究。这两个测验至今仍被广泛采用。他的人格理论新观点与精神分析学说相反，否认人格与社会之间的对立。他认为人格是个人适应环境的身心动力结构，并指出人格心理学主要是研究每一个人的独特性和构造上的整体性。他强调人格结构的中心是人格的动机领域。他指出，人格的动机领域包括需要动机（维持体内环境恒定）和发展动机（实现新的目标），而人格的不断形成和发展源于发展动机。他在心理学上最重要的概念之一是"机能自主"。人的活动被看成不只是诸本能倾向的延续，而且是"当前的系统"，它们是自主的，凭本身的势头在发展着。受方法学上的限制，他的人格心理学忽视了人的社会本质，忽视了社会历史条件，因而缺乏由具体的社会条件所决定的个性的具体历史特征。他的著作主要有：《人

格：心理学的解释》(1937)、《人格的本质》(1950)、《人格心理学的基本研究》(1955)、《人格的模式和成长》(1961)。

（资料来源：中国大百科全书·心理学.中国大百科全书出版社，1991：5-6）

（二）卡特尔的特质理论

美国心理学家卡特尔采用因素分析的方法，将众多的性格特征分为表面特质与根源特质。表面特质只反映个体外在的行为表现，是直接与环境接触，常随环境变化而变化的，不是特质的本质。根据表面特质来了解个体的性格可能会出现偏差。根源特质是隐藏在表面特质的后面，需要通过因素分析的方法才能得到。虽然根源特质比较难研究，但是它在个体的性格中具有相当稳定和持久的特点，是个体性格的根本特征。每一种表面特质都来源于一种或多种根源特质，而一种根源特质也能影响多种表面特质。他经过 20 多年的研究，找出 16 种根源特质，它们分别是：含蓄和坦率；迟钝和灵敏；激动和稳定；谦虚（逊）和武断；严肃和随和；善变和认真；畏缩和莽撞；心硬和心软；相信和多疑；重实际和重想象；直爽和机变；自信和谨慎；保守和探新；乐群和自足；随便和自制；轻松和紧张。根据这 16 种根源特质，卡特尔设计了"16项人格因素测验表"，利用此量表可判断个体的行为反应。

卡特尔用因素分析的方法研究性格特质，揭示了性格的丰富性和复杂性，使人们对性格的认识更加深入一步。但是，他的特质理论没有揭示性格特质形成的社会原因，也没有从整体上理解性格。

（三）艾森克的特质论

艾森克是英国心理学家，他以大量人格测验资料为基础，采用数理统计方法分析数据，筛选、区分出用以描述人格的特质。他发现，很难找出绝对独立的特质，一些特质之间有着一定的联系和连续性。因此他主张用特质群而不是以分散的特质去描述人格。他运用因素分析的统计方法，分析出描述人格的三个维度，即外向性（extraversion，内源导向性的或外源导向性的），神经质（neuroticism，情绪稳定的或情绪不稳定的），精神质（psychoticism，善良的、体贴的或有攻击性的、反社会的）。艾森克将外向性和神经质这两个维度组合起来建立起一个环状图形。他指出，这个图形中的每一个象限代表了希波克拉底所提出的四种人格类型中的一种。然而，艾森克的特质理论允许这些分类中的个体变异。个体可以落到这个圆圈中的任何一点上，从非常内向的到非常外向的，从非常不稳定的（神经质的）到非常稳定的。圆圈上所列出的特质描述了两个维度的组合。例如，一个非常外向并有些不稳定的人可能是冲动的。艾森克理论的许多观点得到了研究证据的支持。

（四）吉尔福特的特质理论

美国心理学家吉尔福特认为，性格是各类特质构成的独特模式，性格特质是个体间有所不同的可以辨别而持久的特性。他认为，各种特质是同一性格的不同方面，可以根据其性质将特质划分为需要、兴趣、态度、气质、能力倾向、形态和生理特点等七类。这七类特质构成了性格的整体。他还认为性格特质是不能直接观察的，只能根据可观测的行为来推知它。各个特质组成一个包括三部分的层次式结构。在这个结构中，最底层的特质叫做"基倾"，指个体在特殊情境下表现某种行为的倾向,它不一定通过学习获得。中间层的特质叫做"基本特质",位于基倾之上,它是由多个基倾所构成的。最高一层叫做"类型",位于基本特质之上,它是由涉及范围更广的多种基本特质构成的。他认为上层的特质可以影响或决定下层的特质。

吉尔福特的特质理论指明了特质间存在着一定的层次式关系,丰富了人们对性格的特质理论和性格的类型理论的认识。但是,此理论过分强调特质的遗传性、稳定性和不变性,忽视了性格的社会性。

(五) 人格的五因素模型

20 世纪 60 年代以来,诺曼(Norman,W. T.)等人进行了在奥尔波特的特质词表中找寻人格结构的尝试。特质被压缩成大约 200 个同义词类群,用于组成一个两极的特质维度。这些维度有一个最高极点和一个最低极点,如负责任和不负责任。然后要求被试给他们自己和他人在两极维度上评分,用适当的统计方法来处理这些评分结果,以确定这些同义类群是如何相互联系的。运用这一方法,许多独立的研究小组得到了相同的结论,即人们用来描述自己和他人的特质时仅有外向性、和悦性、公正性、情绪性和创造性五个基本的维度。这五个维度是非常宽泛的,因为在每一个维度中都包含许多特质,这些特质有着各自独特的内涵,但又有一个共同的主题。人格的这五个维度现在被称为五因素模型(big five factors model)。虽然五因素模型不能被所有的人格研究者认同,但多数研究者认为它可以最好地描述人格结构,现在它已成为特质结构的绝大多数讨论的试金石。

五因素模型的维度是从 20 世纪 60 年代所收集的评分中得到的,使用了许多套形容词和许多不同的被试样本和评分任务。自那以后,人格问卷、访谈提纲和其他一些数据都得到了非常相似的结果。为了证明五因素模型的普遍性,研究者将他们的研究扩展到英语之外。五因素的结构在许多语种中得到重复,包括德语、葡萄牙语、希伯来语、汉语、朝鲜语和日语。这五个因素并不是要取代那些带有词义细微差别的特定的特质项目,它们只是勾画出一个分类的方法,让人们可以对自己认识的所有人进行一个描述,抓住这些人之间互相区别的最重要的维度。值得注意的是:第一,五因素模型在很大程度上是描述性的;第二,这五个因素是通过对特质项目类群的统计分析得出,而不是由于某个理论认为"这就是那些必定存在的因素"才得到这个模型。

在两种基本的性格理论中,类型论用人的一种或少数几种主要的特质来说明人的性格;特质论则用人的各种特质来说明人的性格。类型论是一种性格分类的理论,特质论是一种性格分析的理论。

人格影响健康

在 20 世纪 50 年代,Meyer Friedman 和 Ray Rosenman 报告了从古代就受到置疑的问题:某一种族的人格特质与患病的可能性,特别是得冠心病的可能性是否存在着相关。他们确定了两种研究模式,分别标定为 A 型和 B 型。A 型行为模式是一种复杂的行为和情绪模式,包括极端好胜、富有攻击性、缺乏耐心、有时间急迫感和怀有敌意。A 型的人通常对生活中的某些核心方面感到不满,极富竞争性且野心勃勃,而且通常是一个孤独者。B

型行为模式恰好同 A 型相反,他们较少竞争性、较少敌意等。A 型行为模式的人较一般人群更容易患冠心病。

　　大量的研究将注意投向了 A 型行为模式的人。研究已经发现 A 型行为与心脏病及其许多并发症有关。近期的焦点在于识别 A 型行为模式中给人们带来更多危险的那些因素,结果发现,A 型人格特质中表现出来的"毒性"最大的就是敌意,敌意对于健康的影响可能是因为心理原因而导致应激反应长期的过度唤醒,也可能是由于另一心理原因,即怀有敌意的个体养成不良的健康习惯,而且躲避社会支持。幸运的是,减少 A 型行为模式的行为治疗已经取得了成功。如果你认识到自己怀有敌意的话,最好为了维护自己的健康而去寻找一些干预方式。

　　A 型和 B 型,最初都是用来解释行为和冠心病之间的关系。最近,研究者又提出了第三种行为族群,称作 C 型行为模式,可以用来预测哪些个体容易患上癌症或者加速他们的癌症病程。C 型被描述成"善良,隐忍或自我牺牲,合作且愉快,不果断,耐心,服从外部权威,而且不将消极情绪外露,特别是气愤情绪"。C 型行为同有助于减慢癌症或其他严重疾病进程的"斗志"相矛盾。研究者已经发现"斗志"的作用,例如,对于那些被诊断患上了艾滋病的人,不愿意接受他们注定会死亡的个体通常要比那些认命了的个体生存的时间长。总之,C 型个体的被动性并不是面对疾病的好办法。积极应对现实对于个体的健康有很大影响,研究已经证明,乐观主义对于免疫系统存在影响,乐观的人较少患有躯体疾病,通常更健康,寿命更长。

思考题

1. 根据影响性格形成和发展的因素,谈谈怎样培养学生的良好性格。
2. 怎样了解学生的性格?

第十五章　群体心理

本章教学要求

教师讲解的内容

- ■ 群体的特征
- ■ 群体的种类
- ■ 群体对个体心理与行为的影响
- ■ 沟通的网络

学生自学的内容

- ◆ 沟通的作用与方式
- ◆ 沟通的障碍

教学重点

- ▲ 群体的种类

- ▲ 从众

教学难点

- ▼ 群体的种类
- ▼ 沟通的网络

学习目标：通过本章学习，应能够

- ★ 了解群体对个体心理与行为的影响
- ★ 了解群体沟通的特征
- ★ 掌握群体的特征和种类

社会心理学家毕布·拉塔内和约翰·达利（Latane, B., Darley, J.）模拟出一些贴近现实的紧急情况，并在这些情境中观察人们作为旁观者的反应。在一个实验里，研究者把一个大学生单独安置在一个房间里，这个房间有一个可供联络使用的对讲设备。研究人员让这个学生相信他正在和邻近房间的一个或多个学生谈话。在与其他人讨论个人问题的时候，这个学生从听筒中听到有人发出像是癫痫发作时呼救的声音。在这段有人"癫痫发作"的时间里，这个学生无法与其他学生对话，无法得知其他人在面临这一紧急情况的时候是否采取了应急措施。实验的因变量是这个学生向实验者报告紧急情况的速度，自变量则是这个学生认为自己所处讨论群体的成员个数。

实验结果显示，在这类情境下，人们的反应速度取决于人们认为在场有多少旁观者。他们认为的在其他房间里同时听到这一紧急情况的人越多，他们报告有人癫痫发作的速度就越慢（如果他们会报告的话）。在只有两个旁观者的情况下，所有被试的反应时间都在 160 秒以内。但是，如果被试相信自己所在的群体人数众多，那么只有大约 60％ 的人会向实验者报告有人得了重病。

是个人原因还是情境原因造成了这一结果呢？人格测试显示，被试的特定人格特质与其干预的速度或可能性之间没有显著的关联。预测旁观者是否会干预的最佳变量是在场的群体规模。拉塔内和达利认为，旁观者进行干预的可能性之所以会随着群体规模的增大而减小，是因为每个人都以为其他人会伸出援手,所以他没有必要这么做。身处大群体而不作为与群体情境的涣散作用的关系密切。

另一个毋庸置疑的影响因素就是从众。人们在不知所措的时候会从其他人的行为寻找线索。上述的研究中,情况也是如此。正是因为人们看到其他人什么也没做,所以自己也就从众而不作为了。[①]

第一节 群体的概述

一、群体及其特征

所谓**群体**,是指在共同目标的基础上,由两个以上的人所组成的互相依存、相互作用的有机结合体。群体是由个体组成的,但不是个体的简单集合。群体有其独有的特征。

首先,群体是以共同的活动目标为基础而形成的。群体目标使成员联系在一起,彼此合作,并产生超出个体之和的能量。其次,群体成员之间有一定的心理联系。彼此意识到对方,并互相认同,建立起"我们同是一个群体的成员"这种相互依存的信念和情感。同时,群体内存在着一定的结构,每个成员都在其中扮演一定的角色,执行一定的任务,并构成一定的关系网络和信息沟通网络。第三,群体内有共同的价值观和规范以及强大的群体压力。成员在活动和认识上必须遵守共同的准则。

依据群体的定义和特征,家庭、学校、班级、社团以及领导班子等都属于群体。而偶然聚合在一起的人们,由于没有共同目标和相互依存性,没有结构和角色分工,就不属于群体。例如,散步的人群、汽车站的旅客等。但这种偶然聚合的人群有时也会由于某种临时的事件而团结起来,齐心协力,共同应对困难,从而形成一个群体。

二、群体的功能

群体的功能是衡量一个群体能否充分发挥作用的主要指标。群体有两大功能:目标任务功能和心理维系功能。

群体的目标任务功能是指群体成员承担一定的职责,完成组织任务,以保证组织目标的实现。如学校或班级要完成教学任务,工厂或班组要完成生产任务。群体的这一功能主要是针对群体组织而言的。

群体的心理维系功能是指群体要满足其成员的心理需要,密切成员之间的关系,提高士气,增强内聚力,从而保证群体的有效运转。群体的这一功能主要是针对群体成员而言的。

根据管理心理学的研究,群体可以满足其成员下列一些心理需要:①安全的需要:个体依附于群体能够避免孤独、寂寞与怯懦,获得安全感。②归属和友谊的需要:个体在群体中可以与别人交往,保持联系,获得友情与帮助。③增强确认和自信的需要:个体在群体中不但可以

---

① 资料来源:[美]菲利普·津巴多,罗伯特·约翰逊,安·韦伯著. 普通心理学. 王佳艺译. 中国人民大学出版社,2008:525-526

基础心理学(第2版)

体会到自己是群体的一分子,而且由于个体在群体中的地位也能使其确认在社会中的地位。个体通过与群体其他成员交换意见,得出一致的看法,从而使自己某些不明确、无把握的观点获得支持,增强信心。④满足个体获得物质和精神奖励的需要:如果个体的劳动被群体确认,就可以得到相应的物质报酬和群体对他的精神奖励。

第二节　群体的种类

根据群体构成的社会规定性可将其划分为正式群体和非正式群体;根据群体是否真实存在可将其划分为假设群体和实际群体;根据群体存在时间的久暂可将其划分为永久性群体和临时性群体;根据个体是否实际参加可将其划分为隶属群体和参照群体等等。

一、正式群体和非正式群体

正式群体是指那些由官方正式文件明文规定的群体。其特点是:成员的地位和角色、权利和义务都很明确,并有固定的编制。如工厂的车间、班组,机关的科室等。在正式群体内,都有由群体的领导者所制定并为成员公认的行为规范,它对其成员有较大的约束力和影响作用。

非正式群体是指未经官方正式规定而自发产生和形成的群体。其特点是:成员之间的关系有明显的情绪色彩,以个人间的好恶为基础,没有明确的地位和角色、权利与义务之分,有自然产生的"领袖人物"和不成文的群体规范,违者会受到冷漠、蔑视和排斥,直至"清除"出去。这种群体具有自卫性和排外性。

非正式群体的出现,弥补了人们在单一的正式群体中难以满足某些需要的不足。例如,人们参加文体活动、结交朋友等需要,就常要通过形成非正式群体的途径来解决。

非正式群体一般存在于正式群体之中。当非正式群体的价值定向系统与正式群体相一致时,就会促进正式群体的存在与发展,这类非正式群体属于积极型的,应当给予支持和鼓励。对于那些与正式群体的价值定向系统不相一致的消极型非正式群体,要积极引导和改造。而对那些明显阻碍正式群体实现组织目标的破坏型非正式群体则要采取断然措施,加以取缔,如流氓团伙、江湖帮会等。所以,正确处理和协调正式群体与非正式群体之间的关系,对于正式群体的生存和发展极为重要。

二、假设群体和实际群体

假设群体是指实际上并不存在,只是为了研究和分析的需要,把具有某种特征的人按照想象把他们加以划分,成为群体。这种群体也叫做统计群体。例如,妇女群体、知识分子群体和学生群体等就可以算是假设群体。假设群体中的成员之间可能没有任何接触,但是每个成员却具有受其阶级、年龄、职业或某种社会地位制约的一些典型的心理特征。例如,"中学生"这一假设群体,无论他们是在城市还是在农村,也不管他们彼此是否认识,是男生还是女生,其每个成员都具有某些典型的、区别于其他年龄阶段学生的生理和心理特点。

实际群体是指社会上实际存在的群体。在实际群体中,每个成员之间都在不同程度上发生着直接或间接的接触和联系,共同完成群体的目标和任务。实际群体存在的时间可长可短,参加的人数也没有一定的限制。

三、永久性群体和临时性群体

永久性群体是指长期存在的一种组织形态。如学校的班级,部队的班、排、连等。其特点是群体成员虽常有更换,但组织形态则相对稳定。

临时性群体是指为完成某一临时任务而形成的群体。它可能是正式的,也可能是非正式的。例如,为完成某一任务,由组织正式出面组建的临时工作小组、临时参观团、技术攻关小组、办案小组以及各种活动的筹备小组。也有由群体自发组建的临时小组,如绘画书法展评小组、读书会筹备组、节假日文艺联欢活动指挥中心等。临时性群体在一定的条件下可转为永久性群体。如几个音乐爱好者原来只是为了参加一次演出而临时组合在一起,后来由于相同的志趣以及工作的需要,组建了一支固定的乐队,成为永久性群体。

四、隶属群体和参照群体

隶属群体是指个体实际参加的群体,又叫成员群体。如个体属于某一个班级,某一个社团等。

参照群体是指个体实际上并没有参加,但却接受其规范的群体。海曼(Hymam, H.)首先提出参照群体这一概念。他认为某些群体成员虽然加入了某一群体,但此群体并不符合他们的理想标准,于是他们就以其他群体作为参照标准,接受其规范标准,因而参照群体也称为标准群体或理想群体。例如,小学生常常把中学生作为参照群体,高中生常常把大学生作为参照群体。

第三节　群体对个体心理与行为的影响

群体对个体心理与行为的影响主要表现在从众、社会助长作用和社会致弱作用、去个体化等几个方面。

一、从众

从众是指个体在群体的压力下,心理或行为上表现出与群体中多数人一致的现象。例如,在小组讨论时,当自己的观点与其他人不同,且明知自己是正确的时候,也会感到不安,甚至放弃自己的意见而"随大流"。这就是典型的从众现象。

阿希(Asch, S.)曾对从众现象进行过研究。他以男性大学生为实验对象,分成若干实验组,每组 7 人,请他们参加所谓的知觉判断实验。实验的真实目的,是考察群体压力对个体行为的影响。每个实验组中只有一名真被试,他被安排在倒数第二个回答问题,其他人都是事先安排好的假被试(即实验者的助手)。

实验共进行 18 次,每次呈现一套卡片,共两张。两张卡片中,一张画有标准线段;另一张

基础心理学(第 2 版)

226

画有三条线段,其中一条同标准线段等长。被试的任务是在每次呈现一套卡片时,判断三条线段中,哪一条与标准线段一样长(见图 15-3-1)。

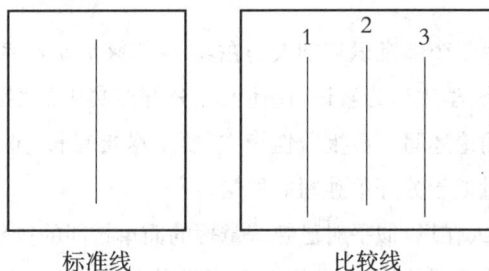

图 15-3-1 阿希从众实验的图例

(资料来源:章志光主编.社会心理学.人民教育出版社,1996:422)

从第七次比较开始,假被试们便按实验安排故意作出错误判断,看真被试所受到的影响。结果发现,数十名自己独立判断时正确率超过 99% 的被试,跟随大家一起作出错误判断的总比率占全部反应的 37%。75% 的被试至少有一次屈从于群体的压力,作了从众的判断。

从众一般可以分为真从众、权宜从众和不从众三种。

真从众是指不仅在外显行为上与群体保持一致,内心的看法也认同于群体,即"口服,心也服"。

权宜从众是指在某些情况下,个体虽然在行为上保持了与群体的一致,但内心却怀疑群体选择的正确性。真理在自己心里,只是迫于群体的压力,暂时在行为上保持与群体的一致,即"口服,心不服"。

不从众的情况有两种:一是虽内心倾向与群体一致,但由于某种特殊的需要,行动上不能表现出与群体的一致。例如,群体的领导者在群体群情激奋时,情感上虽认同于群体,但行动上却需要保持理智,不能用自己的行动鼓励群体的破坏性行动而逞一时之快,这种表里不一致是假不从众现象;另一是内心观点与群体不一致,行动上也不从众,这种表里一致是真不从众现象。

从众现象产生的原因,主要是主体意识到了群体的压力,从而改变自己的信念或行为,以缓解压力。

从众既具有积极作用,又具有消极作用。例如,教育工作者可以通过先进的群体行为影响和改变个别学生的不良行为,从而促进后进生朝着好的方面转化。这是其积极作用。但由于从众要求"舆论一致",因而容易窒息班集体成员的创造性,忽略或压制正确的反对意见,影响群体决策的正确性,这是其消极作用。因此,在决策过程中,要警惕在表面一致情况下强行通过的决议或仓促作出的不正确结论,注意反对意见,增强决策的科学性。

二、社会助长作用和社会致弱作用

社会助长作用是指由于个体意识到别人的在场,而带来活动效率提高的现象。

心理学家特里普里特(Triplett, M.)研究发现,在有人伴同情况下的骑车速度比单独骑行情况下要快得多。他让被试骑车 25 英里,在单独骑行时测得被试的平均最快时速是 24 英里,在与他人骑车竞赛时,平均时速则达到32.5英里。他的实验报告发表后,立即引起了社会心理学家的极大兴趣。在学校生活中,也会发现这种现象:有的学生在运动会比赛时能超水平发挥,取得好成绩。

社会致弱作用是指由于个体意识到别人的在场,而带来活动效率降低的现象。

有一项研究,把若干大学生作为被试,让他们在分开或集中的情况下,分别于5分钟内对所选出的几段性质一致的论述写一篇批驳性短文,要求尽量写长、批深。结果发现:大学生在集中情况下写的短文质量低于分开单独写的质量。

许多研究表明:有他人在场,似乎对已熟练掌握的简单技能的操作起促进作用。例如工人包装、装配零件等;但对获得新技能,如背诵一系列无意义音节则起抑制作用。对这种现象的解释,有的心理学家认为,他人的在场能提高唤醒水平或驱力水平,以至占优势的(或最可能作出的)反应变得更占优势;而由于旧的反应方式对新的反应占有优先地位,所以新的学习(背诵无意义音节)就受到抑制;也有些心理学家认为,他人在场会使人精神涣散,即外在社会刺激分散了主体对作业的精力,降低其心理活动的水平。

群体情境的涣散作用还表现在群体一起完成一件事情时,个体所付出的努力比单独完成这件事情时偏少。心理学家把这种现象称为社会惰化作用。现实生活中人们常说的"三个和尚没水喝",就是这种现象的典型表现。心理学家达谢尔(Dashiell, J. F.)做过一次有意义的研究:首先,他测量被试在一对一的拔河比赛中出力的大小,然后测6—8人小群体中个体出力情况。结果发现,参加拔河的人越多,每个人出的力就越小。在个人拔河时平均出力是59公斤,3人拔河时平均出力是53.5公斤,8人拔河时平均出力是31公斤。产生社会惰化作用的原因,是由于个体在群体中的行为责任意识下降,行为动力也相应降低。

研究发现,以下几种情境较少出现社会惰化作用:①群体成员之间关系密切;②工作本身具有挑战性、号召性或能有效地激发人们的投入水平;③以群体整体成功为目标的奖励引导;④群体有鼓励个体投入的"团队"精神;⑤个体相信群体其他成员也像自己一样努力。

三、去个体化

在群体情境中,可能会使人失去自我觉知能力,并导致个体丧失自我和自我约束,即出现所谓的**去个体化**。社会助长作用表明群体能引发人们的唤起状态,而社会致弱作用表明群体能扩散责任。一旦唤起和责任扩散结合到一起,常规的约束就会变小,人们会产生令人震惊的举动。从轻微的失态(如在餐厅里扔食物,骂裁判,在音乐会上尖叫)到冲动性的自我满足(群体破坏公物,纵酒狂欢,偷窃),甚至具有破坏性的暴力(警察暴力,暴动,私刑),人们都可能干得出来。1967年,200名美国俄克拉荷马大学的学生聚集在一起围观一个声称要从塔顶跳下来的同学。下面的人齐声起哄地呼喊着:"跳!跳!……"最后那个学生真的就跳了下来,当场身亡。

影响去个体化的因素主要有:①群体规模大。在对多起人群围观跳楼或者跳桥事件的分析发现,如果人群规模较小且暴露于光天化日之下的话,人们通常是不会诱劝当事者往下跳的。但如果人群规模比较庞大,或夜幕赋予人们匿名性的身份,那么人群中的大多数人就会诱劝当事者往下跳,还会冷嘲热讽。可见,群体的规模越大,成员越有可能失去较多的自我意识,所有的人都会把其行为的责任归因为情境而不是自己的选择，个体的道德顾忌都降到了最低水平，因为"每个人都这么干"。②身体匿名性强。研究发现，当暴力事件中的袭击者头戴面具、头巾或其他面部伪装物时，与未伪装的袭击者相比，这些匿名的袭击者表现出更严重的袭击行为。当前，互联网就提供了类似的匿名性，使得网上盗版、黑客攻击、网上言论的敌对而激进的行为比面对面交谈中要多得多。身体匿名性是否总能引发人们释放最邪恶的冲动呢？答案是否定的。例如，一旦提供利他的线索，去个体化的人们甚至会施舍更多的钱财。匿名性使人们的自我意识减弱、群体意识增强、更容易对情境线索作出回应，无论这线索是消极的还是积极的。③群体先有唤起和分散注意力的活动。群体在表现出攻击性之前常常会发生一些较小的引发人们唤起状态或者分散其注意力的事件。集体喊叫、高歌、鼓掌、跳舞既可以令人们热情似火又能减少其自我意识。研究表明，像扔石头、小组合唱这样的活动可能会成为其他更放肆行为的前奏。当人们看到别人和自己做出同样的行为时，会认为别人也和自己想得一样，因而对自己做出的冲动性举动产生一种自我强化的愉悦感。可以理解，当人们冲着裁判大喊大叫时，并不会想到自己的价值观念，而只是对情境做出一种即时的反应罢了。

当去个体化出现时，会出现自我意识的弱化。研究表明，无自我意识、去个体化的人更不自控，更不自律，更可能毫不顾忌自己的价值观就做出行动，对情境的反应性也更强烈。自我觉察是去个体化的对立面。自我觉察强的人，会表现得更加自控，这时他们的行为也能够清晰地反映他们的态度。自我觉察强的人也不太可能做出欺骗行为，那些一直坚信自己是独立而与众不同之人也不太可能做出欺骗行为。喝酒之类的情境会降低个体的自我觉察，从而增强个体的去个性化。而能够增强自我觉察的情境，比如照镜子、面对摄像机、明亮的光线、很大的姓名标签、凝神静思、个性化的着装和房屋装饰等情境都可能降低个体的去个性化。一个十几岁的孩子去参加聚会时，父母可能会这样说："玩得开心，还有要记住你自己的身份。"这是父母在孩子临行前给其的最佳忠告。也就是说，和大家一起享受欢乐的同时要保持自我觉察，保持自己的身份而不被去个性化。

群体中的内隐社会心理

内隐社会心理也被称为内隐社会认知，是指在社会认知过程中虽然个体不能回忆某一社会经验，但这一经验潜在地对个体的行为和判断产生影响。内隐社会心理的研究范围主要有：内隐社会知觉、内隐印象形成、内隐社会信息加工、内隐刻板印象、内隐态度、内隐自尊、内隐动机、内隐人格等。

目前，国内外的研究已揭示了内隐社会心理的如下一些特征：①内隐社会心理具有更浓的社会文化性，这在内隐社会知觉、内隐刻板印象中得到充分的体现；②内隐社会心理是一种自动的、无意识的、难以用言语表达的心理操作；③内隐社会心理是长期社会文化积淀隐性渗透的结果；④内隐社会心理具有稳定的启动性，这表现在个体过去的生活经验和已有的心理倾向对新的心理操作产生潜移默化的影响。

（资料来源：沈德立，杨治良主编.基础心理学.高等教育出版社，2002：305）

第四节　群体中的沟通

一、沟通的作用

沟通是指人与人之间通过信息交流而发生相互影响的过程。人们之间的交谈、读书、看报、上课、听广播、看电视，都是在进行沟通。

沟通主要有三种作用：

一是搜集资料。沟通可以使得个体获得有关外部环境各种变化的信息。个体和组织为了要适应周围的环境，求得生存与发展，必须善于体察外部环境。一个组织内部个体之间的意见沟通则可以了解成员的需要、工作士气、各部门之间的关系、管理的效能等，以作为决策的参考。

二是改变态度。个体之间或组织内部的沟通，有助于改变各人原有的态度。

三是建立及改善人际关系。沟通不但能增进彼此的了解，同时也因情绪得以表达，而感到心情舒畅。沟通还能减少人与人之间不必要的冲突。

二、沟通的方式

人类沟通的方式可根据以下几个维度来分类。

（一）语词沟通和非语词沟通

语词沟通是指以语词符号实现的沟通。语词沟通是最准确、最有效的沟通方式之一，也是人类运用最广泛的一种沟通。语词沟通又可分为口语沟通与书面沟通。

口语沟通是指借助口头语言实现的沟通。通常提及的口语沟通，一般是指面对面的口语沟通。而通过广播、电视等实现的口语沟通通常称为大众沟通或大众传播。口语沟通中，沟通者之间交流充分，因而沟通的影响力也大。不过，与书面沟通相比，口语沟通中信息的保留主要凭记忆，不容易备忘。同时，也由于沟通者对说出的话没有反复斟酌的机会，容易失误。正是因为这些不足，人们在正式的公共场合常采用口语沟通和书面沟通相结合的形式：信息提供者预先备稿，信息接收者则作笔记或录音、录像。

书面沟通是指借助于书面文字材料实现的沟通。通知、广告、文件、报刊等都属于这种沟通的形式。书面沟通由于有机会修正沟通内容和便于保留，因而沟通不易失误，准确性和持久性也较高。同时，由于通过阅读接受信息的速度远比听讲快，因而单位时间内的沟通效率也较高。但是，也由于书面沟通缺乏信息提供者的背景信息支持，因而其信息对人的影响力较低。当然，有一种情况是特殊的，即权威的文件所激发的重视程度远比口头传达强。

非语词沟通是借助于非语词符号，如姿势、动作、表情、接触及非语词的声音和空间距离等实现的沟通。非语词沟通的实现有三种方式：一是通过动态无声性的目光、表情、手势语言和身体运动等实现的；二是通过静态无声性的身体姿势、空间距离及衣着打扮等实现的；三是通过非语词的声音，如重音、声调的变化、停顿等来实现的。前两种方式统称身体语言沟通，第三种方式也叫副语言。

（二）有意沟通与无意沟通

有意沟通是指具有一定目的性的沟通。通常的谈话（包括闲聊）、讲课、写信等，由于沟通者对自己的沟通目的有所意识，所以都是有意沟通。

无意沟通是指事实上在与别人进行着信息交流，而自己并没有意识到沟通的发生。无意沟通不容易为人们所认识。其实，文化背景对于一个人的影响，更多的时候是通过无意沟通实现的。

（三）正式沟通与非正式沟通

正式沟通是指在正式社交情境中发生的沟通。在正式沟通过程中，往往存在典型的"面具"效应，即人们试图掩盖自己的不足，行为举止上也会变得更加符合社会的期望。

非正式沟通是指在非正式社交情境中发生的沟通。在非正式沟通过程中，如小群体闲谈、家庭日常交流等，人们更为放松，行为举止也更接近其本来面目。

三、沟通的网络

在信息传递过程中，传递者有时直接将信息传给对方，有时要经过某些人的中转才传到接收者，这就产生了沟通通道的问题。由各种沟通通道所组成的结构形式称为**沟通网络**。

列维特（Leavitt，H. J.）和巴维拉斯（Bavelas，A.）曾研究过信息的人际交流应该采取哪种沟通网络模型最为合适。结果表明，信息沟通的效率与它的结构形式（即沟通网络模型）具有一定的关系。实验中采用以下五种沟通模型，如图 15 - 4 - 1。

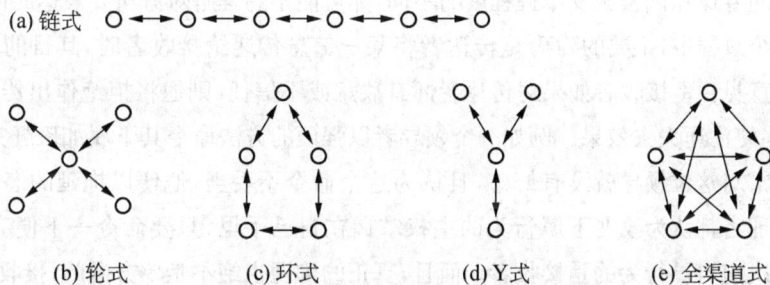

图 15 - 4 - 1 信息沟通的五种模型

（资料来源：赵国祥，赵俊峰主编. 社会心理学原理与应用. 河南大学出版社，1990：311）

图中（a）为链式。表示一个五级的等级，逐级传递。

（b）为轮式。表示一个人可以把一种信息传递给另外四个人，而另外四个人相互却不进行沟通。

（c）为环式。表示五人之间依次联系，只允许人们之间进行邻近沟通，而不能与更远一点的人沟通。

（d）为 Y 式。表示层次间的逐级传递，其中，第二个层次中的人同时与上一个层次的两个人沟通，然后把得到的信息传递给下一个层次的人。

（e）为全渠道式。表示每个人都可与其他四个人自由地沟通。

在以上的几种沟通网络中，轮式沟通是最有利于问题解决和便于领导的网络模型。但由于它形成了一个信息控制中心,不利于群体成员之间的人际沟通,因而成员的满意水平较低。环式沟通保证了群体成员平等的人际交往,利于彼此之间关系的平衡,群体成员对其有较高的满意度。但用这种网络模型解决问题速度慢,也不便于领导。相对地,链式和Y式沟通网络的效用居于轮式和环式之间,这两种网络模型的功能也较为接近。在全渠道网络中,群体的每一个成员之间都保持着相互交流的可能性,因而可以使群体成员满意度达到最高。

四、沟通的障碍

沟通一般有三个过程:一是传达者将一定的信息内容传递给接收者;二是接收者接收与了解信息内容;三是接收者接受或拒绝该信息。其中任何一个过程受到阻碍都将影响沟通的效果。

在第一个过程中,传达者如果对自己所要传达的信息内容没有真正的了解,即不知道自己到底要向接收者说什么或表明什么,那么,沟通的第一过程便受到了阻碍。因此传达者在沟通前自身必须先有一个清楚的观念。

在第二个过程中,遇到的困难可能是:①传达工具不灵:传达者口齿不清,或电话中有噪音,或书面传达时词不达意、字体模糊等,都会使信息无法有效地传递,使接收者难以了解传达者所要传达的内容;②心理上的阻碍:接收者对传达者不信任或怀有敌意,或感到紧张与恐惧,或另有心事而对传达者传达的内容听不进去,甚至歪曲;③个性的差异:个体的动机不同,其认识态度、思考方式也不同,以至传达者所说的内容,接收者无法理解;④教育程度不同:人们之间由于各自的专业知识领域及掌握程度的不同,亦可能不易理解对方所要表达的内容。

在第三个过程中,主要的障碍是传达者将某一信息传递给接收者时,其目的是要求对方采纳自己的意见。但接收者如果对传达者怀有敌意或不信任,则他将拒绝作出传达者所要求的反应,最终使沟通失去效果。例如一个领导者以强硬的方法命令其下属加班赶完某项工作,而其下属平常对这位领导就没有好感,且认为这个命令不妥当,他便以拖延的态度来表示抗拒。许多管理者都认为改变下属行为的主权掌握在自己手里,只要命令一下便完成了沟通。事实上真正决定自己行为的是接收者。而且,真正的沟通也绝不是单方向的,接收者对所传递的内容是否接受,有何意见,传达者应获得反馈,否则将失去沟通的真正意义。

消除沟通过程中的障碍,除了上述的传达者必须先澄清自己到底要表达什么之外,更重要的是他应该同时做一个能耐心倾听别人意见的人。沟通过程中最大的障碍是个体心理方面的因素,尤其是个体根据其主观判断,推测对方的需要与感情,以致常常歪曲事实,导致误会,不但阻塞了沟通,也影响了人际关系。要避免这种现象,只有多听对方说话。

另外,在沟通过程中,行为有时比语言更能表达一个人的真意。如老师对学生露出的一个微笑、点头或拍拍肩膀都能表达其对学生的关心,具有鼓励他们的作用。

人类关系训练

人类关系训练要突出以下两点:一是自我觉知,特别是了解自己在群体中对他人的影响及其途径与效果;二是把握群体动态,包括群体的发展过程、群体的作用、群体的工作任务及其功能的维持等与群体有关的问题。

右图的约翰黑窗是对自我觉知的一种形象的描述,它有助于对人类关系训练的理解。在图中,象限Ⅰ是敞开区,表示自己和别人都了解的行为;象限Ⅱ是盲区,表示别人了解而自己不清楚的行为;象限Ⅲ是隐区,表示自己清楚而别人不清楚的行为;象限Ⅳ是未知区,表示自己和别人都不了解的行为。人类关系训练的一个重要目标就是尽可能去扩展敞开区域的范围,同时尽量缩小盲区和隐区的范围。一般通过自我披露可以缩小隐区的范围,通过征求关于自己行为的反馈信息可以缩小盲区的范围,这两个区域的缩小就会扩展或增大敞开区的范围,使个体的自我觉知得到发展,使个体具有更强的人际竞争能力,个人的功效必定会大大提高。

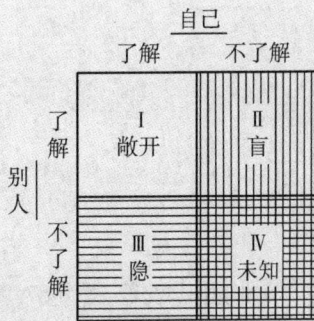
约翰黑窗图示

人类关系训练中使用最广的一种方法是T—小组训练,又叫敏感性训练。通过训练能使个体的自我觉知、竞争能力、个人功效得到提高。此训练中,小组形式相对松散,人数是10—12名,彼此不熟悉。另有1—2名起促进作用的组织者。T—小组训练的作用有二:一是创设一种充满信任的、非防御的、热情友好的气氛;二是在训练之初帮助群体开展活动和建立活动规范,使群体能自己进行学习和练习。小组活动主要是开展没有严密计划的、没有明确论题的自由交谈和讨论,活动也无固定的主持人。这样每个成员可以让别人更全面深入地了解自己,自己也可获取其他成员对自己行为的反馈信息,从而提高个体的社会敏感性,且有助于个体增进对在群体中相互作用的理解和体验。此训练一般持续2—6天。人类关系训练的其他方法还有角色扮演、交流分析、管理方略讨论等。研究表明,人类关系训练确实能使受训者的行为产生明显的、可观察到的积极变化。

(资料来源:李维等主编.心理学百科全书·第三卷.浙江教育出版社,1995:1936-1937)

思考题

1. 怎样利用从众心理帮助学生获得良好行为?

2. 怎样才能有效地与别人沟通?

3. 当众多学生在一起观看体育比赛、音乐会或围观某个场景时,如何防止他们因去个性化而起哄闹事?

主要参考文献

1. 张述祖、沈德立. 1987. 基础心理学. 北京：教育科学出版社

2. 张述祖、沈德立. 1995. 基础心理学增编. 北京：教育科学出版社

3. 高觉敷. 1982. 西方近代心理学史. 北京：人民教育出版社

4. 高觉敷. 1987. 西方心理学的新发展. 北京：人民教育出版社

5. 杨鑫辉. 1994. 中国心理学思想史. 南昌：江西教育出版社

6. 阴国恩. 1996. 心理与教育科学研究方法. 天津：南开大学出版社

7. B·H·坎特威茨、H·L·罗迪格(Ⅲ)、D·G·埃尔姆斯. 2001. 实验心理学——掌握心理学的研究. 上海：华东师范大学出版社

8. 彭聃龄. 2001. 普通心理学. 北京：北京师范大学出版社

9. 李维等主编. 心理学百科全书·第一卷. 1995. 杭州：浙江教育出版社

10. 李维等主编. 心理学百科全书·第二卷. 1995. 杭州：浙江教育出版社

11. 李维等主编. 心理学百科全书·第三卷. 1995. 杭州：浙江教育出版社

12. 沈政. 1995. 认知神经科学导论. 呼和浩特：内蒙古教育出版社

13. 吴先国主编. 2002. 人体解剖学. 北京：人民卫生出版社

14. 蒋文华主编. 2002. 神经解剖学. 上海：复旦大学出版社

15. 龚茜玲主编. 2000. 人体解剖生理学(第四版). 北京：人民卫生出版社

16. 余哲主编. 2002. 解剖学. 北京：人民卫生出版社

17. 沈德立. 2001. 学生汉语阅读过程的眼动研究. 北京：教育科学出版社

18. 沈德立. 2001. 脑功能开发的理论与实践. 北京：教育科学出版社

19. 李幼穗主编. 1994. 心理学应用. 天津：南开大学出版社

20. 叶奕乾、杨治良、孔克勤等. 1982. 图解心理学. 南昌：江西人民出版社

21. 天津师范大学心理与行为研究中心. 2001. 心理实验指导书

22. J. B. Best 著. 黄希庭主译. 2000. 认知心理学. 北京：中国轻工业出版社

23. 托马斯·L·贝纳特. 1985. 感觉世界. 北京：科学出版社

24. 张春兴. 1994. 现代心理学. 上海：上海人民出版社

25. 林仲贤、朱滢、焦书兰. 1988. 实验心理学. 北京：科学出版社

26. 朱滢. 2000. 实验心理学. 北京：北京大学出版社

27. 卢家楣、魏庆安、李其维. 1998. 心理学——基础理论及其教育应用. 上海：上海人民出版社

28. 杨治良等. 1999. 记忆心理学. 上海：华东师范大学出版社

29. 阴国恩、梁福成、白学军. 1998. 普通心理学. 天津：南开大学出版社

30. 王甦等. 1992. 认知心理学. 北京：北京大学出版社

31. 恩格斯. 1970. 反杜林论. 北京：人民出版社

32. 俞国良. 1996. 创造力心理学. 杭州：浙江人民出版社

33. E·R·希尔加德、R·L·阿特金森、R·C·阿特金森著. 周先庚等译. 林方校. 1987. 心理学导论. 北京：北京大学出版社

34. 朱智贤、林崇德. 1986. 思维发展心理学. 北京：北京师范大学出版社

35. 马克思恩格斯选集·第三卷. 1972. 北京：人民出版社

36. 冯忠良. 2000. 教育心理学. 北京：人民教育出版社

37. B·兰德编. 唐钺译. 1959. 西方心理学家文选. 北京：科学出版社

38. 章志光主编. 1996. 社会心理学. 北京：人民教育出版社

39. 赵国祥、赵俊峰主编. 1990. 社会心理学原理与应用. 开封：河南大学出版社

40. 沈德立. 1999. 发展与教育心理学. 沈阳：辽宁大学出版社

41. 黄希庭. 1997. 心理学. 上海：上海教育出版社

42. R·J·斯滕伯格著. 吴国宏等译. 1999. 成功智力. 上海：华东师范大学出版社

43. 燕国材. 1998. 新编普通心理学. 上海：东方出版中心

44. 黄希庭. 1991. 心理学实验指导. 北京：人民教育出版社

45. 黄希庭. 1982. 普通心理学. 兰州：甘肃人民出版社

46. 车文博. 1986. 心理学原理. 哈尔滨：黑龙江人民出版社

47. 曹日昌. 1980. 普通心理学. 北京：人民教育出版社

48. 朱智贤主编. 1989. 心理学大词典. 北京：北京师范大学出版社

49. 叶奕乾、祝蓓里. 1988. 心理学. 上海：华东师范大学出版社

50. 陈仲庚、张雨新. 1986. 人格心理学. 沈阳：辽宁人民出版社

51. 吴江霖. 1996. 心理学概论. 广州：广东高等教育出版社

52. 高玉祥、程正方、郑日昌. 1985. 心理学. 北京：北京师范大学出版社

53. 莫雷. 2000. 心理学. 广州：广东高等教育出版社

54. 章志光. 1992. 心理学. 北京：人民教育出版社

55. 张世富. 1995. 心理学教学指导. 北京：人民教育出版社

56. 克鲁捷茨基. 1984. 心理学. 北京：人民教育出版社

57. 皮连生. 1997. 学与教的心理学. 上海：华东师范大学出版社

58. 孙喜林、容晓华. 1998. 现代心理学教程. 大连：东北财经大学出版社

59. 李孝和. 1993. 能力原理与测量. 长春：东北师范大学出版社

60. 王耘、叶忠根、林崇德. 1993. 小学生心理学. 杭州：浙江教育出版社

61. 克雷奇. 1980. 心理学纲要. 北京：文化教育出版社

62. 王振宇. 1995. 心理学教程. 北京：人民教育出版社

63. 董奇、周勇、陈红兵. 1996. 自我监控与智力. 杭州:浙江人民出版社

64. 傅道春. 1997. 情境心理学. 长春:东北师范大学出版社

65. 吴增强. 2000. 学习心理辅导. 上海:上海教育出版社

66. 林崇德. 1999. 学习与发展. 北京:北京师范大学出版社

67. 张世臣、杜兰玉、赵淑文. 1991. 心理学. 北京:北京师范大学出版社

68. 韩永昌. 2001. 心理学. 上海:华东师范大学出版社

69. 陈家麟. 1995. 学校心理教育. 北京:教育科学出版社

70. 皮连生. 1996. 智育心理学. 北京:人民教育出版社

71. 陈永明、罗永东. 1989. 现代认知心理学. 北京:团结出版社

72. 李寿欣、李传银. 2000. 心理实验的操作与演示. 青岛:青岛出版社

73. 黄希庭. 1987. 心理学实验指导. 北京:人民教育出版社

74. 杨博民. 1989. 心理实验纲要. 北京:北京大学出版社

75. 杨治良. 1984. 实验心理学简编. 兰州:甘肃人民出版社

76. 赫葆源、张厚粲. 1983. 实验心理学. 北京:北京大学出版社

77. 彭聃龄主编. 2004. 普通心理学(第三版). 北京:北京师范大学出版社

78. 张春兴. 1994. 现代心理学. 上海:上海人民出版社

79. 章志光. 2002. 心理学. 北京:人民教育出版社

80. 中国大百科全书. 心理学. 1991. 北京:中国大百科全书出版社

81. 叶奕乾、何存道、梁宁建等. 2004. 普通心理学. 上海:华东师范大学出版社

82. 叶奕乾. 1990. 心理学. 北京:中央广播电视大学出版社

83. 韩永昌. 2001. 心理学. 上海:华东师范大学出版社

84. 叶奕乾等. 1993. 个性心理学. 上海:华东师范大学出版社

85. [美]菲利普·津巴多等著. 王佳艺译. 2008. 普通心理学. 北京:中国人民大学出版社

86. [美]理查德·格里格、菲利普·津巴多. 王垒等译. 2003. 心理学与生活(第16版). 北京:人民邮电出版社

87. [美]戴维·迈尔斯著. 黄希庭等译. 2006. 心理学(第七版). 北京:人民邮电出版社

88. 沈德立、阴国恩. 动作技巧形成的心理分析. 天津师范大学学报. 1983,(3)

89. 阴国恩等. 关于中小学生无意注意发展的研究. 心理科学通讯. 1990,(5)

90. 王敬欣. 选择性注意中的分心抑制能力发展的实验研究. 博士论文. 2002

91. 阴国恩. 智力因素、非智力因素与教育. 天津师范大学学报(社会科学版). 1999,(4)

92. 王佩等. 突触可塑性与学习记忆. 脑与神经疾病杂志. 2008,16(5)

93. 彭聃龄等. 小脑与发展性阅读障碍. 心理与行为研究. 2004,2(1)

94. 徐光兴等. 性别差异的脑半球功能特殊化及其认知模块观. 华东师范大学学报. 2007,25(2)

95. 周加仙、董奇等. 学习与脑可塑性的研究进展及其教育意义. 心理科学. 2008,31(1)

96. 吴健辉等. 盲人的跨感觉通道重组. 心理科学进展. 2005,13(4)

97. 周仁来. 阈下知觉研究中觉知状态测量方法的发展与启示. 心理科学进展. 2004,12(3)

98. 石文典、钟高峰、鲁直. 阈下知觉和隐性广告的作用及启动效应研究. 心理科学. 2005，28(3)

99. 陈姝娟等. 认知方式、视错觉及其关系的跨文化研究. 心理学探新. 2006,26(4)

100. 俞国良、董妍. 学业情绪研究及其对学生发展的意义. 教育研究. 2005,(10)

101. 张敏、雷开春、王振勇. 4—6 年级小学生学习动机的结构分析. 心理科学. 2005,(1)

102. 陈永明、张侃、赵莉如、韩布新、李扬. 20 世纪中国心理学十件大事. 光明日报,2001 - 08 - 27

103. G. Morris. Charles. 1996. *Psychology：An Introduction*. Prentice Hall，Inc.